U0565641

世界名人名传 〔3〕 主编 柳鸣九

[法] 亨利·特罗亚 著

胡尧步 译

Z

左拉传
Biography
ÉMILE ZOLA /

河南文艺出版社
·郑州·

图书在版编目（CIP）数据

左拉传/（法）亨利·特罗亚著；胡尧步译--郑州：河南文艺出版社，2021.9
（世界名人名传/柳鸣九主编）
ISBN 978-7-5559-1129-6

Ⅰ.①左…　Ⅱ.①亨…②胡…　Ⅲ.①左拉（Zola,Emile 1840—1902）-传记　Ⅳ.①K835.655.6

中国版本图书馆 CIP 数据核字（2021）第 102131 号

选题策划　王战省
责任编辑　王战省
书籍设计　书籍/设计/工坊　刘运来工作室
责任校对　梁　晓
责任印制　陈少强

出版发行　河南文艺出版社
本社地址　郑州市郑东新区祥盛街 27 号 C 座 5 楼
承印单位　河南瑞之光印刷股份有限公司
经销单位　新华书店
纸张规格　890 毫米×1240 毫米　1/32
印　　张　10.25
字　　数　201 000
版　　次　2021 年 9 月第 1 版
印　　次　2021 年 9 月第 1 次印刷
定　　价　49.00 元

目 录

第一章　埃米尔

　　不知有多少男孩子想有朝一日能赶上他们的父亲啊！而对埃米尔来说,在他5岁时,他想做到这一点是不可能的,因为无论是在才华、威信、度量、温情等方面,他的父亲弗朗索瓦·左拉工程师都高人一筹。双亲的言教使他加深了这么个观念:他的父亲是个超乎寻常的人,他是超人的儿子。确实,弗朗索瓦·左拉的经历就像一部冒险小说,使年轻人的思想充满了幻想。在遇到后来成为他妻子的埃米莉·奥贝尔以前,他从事过多少种职业、经历过多少波折、又走过多少地方啊！弗朗索瓦·左拉于1795年8月7日出生于威尼斯,他在军队是个有"数学博士"头衔的中尉。他在25岁时离开了军队和意大利,到奥地利定居。之后他被任命为总工程师,参与建设林茨到布特惠斯的欧洲第一条铁路。他初战告捷,成绩卓著,但在1830年时,他入股的一家银行股票暴跌,他不得不移居国外。他先后来到荷兰、英国,试图东山再起,最终在阿尔及利亚参加了法国

左拉传

外籍军团。后来，他被一个妓女骗去不少钱财，为了挽回面子，他不得不离开军团，于1833年乘船到马赛，并在阿尔勃尔街开了一家土木工程事务所。他满脑子都是点子，他曾多次做过煤气灯试验，建议过挖马赛新港，设想过围绕巴黎修一道防御工事，构思过为缺水和什么设施都没有的艾克斯城修建一条引灌水渠以供城市用水。修建水渠是他所有计划中最重要的一项计划，为了实现这个计划，他到巴黎求见梯也尔，他深知梯也尔同艾克斯城有密切关系。在巴黎期间，他进行了谈判，讨价还价，施加种种影响，从不灰心丧气。一个星期天的早上，他从圣-厄斯塔施教堂做完弥撒出来，看见一位年轻漂亮、身材苗条、穿着朴素的姑娘，他立刻着了迷、神魂颠倒。

埃米莉·奥贝尔于1819年2月6日生于杜尔登市，是房屋装修工的女儿，她的嫁妆不丰厚，但这位热情奔放的意大利人并不因其家产菲薄而垂头丧气。左拉在感情上和在公共工程上一样坚定，二话没说于1839年3月16日娶了这位姑娘为妻。这时米莉刚满20岁，而左拉快44岁了。他们在普罗旺斯做短暂的新婚旅游返回巴黎后，埃米莉怀孕了。正当埃米莉心怀喜悦地准备将要出生的孩子的衣服时，弗朗索瓦·左拉却死乞白赖地要说服梯也尔和其他36位显要人物支持他的开挖艾克斯引水渠的设想和通过先进的防御工事保卫巴黎的新设想。他挖空心思，见到了国王和德茹安维尔王子。在此期间，他什么订单也没有收到，因此负债累累。这不碍事！他获得了第一个胜利，不是事业上的而是家庭的。埃米莉预产期到了，生了个健壮的会叫会嚷的儿子。弗朗索瓦·左拉骄傲地在他的日记本上写道:"1840年4月2日11点,我们的儿子小埃米尔·爱德华·夏尔·安托万出生了。"4月30日星期四,他在日记本上写道:"4点,埃米尔受洗礼。"5月16日星期六:"为孩子接种疫苗。"埃米尔顺利地出生在圣-约瑟夫街乙10号简朴的小屋里,该屋年租金1200法郎。他初为人父,在他心目中,逢凶化吉者准会鸿运高照。但他的乐观主义难以说服他年轻的妻子。她有点神经质,性格反复无常,经常灰心丧气,她儿子的健康使她担忧。埃米尔两岁时,得了恶性热症。水蛭疗法不能退烧,医生也不敢说此病能否治好。但孩子的病自愈了,又去玩耍了。

这个孩子身体虚弱,脸色苍白,身材纤细:一个前额突出的可怜的城里小孩。他需要的是室外的新鲜空气和乡间生活。正好这个时候,修引水渠的计划刚刚粗具雏形。艾克斯市政府对此很感兴趣,所以弗朗索瓦·左拉带着妻子、儿子、岳父和岳母,收拾行李前往该市。

他们先住在圣-安娜路,不久就搬到属于梯也尔先生的西尔瓦康街6号①。这是一座两层楼房子,房顶的瓦是玫瑰色的,房间里充满阳光,院子里栽满鲜花,对埃米尔来说,这里是充满天伦之乐的安乐窝。他在4岁时,父亲严肃的面孔,忙忙碌碌的生活,再加上每当他在小道上奔跑或想爬树时母亲惊慌的样子,这一切便是他的小天地内容。母亲总感觉到将有不幸来临。然而,1844年5月11日

---

① 今天的西尔瓦康横街。

《马赛信号报》在专栏上公布了来自艾克斯市的消息时，全家人觉得是福从天降。消息报道："我们高兴地向公民宣布，本月2日，议会全体会议上最终同意左拉的引水渠工程计划，并全体通过市政府和工程师在1843年4月19日的契约。"

弗朗索瓦·左拉欣喜万分。经过8年的交涉谈判，他终于成功了。从今往后，小家庭的前途有了保证。在家里，爸爸妈妈、外公外婆脸上都笑容可掬。埃米尔也挺高兴，虽然不知其所以然。全家在这种轻松愉快的气氛中，对他的看管也放松了。他可以与仆人一起到城里玩玩，欣赏这个新的家乡的秀丽景色和沉睡的大地。他天性喜欢栽种着老梧桐树的"林荫大道"，潺潺淙淙的喷泉，庄严肃穆的隐藏着外省秘密的沉重的雕花大门。他有一个12岁的阿尔及利亚籍小仆人，名叫穆斯塔法，他把他当作朋友。当他俩亲密无间玩耍时，穆斯塔法就抚摸他，摸得埃米尔昏昏沉沉、晕晕乎乎。有一天，父母亲发现两个孩子的鬼名堂，十分惊奇，并把小佣人赶出了家门。1845年4月3日，警察局的一份报告中记述了此事：

> 林荫大道区警察分局局长波莱蒂先生。我们将一个名叫穆斯塔法的人带到法院，他现年12岁，原籍阿尔及尔，在阿尔勃尔街4号的土木工程师左拉先生家当佣人，被指控对年仅5岁的埃米尔·左拉犯有猥亵罪。

对这种凌辱性的惩罚，埃米尔反应如何呢？也许当他明白自己已经沉湎于穆斯塔法的抚爱而一发不可收拾，他可能会感到惊愕，也可能对突然失去这个善于按摩的男孩的关心会后悔莫及。当时他年纪太小，又贪玩，在他的记忆中，这种负罪感很快就忘得一干二净。此外，他很少再放任自己。当他去看未来的工程时，父亲总拉着他的手。人们等待着庄严的开工命令。弗朗索瓦与沿岸居民讨论开挖事件拖延多时，但并未局促不安，他成立了左拉运河公司，投资60万法郎，并担任经理。然后，出于谨慎考虑，他让塞纳省一审法庭宣判，夫妻财产分开，以免一旦遭受失败时，可以保障妻子的权益。

1847年2月4日，看来一切事情都安排妥当了，工程破土动工。埃米尔也被邀观看。一早，工地上挤满了工人，挖穴取土。他的父亲将帽子推向脑后，手持拐棍，好像是指挥部队的将军。他发布命令，令部下俯首听命，老实干活。他们用炸药炸开岩石。一些小车在轨道上来回奔跑。尘雾遮住了太阳。埃米尔对这位能干的、正在改变世界面貌的家长赞叹不已。他父亲好像是能呼风唤雨，老天爷也不得不服从。啊，如果他将来长大后，也能叱咤风云，那该多好！但是他柔弱得像个女孩，连念书也懒得念。他口头表达经常出错，他的双亲也为之感到苦恼。他"t""s"不分。他要讲"saucisson"却讲成了"totitton"。家里人老拿这事来取笑他，他母亲为此很担忧。埃米尔多么希望他母亲将他引以为豪，就像为他父亲竟能移山感到自豪一样。有一天，这位了不起的父亲给他100苏，因为他能正确发"猪"这个词。对这次突如其来的奖励，他不知应该高兴还是应

　　　　　　　　左拉传

该生气。

自从引水渠工程开工以后，弗朗索瓦·左拉比以前做计划或做数字表格时更忙。从早到晚，他一直待在工地上。傍晚回家时，脸被晒得通红而眼睛却闪闪发光，与妻儿共进晚餐时，像个得胜回朝的将士。开始爆破矿山后几个星期，他要到马赛解决一些行政事务问题。这次旅行耽搁了一些时间，因为峡谷里刮着大风，他在工地上受了凉。他蜷缩在驿车里直哆嗦，牙齿打战。当他到达阿尔勃尔街地中海旅馆时，他发高烧已很厉害。老板马上叫来医生。医生诊断是肺炎，建议立刻通知病人的妻子。埃米莉立即带着小埃米尔出发。她不认得马赛的街道，心惊胆战地在街上游荡了很久，把地址也搞错了，最后向行人问路，终于找到那座房子，她的丈夫正在与死神搏斗。这个眼球突出、躺着的、胸口被剧烈咳嗽撕裂的人，难道是设计左拉运河的傲气十足的意大利工程师吗？她不离病床一步，希望能治愈他的病。可是，1847 年 3 月 27 日，在这条熙熙攘攘的街道旁的小屋里，弗朗索瓦·左拉咽了气。

埃米莉手拉着她 7 岁的儿子，哭得上气不接下气，参加艾克斯人为之举行的庄严的葬礼。灵车穿过了整个城市。副省长、市长、区工程师、枢密院和最高法院律师、已故者的朋友亚历山大·拉博等手执灵柩大绳。埃米尔紧挨着母亲，想的是世界上的事太不公正，毕生致力的工程，设计者在没有完工前就去世了。未来的日子里是否有一位先生能代替父亲在工地上发号施令呢？1847 年 4 月 8 日，《普罗旺斯日报》捐款为弗朗索瓦·左拉墓地竖了一块石碑，等运河完工后，再为他竖一块更壮丽的纪念碑。

吊唁者络绎不断，慰问信大批来到早已失去主人的西尔瓦康街的家。埃米莉·左拉悲痛万分，因为其丈夫给她留下了一大笔债务。运河公司失去了发起者，主要股东没有了，濒临解体的危险境地。朱尔·米容想购买这家公司。债主们纷纷找上门来。如果埃米莉不了结一些债务，就有可能吃官司，说实在的，她不知道还有多少债务没有还。她不得不东凑西拼将运河股票做抵押，保证今后还账。由于缺少收入来源，他们只好搬出租金昂贵的西尔瓦康街的住宅，搬到城外租金低廉的居所，那里住着意大利泥瓦匠和爱干偷摸勾当的茨冈人。生活的变迁对一个孩子来说，哪怕是孤儿，也是一种特殊的磨炼。埃米尔陪同母亲到法律界人士那里去咨询，他听到他们在谈论票据、利息、动产扣押等问题，这些法律名词他是一无所知。有时，外祖母奥贝尔也带来一些小物件以卖给旧货商，她是与女儿一起处理丧事的。房间里逐渐空了。不久，只剩下桌椅板凳床和墙壁了……埃米尔意识到母亲在贫困中挣扎，连邻居也叫她左拉寡妇。他非常同情她，恨不得现在马上接替他父亲干一番事业，满足自己的需要。当他和埃米莉谈及自己的雄心壮志时，她苦笑着说，要像弗朗索瓦·左拉那样有巨大的产业让世人吃惊，先得积累学问。她将言语付诸行动，将他送入圣母院寄宿学校学习。

第二章　逃学的孩子

圣母院寄宿学校坐落在蜿蜒曲折的小溪旁。这条小溪叫拉托尔斯。学校的一切对埃米尔颇有吸引力。学校里有十来个聪明伶俐的孩子,讲话都带有好听的南方口音。作为"新生"埃米尔刚刚会认字,写字还有点困难。校长伊索阿尔先生在下课后把他留下,要他念拉·封丹的寓言。当老师一合上书本说下课时,埃米尔就跑出去找同学玩耍。他最要好的朋友是菲利普·索拉里和马里于斯·鲁,他经常和这些朋友玩打弹子、转陀螺、打猎球等。这些游戏就是在操场上跑来跑去,欢快地吼叫。有时,在回家前,这些顽皮的孩子跑到灌木丛中逮蜥蜴或蝉儿,看鳟鱼在河里的卵石之间游来游去。他们玩耍时,常有一位小姑娘陪着他们。菲利普有一个漂亮的妹妹路易丝,有一次,风吹起她的裙子边,她用手压下去时,引起大家的哄笑和鼓掌,她也乐意寻这种开心。一天结束了,埃米尔为能呼吸新鲜空气、享受友情、愉快玩耍而感到十分开心。总之,他认为学习生活也挺有意思的。

回到家里,他又发现母亲、外祖父和外祖母忧心忡忡。自从他们的女婿去世后,外祖父奥贝尔无所事事,沉湎于老年人的悲观失望之中。而外祖母则认为自己是个女强人,主动积极,办事干练。她已70岁了,头上没几根白发,脸上皱纹很少。她主持家务,笑容可掬,说话算数。她喜欢小外孙。在她和她的女儿之间,谁最疼爱埃米尔,她们一个比一个更疼爱。在她们的关心爱护下,埃米尔知道他所干的任何蠢事都被宽恕了。因而,她们就想方设法将孩子转学。她们说,孩子已12岁,圣母院寄宿学校不能满足培养智力的需要。如果孩子要像他爸爸那样成为人才,就要送他到艾克斯的波旁中学受严格教育。他将要住校读书。但是为了不让埃米尔与家离得太远,他们离开偏僻的贝罗桥区搬到城里贝尔加尔特街27号①。这样,他母亲和外祖母就可以每天去接待室看他,并给他说些好听的话和带些甜食。学校费用昂贵,埃米莉向市议会要求给她儿子助学金"作为对她丈夫为艾克斯市服务的补偿"。这个要求被接受了。1852年10月,埃米尔带着长辈们的厚望,进入该校的八年级读书。

埃米尔在圣母院寄宿学校与那些穷人家的淘气孩子在一起时是很惬意的,而在这个富人家孩子就读的学校,在那些爱吹牛、喜欢嘲弄人的孩子中间,有种离乡背井、离群索居的感觉。这里的富家

---

① 今天的米涅街。

子弟讥笑他拿助学金，把他当成穷小子，像巴黎人那样尖声尖气地跟他讲话，此外，还嘲笑他的发音缺点。依这些外省市民的孩子看来，他是外来户，闯入者，"小赤佬"。他们追逐他，讽刺挖苦他。他想，他们为什么这样欺生。在这个新学校里，他是想要跟所有的人和睦相处的啊！幸好，这里有一位皮肤黝黑、眼神炯炯的人在保护他。他比他年长一岁，名字叫保罗·塞尚。

埃米尔安下心来以后，准备应战。长期以来，他的学习成绩一直落在全班最后，他决定努力学习。因为他贫穷，大多数同学都嘲弄他，因为他爸爸死了，没干完他的事业，也因为他母亲把家庭的未来寄希望于他，他必须发愤读书。1853 年 8 月 10 日，他获得优秀成绩奖和其他 6 种奖励，其中包括背诵奖和法文语法奖。他成为好学生后，不想辜负这个称号。学校对他变得更加亲切了起来，他一改往常的态度，开始喜欢起这个古老的、几乎总是关着门的、阴暗的修道院；喜欢那个不好惹的看门人，因为他过去很难商量，每当学生迟到时，都要轻轻叩窗户恳求他开门；喜欢学校栽着 4 棵法国梧桐树的大院子、有体操器械和双杠的小院子与散发着药水味道的医务室，这是穿黑衣戴白帽的修女们经常去的地方。一层是自修室，阴暗潮湿，像个地窖。埃米尔长时间坐在凳子上看书，感到厌烦，很不惬意。二层是教室，里面充满阳光。

除了保罗·塞尚外，埃米尔还有两个好朋友，一个是让·巴蒂斯坦·巴耶，另一个是路易·马尔格里。塞尚是银行家的儿子，梦想成为画家；巴耶是旅馆老板的儿子，热衷于科学；马尔格里是诉讼代理人的儿子,想将来当个滑稽歌剧作家。而埃米尔,他自修时写诗。放学的时候,这4个伙伴在学校门口会合,手挽手出去玩耍。他们在一起痛快地玩几个小时。在穷人区玩耍时,有些孩子向他们扔石头。于是城乡孩子互相打仗就成了常事,相互憎恨对方由来已久。埃米尔和他的伙伴拿到什么就扔什么,予以反击。打完后,他们大声谩骂,悻悻离去。有时,他们碰上一支步伐整齐的部队,领头是个乐队。他们可能在进行队列操练,准备到克里米亚去参加战斗,因为那里正在打仗。但是,孩子们所关心的并不是这些事。他们被另外一些场面深深吸引住了。在宗教节日里,他们站在看热闹的人群的最前面,看着穿着白色衣服、唱着赞美曲的姑娘排着长长的队列通过。市民们用深为感动的目光看着摘去叶子的玫瑰花篮,人们赞美圣母像和扛在男人肩上的圣像。傍晚,当游行队伍返回时,几百支蜡烛闪闪发亮,使得那些手戴洁白网眼手套举着蜡烛的虔诚小姐,更加漂亮可爱,令人神往。

埃米尔在15岁以后,就日夜想着这些小姐。他脑子里突然闪过一个念头:她们其中的一个会接替穆斯塔法,按摩起来跟过去一样是那么熟练。烦人的欲念使他心烦意乱。为了摆脱,也许是为了摆脱想念女人的烦恼,他专心读书。他的朋友也是如此。他们交换书籍,热烈讨论,肯定这个,否定那个。他们喜欢抒情诗人:雨果、缪塞、拉马丁……埃米尔以这些大师为榜样,勤奋学习文学。他的几个伙伴学习他,但不再只是生活在铿锵的诗歌韵律中。他们谈论诗歌并不多,他们喜欢音乐。学校校长想建立一个管乐队,马尔格里学小号,塞尚学短号,埃米尔尽管乐感不行,也学了单簧管。1856年的一天,年轻的左拉以学生乐队向艾克斯宗教乐队、军乐团和民乐团的权威发起挑战。他深知此事的重要性,鼓起腮帮,不管音调准不准,使劲吹奏。他觉得过路的观众把他看成乐队中最有魅力的人之一。

他和朋友也经常到艾克斯剧场看戏。正厅后排位子的票价不过 20 苏。有些人对某些特别感人的戏不厌其烦地鼓掌。他们这些形影不离的朋友看《白衣夫人》18 次、《内勒之塔》36 次。

然而,他们最大的快乐既不是读书,也不是写作、听音乐或看戏。什么也比不上到附近旷野里郊游。有时,他们一天走 10 古公里①,穿街走巷,攀登羊肠小道,钻入能勾破衣服的矮树丛。他们一起钓鱼,用步枪或投弹枪狩猎,在弓湖里游泳,并在太阳下晒干身体。特别是在暑假,他们玩得更欢。早晨 3 点,第一个起床的用石子扔到其他人的百叶窗上。食品早已在头天晚上备好,装到狩猎袋里。早晨清新的空气激励着这些旅游者。当太阳升起时,他们已经到了大自然中。烈日当空时,他们待在遮阳的山沟中的洞窟里并准备午餐。巴耶用枯树枝点火烧烤用绳子吊在树枝上的羊腿。埃米尔负责转动羊腿,使之烧烤均匀。塞尚是 3 人中最敢干的,他根据只有他自己知道的办法来调味。任何 一个厨师都没有他们弄得那么香甜可口。他们把羊腿吃得连骨头都不剩,用调料浸面包,然后

---

① 1 古公里相当于 4 公里。——译者

挨着躺在树荫下睡午觉。一小时后醒来,他们手拿猎枪,又去狩猎。在寂静的乡间田野里响起了枪声,这使他们兴高采烈。有时运气好了,能打到白尾鸟。当他们跑累了,就坐在树底下,从猎袋里拿出一本书来,大声朗读他们所崇拜的偶像的诗篇。特别是缪塞占有了他们的心灵,因为他为女人而备受煎熬。太阳落山了,他们返回,路上还比较他们所喜爱的作者的优点,并在星光下背诵那些神圣的诗句。

有一次,他们事先通知了家长,决定像美洲猎人那样在山洞里过夜。天色昏暗时,他们睡在洞穴里用树叶铺就的床上。但天公不作美,狂风吹进了山洞里。在月光下,他们发现有许多蝙蝠在头顶上盘旋。他们有些害怕,便决定撤营。在离开前,他们放火烧了用树叶铺成的床,欣赏着夜色中燃烧的美景。由于火焰很旺,蝙蝠抖动着双翅,飞出巢穴,其拍翅声和尖叫声惊动了周围的鸟群。①

对埃米尔来说,追求姑娘就不像狩猎那样走运,而他又是那么迫不及待。在追求菲利普·索拉里的妹妹——漂亮和娇滴滴的路易丝以后,他曾叹息,路易丝在一次散步中可能吻过他。他还幻想星期天在教堂门口碰到头戴玫瑰色帽子的棕发姑娘。他曾经写过哀歌式的诗句以安慰自己惆怅的心。然而有时候,他对浪漫的无病呻吟厌烦了,于是就写讽刺小品作消遣。他曾写过一本题名为《学监》的三幕喜剧,剧中写的是两个机灵奸诈的学生和皮托学监讨论

---

① 左拉本人曾对保罗·亚历克西讲过这次远足的细节,后者曾在《埃米尔·左拉,一个朋友的笔记》中回忆此事。

女人的示爱举动。他在精心编写这种故事时，总是希望能碰到理想的女人，并能与之肉体上结合。有很多妓女，当然也有些轻佻的女人，她们在学校附近徘徊。有可能她们其中的一个曾使他懂得了那种没有爱情的交媾？不管他是否深谙此事，他决定歌颂艾克斯年轻人的荒唐放纵行为，写了一篇佚文，题为《普罗旺斯的轻佻女人》。作为真正的作家，他并未经历过这样的事，是编造出来的。

在此期间，他的家境日益拮据，甚至穷困，只好搬家，先住在鲁-阿尔法兰街，后来是米尼姆林荫大道，最后定居在马扎林街角的两间破旧小屋里。房间的窗户前是倒塌的城堡的乱石堆。房间里热不可耐。埃米尔·左拉经常到巴黎去求助律师和商人以帮他同可恶的朱尔·米容打官司。他不在家时，外祖母奥贝尔有条不紊地管理家务。她习惯对外孙的要求来者不拒。1857 年 10 月，这个表面上打不倒的女人病倒了并突然死去。埃米莉失去了身处逆境时的最坚强的支柱，而埃米尔失去了第二个母亲。这个毫无防御能力的小家庭命运更为不济了。

伤心的埃米莉又动身去巴黎，寄希望于梯也尔先生的帮助，他曾对已故的丈夫照顾备至。这位前政府首脑已被排斥在权力之外，但他在政治界和法律界有强硬的社会关系。他不会拒绝帮助处于四面楚歌的寡妇。

埃米尔与心灰意懒的外祖父在一起，他经常和同学外出游玩。毫无疑问，他最亲近的朋友是塞尚。此人生性粗犷，容易冲动，这位粗野的男孩想当画家，也写一些歪诗。但是塞尚的父亲看重的是名声和财产,抱怨自己儿子与门不当户不对的孩子交往。但是这种虚荣的排斥思想只是加深了这两位中学生的关系。他们过去只是朋友,现在却成了兄弟。1858 年 2 月,当他接到母亲来自巴黎的信时,既痛苦又惊讶。信中写道:"艾克斯的家再也支撑不住了,把家里剩下的 4 件家具处理了。你拿卖家具的钱与外公买三等车票到巴黎来。快来,我等着你。"①

突然之间,他感到要抛开心爱的一切到巴黎与母亲相聚。学校、灌木丛中的漫步、狂刮的密斯脱拉风、喃喃细语的艾克斯喷泉,那些生死之交的挚友,一切都将与之告别。他与伙伴们在多罗内举行最后一次郊游。北风怒号,天色暗淡,地上散发出干燥的气味。今后大家能否重聚? 面对这如画的美景,埃米尔嚷道:"我们仨会在巴黎重逢的!"但是,他使劲地拥抱塞尚和巴耶,似乎是再也见不到他们俩了。

---

① 摘录自保罗·亚历克西文章。见前注。

第三章　诗情雅意

　　埃米尔在童年时对巴黎知之甚少,乍一接触,冷清清的灰色的街道、多雨的天空、熙熙攘攘的爱唠叨的行人,这一切都使他扫兴。他是在阳光灿烂的普罗旺斯天堂似的环境中成长起来的,能适应这种单调的地狱般的生活吗? 他坐在马车里,母亲很高兴到火车站接他和忧心忡忡的外祖父,外祖父看管着他们单薄的行李。他揣测着未来,车轮往前走,而他的心却捉摸不定。他们终于到了王公大街63 号的小套间。一下车,埃米莉向他宣布好消息:我们的朋友、行政法院律师拉博先生得到师范学校校长尼扎尔先生的许诺,同意埃米尔作为享有助学金的半寄宿学生到很有名的圣路易中学就读,分在自然科学系第二班,尽管学生已经上课。埃米尔看见母亲兴高采烈的样子,出于同情心,装出笑容。实际上,他觉得这次转科并不是什么好兆头。如果还是个孩子,他可能会接受它。但如今已 18 岁,他已经生根于另一块土地。而别人要把他从这块土地上连根拔起。

他觉得就像截肢似的难受。

与巴黎同学们最初的接触，让他觉得有些难相处。在艾克斯，他接触的是那些身强力壮、不懂规矩、爱说大话的小伙子；在这里，他的周围都是些文质彬彬的年轻市民，他们风度翩翩、挑三剔四，喜欢读报纸，对政治闲话感兴趣，对时髦的女演员品头论足，对已经历的生活感到厌烦。他比他们中间的大多数人都要年长，这使他感到尴尬，就好像他的智力比他们低一等。他总觉得不自在、落伍、被人讥笑、受人排斥。令人感到奇怪的是他在艾克斯时，同班同学说他有巴黎口音，叫他"小赤佬"；而在巴黎，同学说他有南方口音，叫他"马赛人"。有些同学嘲笑他有意大利血统，给他取外号，叫"意大利上等羊乳干酪"。有一点他是肯定的，那就是在圣路易中学，他找不到像塞尚、巴耶、马尔格里那样的朋友。

他觉得很失望，除了反复回忆在艾克斯的生活，再也没有什么可以得到安慰的。艾克斯的同学也是如此，大家都感到忧伤。他们交换的信件中，讲的是苦闷，要求帮助。埃米尔向塞尚、巴耶讲的尽是他的文学计划、读的书和晚间的孤单寂寞，向往大自然和想女人。他信笔写来，说起乡间某个事情仿佛有许多话要说。尽管他使用的信纸很薄，但要贴两三张邮票才能投寄。他专心写信时，在上课时就不干别的，作业做得很马虎，课也不听了。他在艾克斯时，在班上名列前茅，而现在他则是最后一名。只有一件事还对他有点诱惑力，那就是法语记叙文。有一天，他要做一篇以下主题的文章。瞎眼的米尔顿给其长女听写，而其次女正在弹竖琴。埃米尔受这种和谐的家庭气氛所激发,写了一篇感人的文章。勒瓦瑟尔老师觉得值得在班上朗读。他还预言作者是未来的作家。埃米尔这一下趾高气扬起来:既然他有文学天赋,那学代数、几何、地理、物理等课又有什么用?由于有这样的信念,他闭门幽居,懒得学习。

他不认真学习,其他书读得却不少:雨果的书当然要读,还有缪塞、拉伯雷、蒙田等。他喜爱浪漫派作家,那些风格自由、不受拘束的作家。对古典派有些讨厌。期末,他法文得二等奖。

他母亲为了鼓励他勤奋学习,决定暑假时带他回艾克斯休假。埃米尔一到他偏爱的城市,就想起他的伙伴们。巴耶留起了胡子。塞尚正致力于写作英国亨利八世的戏剧,尽管如此,他还是玩命地画画。他们带"这个巴黎人"一起散步,到弓湖游泳,爬上圣-维克特瓦山,回到罗克法沃"大坝",他们狩猎、钓鱼,大声朗读前辈们的作品,朗诵他们自己在班上写的诗,他们还谈到女人如何地狡诈,以及生活自由自在如何地潇洒。埃米尔脑子里有一个创作规模宏大的诗歌的计划,他告诉伙伴们并受到他们的鼓励。但是,几个星期过得很快。埃米尔刚呼吸到新鲜空气和享受到友情,又要回巴黎了。

10 月份,开学时间临近,对埃米尔简直是一种威胁。他回到首都后不久,就得了伤寒,头晕、说胡话,躺倒了。他后来说:"血管中像有野兽奔跑。"①他精疲力竭,牙根也露出来了。视力很差,连贴

----

① 《春天,康复病人的日记》,后来这篇文章收入小说集《穆雷神父的错误》中。

在对面墙上的布告也看不清。一直到1859年1月他才返回学校。

他回校开始学习的同时,他家里也发生了一件丢人的事。左拉家因付不起房租,被赶出了圣-雅克街241号,他们只好再一次搬家。他越来越感到,只要他的家境没有改变,还是一贫如洗,那么他及家人就没有容身之地。为此,他首先要通过业士学位考试。他在1859年1月23日写给巴耶的信中说:"没有文凭就不可能有出路。"但是,在同一封信中又表示,如果要他当个普通小职员,他坚决不会干的。"我在上一封信中跟你说过,我希望尽快到某一个行政部门当职员,这可能是一个荒唐的、毫无希望的决定。我的前途早已破灭,我只好坐在椅子上慢慢腐烂掉,麻木不仁,寿终正寝……幸好,人们在深渊边上把我抓住;我睁开双眼,探测深渊的深度,看见了等待我的是深渊中的烂泥和岩石。办公室生活,去你的吧!要我苟且偷生,我不干!我大喊大叫道。接着,我看了看周围大声请教。回答我的只有一种声音,这种嘲弄人的声音有的重复讲您的话,有的回复您的问题,使您一点也不满意,好像在告诉您,做人要靠自己奋斗。"经过这番委婉动人的论证后,埃米尔决定学法律,去当律师。他得出结论:"只有一种办法,那就是工作……美丽金色的梦想,去他的吧,当我在未来的良辰美景再呼喊它们时,也许会看到美梦的实现。"

事实上,"美丽金色的梦想"并未将他抛弃。他越加感到对文学着迷,而对科学反感。几个月后,他在给马尔格里的信中写道:

我再也不是那个爱工作、爱科学，而是随便应付大学学习的左拉了。你是我的朋友，我可以把真心话告诉你：告诉你吧，我也变成大懒蛋了，看到代数我就头晕，几何使我厌烦，只要看到莫明其妙的三角形我就哆嗦……这一切告诉你我什么都不干，我的业士学位可能要告吹。

他带着这种想法到索尔邦大学进行笔试。他自我感觉是他的拉丁文译文水平一般，并且不会解数学题。他认为自己将落榜，但他还是带着碰碰运气的心理去看录取名单。出乎意料，他的名字列在第二排。取得这个成绩真是意料之外，他鼓起了勇气参加口试。他对自然科学、物理、化学、数学……所有问题对答如流，他感到稳操胜券。有一位负责文科的考官皱着眉头，突然问他一个问题：查理曼大帝死于哪一天。埃米尔听了立刻糊涂了起来，犹豫不决地计算着，最后他把这个问题说错了几个世纪，把这个胡子花白的皇帝说成死于弗朗索瓦一世的年代。考官听了哭笑不得，接着换个话题，问他有关拉·封丹作品的问题。也许是埃米尔对《寓言》的作者不感兴趣，这时考官一脸严肃样，生硬地说："我们讲德语吧。"过去埃米尔一直反对现代语言，他德语一句也说不好，接着，他听到这样一句评语，使他吓了一跳："够了，先生！"口试结束后，全体考官摇着头评议着。后来在文科考官的要求下，决定给考生左拉文学分数为"零分"，不予录取。

左拉夫人对这次考试失败虽然很伤心，然而也不想因而拒绝儿子到普罗旺斯度暑假的要求。八天以后,埃米尔穿着粗呢短衫和旅游鞋,又和塞尚、巴耶一起,不怕风吹日晒,奔跑在芳香扑鼻的矮树丛中。他沉浸在这种景致中,心想南方是个优美、自由和休闲的地方,通过业士考试可能比巴黎要容易。在说服了母亲后,埃米尔于1859年11月来到马赛,首先参加笔试。他希望在这里能找到比巴黎宽容的考官,但是,这一关也落空了。他的失败使他晕头转向。

第二次落榜后,埃米尔向母亲解释说,如果要他继续学习,不仅无用而且有害。此外,经过两次落榜,学校不会再给他提供助学金。唯一的出路:过办公室生活。这是他过去一直害怕过的"苟且偷生的生活"。难道非要靠它才能培育出稀世的鲜花吗?他将做抄写员和诗人。在枯燥的行政工作中,他从诗行的韵律中得到安慰。此外,他想,一旦获得初步的成功,他可以做出安排,靠写作过活。

他和母亲回到巴黎后,对前程比以前更为担忧。他不再上中学了,把学校课本也抛弃了,成天想着当诗人和能交上桃花运。他给朋友的信长达十几页,往往是内心的独白。他想女人想疯了,成为赞美女性的歌手米舍莱的真正崇拜者,在一座由格雷兹画的代表农妇的雕像前出神凝视。他在写给塞尚的信中说:

　　她那倔强的面孔、漂亮的胳膊,实在叫人赞叹,当人们看到
　　此画时,感到温柔和仰慕……我久久凝视这幅画,对它的原型

产生爱意。①

让·古戎画的半裸体仙女像放在圣婴喷泉上,对他有很大吸引力。她们半裸的身体使他兴奋。他瞧石头就像看见她那骚动的肉体:

> 我向你肯定,这是一些迷人的、和蔼可亲的、笑容可掬的女神,我多么希望得到她们,在我烦闷时给我带来欢乐。②

在这种爱情幻想中,有一种内疚感正在折磨着他,他向塞尚承认:"我很难过,一个 20 岁的大男子汉,还担负不起家庭生活的重任。"③一个月以后,他又写道:

> 我实在坚持不下去了,连写信、走路都很困难,前途渺茫,惶恐至极。我没有职业,没有财产,只有灰心丧气。没有人支持我,身边没有女人,也没有朋友。到处都是冷漠无情和鄙视……我没有完成我的学业,甚至连法语也说不好,我什么也不会……自从到了巴黎后,一分钟的幸福也没有得到过,我谁也不见,我蹲在炉子旁,伴随着我的是凄凉和美梦。④

---

① 1860 年 1 月 16 日的信。
② 1860 年 3 月 25 日给保罗·塞尚的信。
③ 1860 年 1 月 5 日的信。
④ 1860 年 2 月 9 日的信。

照他说来,他正暗恋着一位如花似玉的少女,她每天两次从他窗下经过。但他不敢跟随着她,也不敢跟她讲话;甚至没有勇气向艾克斯姑娘表达爱慕之情,他在信中把她称呼为"天使"。他想献一首诗给她,向她倾诉衷肠。接着,他就高谈阔论地发表见解——一个正经男人在生活中会怎样和形形色色的女人打交道。很显然,有三种女人最诱人:"风月场上的女人"、寡妇、处女。他对巴耶说:"关于风月场上的女人,我可以对你大谈特谈。我们有这样一种荒唐念头——爱她,使她跳出火坑,使这个不幸女人从良。我们觉得这样做对她是出于好心,是给她一点爱和温柔,我们设法点燃火星,把她变成炽热的火炭⋯⋯风月场上的女人是上帝的创造物,她出生时具有善良本能,只是习惯势力赋予她卖弄风骚的第二天性⋯⋯她一个又一个地变换情人,既不惋惜第一个,又几乎不冀求第二个⋯⋯这个年轻人对她已无所冀求,也不愿浪费爱的财富,也得不到任何回报,他变得越来越心狠毒辣,要求这个女人的只是漂亮的肌肤和美丽的眼睛。对这些失足的女人的梦想全都破灭。"而这位循循善诱的良师益友继续分析与寡妇打交道的优点和缺点:

寡妇不是我们的意中人。这种女人年龄比我们大,生性放任,会使我们感到害怕。我不知会给我们怎样的预感。如果她是老实人,她会毫无诗意地将我们引到没有爱情的婚姻,如果她是个轻浮女人,她会把我们当成玩物,然后一扔了之⋯⋯我对她们还不甚了解……至于处女，那是爱情的花朵，我们 16 岁时的意中人，她会在我们的枕边微笑，是爱做美梦的诗人的真正情人。处女，那是犯罪前的夏娃……啊！她是上帝的创造物，她天真无邪，污浊的男人也不能将她污染……我在各种场合见过那些女寄宿生，她们是修道院里的鲜艳的姑娘……人们可以黄金之价向我推销。这些美娇娘天真无邪，羞羞答答。只要不是我爱的或他自己所爱的，他会详述她的优点，并像习俗中所惯用的办法，大呼大叫："先生，这是很值钱的，先结婚吧，然后再谈情说爱，就这么干吧……"对我们来说，处女是不存在的，她就像包了三层纸的香花，可想而不可即。浪荡女子永远是放任的，寡妇是叫人害怕的，而纯情处女是不存在的。①

为了排遣肌肤之渴，埃米尔在下雨天通过窗户看那些撩起裙子的过水洼的过路女人。他鼓起勇气带了一个名叫贝尔特的妓女到家里。据他的朋友乔治·帕若说，她穿一条"破烂的裙子"，只不过是"下等人"，"好像来的目的就是活动筋骨、排除隋性"②。这个操皮肉生涯的女人的闯入只是在他们搬家以后。那时，他和母亲分别住在新艾蒂安山街 24 号和 21 号。"我住在一个亭子间里，过去是贝尔纳丹-德-圣-皮埃尔住的，据说，他的作品都是在这里写出来

---

① 1861 年 2 月 10 日的信。
② 1865 年 11 月 19 日乔治·帕若的信。

的。这对诗人来说真是个吉祥之物!"①

　　他独自一人住在那里,自由自在的,他终于懂得了人情世故。实际上,他的情人是个粗俗不堪和没精打采的女人,根本不符合他所要求的温柔体贴、天真无邪那种理想女人的标准。除此之外,他怀疑她会捉弄他。然而,他出于理性和方便的考虑,对此挺满意。他在给巴耶的信中写道:

　　　　我的情人吻着我,对我发誓永远温柔体贴。我想她不会背信弃义,我将耳朵贴在她的嘴唇上,我听她的呼吸,她的呼吸也没有告诉我什么,我感到失望。我把我的头贴到她的胸脯,我感到她的乳房在跳动,听到她的心在跳动;有时,我突然发现这种用语的要领,但这不过是抖动的柠檬,因而我感到失望。这就是我独居一室的真正原因。②

　　肉欲得到满足后,最快乐的事是在一篇长诗中歌颂鲁道福式的悲剧性的爱情。韵律都是他费尽脑汁写出的,他追忆了不久前亲身体味的肉欲之乐:

　　　　热烈的吻,微笑的嘴,

---

① 1861 年 2 月 10 日给巴耶的信。
② 1861 年 3 月 17 日的信。

半闭的眼睛,闪光的幸福,

那是美丽的情人炽热的情欲。

欲望在膨胀,胸脯在抖动,

那是从发际透出的爱的芳香。

然后,他又写了长达 1200 行献给艾克斯"天使"的诗行:

啊!亲爱的金发姑娘,

你充满了芳香,像盛开玫瑰的香径,

第一天见你就呼喊你,

白色的天使,我的爱神!

这位完美无缺的年轻姑娘,就像是照在树丛上的明月,他把她比成艾克斯风光。

啊,普罗旺斯,我的眼眶中充满泪水,

你和谐的名字在我的竖琴上跳动。

蓝色的天空,雅典的绿色橄榄枝,

你是意大利的姐妹,古希腊的女神!

1860 年 8 月 10 日给巴耶的信中,他这样写道:

这不是我曾爱过的可能今天还爱着的 S①……这是天使，这是我很少见到、只有在梦中才见到的理想的人，不管我追求了一小时的人间女子有没有情人，你相信，谁能阻止蝴蝶去爱抚玫瑰呢？

他已经在南方的一份报纸《普罗旺斯报》上发表了一些诗，其中有一篇是献给他父亲——左拉运河的建造者的。但是，尽管他雄心勃勃，可给外省报纸写几首诗的诗人是养活不了自己的。他还犹豫不决地写散文。对他来说，散文是一种表达方式，它会扼杀为残酷的现实服务的抒情诗。作为一个作家，他自信不该仅仅是赞美形形色色的美好事物。他在给巴耶的信中写道：

> 削尖我的笔，并开始描绘横下一条心干坏事的人，剥去他们罕见的优点，突出他们的缺点，这些缺点是我不可能爱的。在我们这个唯物主义的时代里……作为诗人肩负着一个神圣的任务：要每时每刻地在任何地方触动一下那些只考虑自己的人的灵魂，诅咒那些用科学扼杀了信仰的人。艺术……将是点亮人类道路的灿烂的火把，而不是点亮拙劣诗人破房子的可怜的蜡烛。②

① 这个"S"或"L"，也许是左拉将"S"写成"L"，有可能这里指的是菲利普·索拉里的妹妹，即路易丝。
② 1860 年 8 月 10 日的信。

这是左拉天真的自以为是的教条,所以后来成为自然主义的始祖,人们在他以后发表的作品中可以既好笑又令人吃惊地找到其表现。而在当时,他确信艺术家是上帝派来的预言使者,他传授人们去改造大自然。但是预言者也要吃饭。在新艾蒂安山街的两间小屋里,他们已经穷极潦倒。应左拉夫人的请求,乐于助人的朋友亚历山大·拉博在海关的码头上为埃米尔找了个职员的差使,工资每月60法郎。埃米尔接受了。但是,办公室生活很快使他痛苦万分。他在成堆的文件中感到窒息。与他共事的那些职员平庸乏味的谈吐使他很恼火。他害怕自己也会堕落成跟抄写员那样平庸,他们成天画表格填数字,看上司过来时低头哈腰,快到下班时不时地看表。他对行政工作极为厌恶,过了两个月就辞职不干了。他母亲极为痛心。

他决定只要找到一份过得去的工作到了年龄就去要求法国国籍。根据1849年法令条文,当事人父亲是意大利人,还被认为是外国人。这条规定,过去他并不注意,而如今突然出现在他眼前,他感到荒唐透顶。他认为,他用法语思考、讲话、写作,母亲和外祖父外祖母都是法国人,而且生在巴黎,他是地道的法国人,他的朋友也把他当成同胞,而且普罗旺斯的景色培育了他的爱好。他应该尽快盖个章签个字使他的地位合法化。1861年4月7日,他到第五区区政府正式申请法国国籍。一个面无表情的职员写下了他的要求。材料要通过正式手续进行。左拉回家后如释重负。但是还有更麻烦

的事:找一个职业。他在给巴耶的信中写道:

> 我想找的工作很简单,什么都可以干。由于我不想到行政
> 机关找前程,那就不在乎这种机关有无前程。为的是每年挣
> 1200 法郎,这就是我所需要的,所以我不担心我能否提升。①

日子一天天过去,这个问题也没有解决,他并未降低要求,自称什么工作都可以干为的是不依靠母亲生活。但是,母亲由于过分溺爱,不要求他做出这样的牺牲,所以他仍逍遥自在,埋怨生活空虚,在家里混饭吃。

---

① 1861 年 3 月 17 日的信。

第四章　办公室生活

　　当然,左拉可以回去和母亲、外公一起过日子。这样他可以节省点房租。但是,他怕见到母亲。她成天弯着腰缝缝补补,已过早地衰老了,她透过眼镜带着一种既疼爱又责备的眼光打量着他,他见此情景心里很难过。他既尊重她,又躲着她。他远远地躲着她,这样就可以利用空闲时间为日后成名做努力。左拉运河建造者的儿子有朝一日也会以其巨著扬名于世。在此期间,他在巴黎大街上闲逛,一方面为无所事事感到羞耻,同时又为空洞许诺而陶醉。每当外省报纸刊登几行他的诗时,他觉得希望又来了。他把这些诗翻来覆去地看,直到睡眼蒙眬,昏昏睡去。难道这是事业的真正的开端? 他想,他要成为真正作家,还很遥远。他将难以跨过这茫茫天际。一想到他的名字用大字印在书的封面上,他的脑袋就像喝醉酒似的晕头转向。他最重要的工作就是成天在旧书摊上翻旧书。他穿着暗绿色的破旧大衣,领子油腻发亮,像夜晚从收容所跑出来的流浪汉。回到家后,吃3个苏的土豆,点燃蜡烛,填满烟斗,开始写诗,因为他不会干其他事。

他的朋友指责他为什么离开码头,他抗议并咆哮道:"这不一样吗? 那里什么也干不了!"然后,他懒得和他们再辩论,又去找工作。但是,谁也不愿意要他。他在给巴耶的信中说:

我一次又一次地提出要求,我到过很多行政机关。到处都是啰唆地问长问短,但什么结果也没有。你知道我的日子过得多难。这不是我要求什么条件,而是我懂的东西是他们不需要的,应该知道的东西我又一窍不通。我一进门,就看见有一位穿一身黑色衣服的先生,正趴在堆满乱七八糟文件的办公桌上写着什么,他把我的到来当作怪物一样视而不见,仍趴着写着,当然他不是不知道我的出现。过了很久,他终于抬起头来,斜着看我,突然问:"您想干什么?"接着提了一系列问题,还议论其他事情,总是那一套,大同小异。您的字写得怎样? 会不会管账? 在什么机关工作过? 能干什么? 等等。然后,问题问完了,他说他们办公室没有假期,人已满员,到别的地方再找找看。我满怀惆怅,赶紧溜走,很伤心又没有成功,但不到这种倒霉地方工作觉得挺高兴。①

---

① 1861年6月1日的信。

倒霉之余,有一件事倒使他挺高兴:塞尚说服了他的父亲,到巴黎继续他的绘画学业。老朋友重逢,心花怒放,生活又照样进行。塞尚心情也不好,他讨厌巴黎,批评巴黎的酒吧间、建筑物和气候。他不能容忍他的朋友对他进行指责或提意见。此外,他们也不住在一起。塞尚每天要到奥尔费弗码头的瑞士学院听课,而左拉待在自己的屋子里抽烟和写作。他们各自过自己的日子。过一段时间,左拉到塞尚住处摆个画像姿势。这位画家很安静地为他画像。后来他离去了,这次是去维尔维耶画坊。左拉在给巴耶的信中说:"我很少见到塞尚。唉!不像我们在艾克斯那样,那时我们才 18 岁,我们自由自在的,从不考虑未来。不同的生活要求,不同的工作使我们现在疏远了……这难道是我过去所希望的吗?"这个朋友既多疑又怪癖,左拉感到失望。他发现朋友身上有不少缺点,他在信中又写道:

> 要向塞尚证实某件事,简直是像在巴黎圣母院跳四步舞……就像抱了一块又硬又僵的石头,他不喜欢商量事情,他先说累,后来当对方有理时,他又改变主意……他往往嘴里说一套,行动上又一套……如果我不想失去他的友情,那就要适应他的脾气。①

---

① 1861 年 6 月 10 日的信。

他的这种毛病更加变本加厉,左拉对此并不满意。有时,两位朋友停止画像,一起到卢森堡公园抽烟斗。然后他们又回到恩费街塞尚的住处,左拉重新摆好姿势盯着画家,一动不动。有时,塞尚发誓再也不想待在巴黎,想回到艾克斯去。左拉尽力相劝。但在一天早上,左拉来到他朋友的住处时,发现箱子开着,抽屉也快空了。塞尚恼怒地说:"我明天要走了。"左拉问:"那我的画像呢?""你的画像,我搞坏了。我本想今天早上把它修复好,可是越改越糟,只好把它扔了,而我要走了!"左拉很谨慎小心,对他一句反对的话也没说,并且带他到一家小饭铺吃饭。在吃饭时塞尚想了想,又谈到他的决定。左拉对巴耶解释说:

> 但是,这不是坏主意,如果他这个星期不走,下个星期也要走……我相信这样做好,保罗可能有大画家的天赋,但他永远不具备成为大画家的才能。稍有困难就打退堂鼓。我再重复一下,如果他想避免更烦恼的事,还是走了好!

在以后的几个星期中,由于他们性格不同,塞尚和左拉总是闹摩擦,但很快过去共同的回忆又使他们和好了。保罗带埃米尔到位于巴黎近郊的一个油画展室参观,一些留着胡子吸着烟斗的画家在画画,他们俩还在冰凉的水中洗澡,嘲笑那些游泳新手。他们在一起的日子,几乎没有一天不争论的。一个说画很漂亮,另一个说真讨厌;或争论艺术的成就是否需要付出辛勤劳动;或一个银行家父亲对儿子事业的影响;等等。在这一点上,塞尚有一种病态似的敏感。他恨他父亲有钱,又承认这种富裕的生活能使他从事绘画,而不是遵从家庭原来的安排学习法律。为了和平相处,埃米尔尽可能避免谈论这种爆炸性题目。他对已故的父亲的关怀很尊重,不理解保罗为什么对自己的父亲如此愤恨。9 月初,当保罗最终回到艾克斯市时,埃米尔心情复杂,觉得失去了一个朋友,又摆脱了一个讨厌的人。

天气开始冷了,左拉当时住在苏弗罗街 11 号一间又脏又冷的小屋里,他坐在桌旁披着一条毯子御寒,他称这种方式为"阿拉伯式的"。他冻得发僵,肚子也饿得够呛,只好不写作。他有宏伟的写作计划,他想把《鲁道福》《阿丽亚娜》和《保罗》合成一本集子,总题目为《三首爱情诗》。① 但是,尽管他自称是个彻头彻尾的诗人,也不能不正视严酷的现实。过去,他指责巴耶看问题要现实些。这次,他在信中说:"当人们搅动污泥时,手上会沾上脏物;当人们在田野里漫步,回来时会沾上玫瑰花香……抒情歌手……他们唱的是真善美,给人们呈现光明景象,在扶起别人时,他自己也站起来了。"②现在,他已经对自己的做法不再相信。他自忖他是否有权利献身于和谐与纯洁,因为他自己也在贫困和污泥中徘徊。艺术家是否就不懂人情世故或者遇到可怕的事情时才想起这个道理? 他应该当一个眼望蓝天的游吟诗人或这个时代审慎的证人,在必要时,当控告者?

---

① 这个计划后来是《爱的喜剧》一书。
② 1860 年 8 月 10 日的信。

透过他房间的墙壁,他所听到的不是和谐的声音,而是一些吼叫、碰杯声和淫秽的歌曲、泄欲后的喘息和妓女的笑声。夜晚,他被过道中嘈杂的脚步声吵醒。女子尖叫、咒骂、哭泣、吵闹。那是警察来了。风化警察在诗人的邻屋搜查。他回到床上转身睡去。睡醒后,他数数钱包,还剩两个苏,够买奶酪、面包和一个土豆。有时,他在窗台逮着麻雀,拧断脖子烤着充饥。但他不愿干这种残忍的勾当。到哪里去找钱? 能拿到当铺当的东西都已当掉。于是,他挨着找那些能借钱的关系以使他的日子维持到周末。他到处碰壁。他的情人贝尔特也跟着他去借钱,她抱怨说再不能跟"破产者"过日子了。他恼火极了,脱掉外衣扔给这个女人,说:"把它拿到当铺去吧!"尽管他冻得够呛,也只好不穿外衣回家。

虽然他穷困潦倒,但是他不想起来对帝国政府造反,也不想反对他所支持的新贵社会。他不是搞政治的。写诗已使他忙得够呛,无暇指责这位或那位部长。同样,他不想和那些造反派把拳头指向天空,指责上帝对人不公,尽管他自己也深受不公正之害。他是一个恭敬的但不遵从教规的天主教徒,他的宗教信条就是平安过日子。他在给巴耶的信中说:

　　我相信上帝万能,善良而公正。我相信上帝创造了我,指导我,并在天堂里等着我。我的灵魂是不灭的,并将自由地裁决,主是有权利惩罚和褒奖的。我应该尽一切努力做好事,不做坏事,我相信审判者的公正和善意。现在我不知道我是不是信天主教的犹太人,或是信耶稣教的或伊斯兰教的犹太人,但我相信我是上帝的创造物,这就够了。①

1861 年 12 月,发生了两件对他有重要意义的事:让·巴蒂斯坦·巴耶到巴黎,就读于巴黎综合工科学校;外祖父奥贝尔在长期患病后去世。他由女儿看护照顾,在悲痛中,她也没有心思去想吃饭的事。左拉对外祖父的去世也很难过。这老头谨慎老实,总是跟在他妈妈的身旁。此外,巴耶的到来并没给他带来欢乐,因为他一到达首都就投入到学习中去,并住在圣-热内芙里埃山旁的笛卡儿街的碉堡式房间里。

快到年底时,他家的朋友、医学院院士布代先生答应左拉夫人,推荐埃米尔到阿谢特出版社当雇员。但是,几个星期以前,这里还没有空缺。当布代先生看到求职的年轻人沮丧的神色时,他动心了。这位年轻人面容消瘦,脸色冻得发青,仍笑容可掬。他交给这位年轻人一些事先准备好的新年贺卡,并塞给他一个金路易。

在大雪覆盖的巴黎,年轻人认真地完成了任务。他去的那些家都是些显赫人物。他当然没有见到他们,但将贺年卡片放到银盘子上已经很满意了。他已经闻到泰奥菲尔·戈蒂埃、泰纳、奥克塔夫·弗耶、爱德蒙·阿布的气息了……他希望有朝一日能体面地踏入文学界! 他虽然满腹经纶,却只能当一名跑腿的听差。

---

① 1860 年 8 月 10 日的信。

埃米尔尽管胃病很严重,仍坚持编写自传《忏悔录》。在他看来,希望和回忆全都崩溃了。他在给塞尚的信中说:"巴黎对我们的友谊并没有什么价值。我们的友谊不是需要在普罗旺斯的阳光下愉快地生活吗?……不管怎样,我相信你永远是我的朋友。"①他的视力下降了;他留起了胡子以藏着他柔软的尖下巴;他的手有点发抖;因为吃不饱肚子,他有点头晕。什么时候路易·阿谢特会伸出手来救其危难?

1862 年 3 月 1 日,他终于去位于皮埃尔-萨拉赞街的出版社上班了。但是,他要从小门进去。工资是每月 100 法郎。他被打发到充满灰尘的商店后间工作,捆绑书籍。他不是出版自己的书,而是发送别人的书。由于要使劲勒住结,他的手指都弄疼了。他给塞尚写信说:

　　太阳闪闪发光,而我却被关在屋里。在我窗户外面,泥瓦匠在那里干活,他们来来往往,爬上爬下,好像很高兴。而我,坐在那里,一分钟一分钟地数着,还要干 6 小时。唉,多么可悲啊!这是我的口头禅。今晚,我要干到半夜,如果我像昨晚一样,写出一首好诗,明天我就快乐。我是一个多么可怜的疯子啊!②

---

① 1862 年 1 月 20 日的信。
② 1862 年 9 月 18 日的信。

不久,他提升了,到广告部工作,工资也增加了一倍。他觉得应该给路易·阿谢特先生本人提建议。他向阿谢特先生提议成立《新作家文库》,收集出版不出名的年轻作家的作品。而后,他还大胆地在老板办公室放了一本自己的诗集《爱的喜剧》。他认为这是一部可以与但丁的《神曲》相媲美的作品,题名是《爱情地狱》(《鲁道福》)、《感情炼狱》(《保罗》)、《天堂》(《阿丽亚娜》)。

他期待着路易·阿谢特的回应,焦急地足足等了两天。阿谢特终于接见了他的雇员,向他明确表明了态度,说他的诗不错,不过要让广大公众接受,应该用散文写。左拉二话没说,听从了这个老成持重的商人的嘱咐。从此他在房间里静静地思考了很长时间。回到家后,他又读了一遍最近的诗作,不无遗憾地承认平淡无奇。但是,他手头有一本诗集要付印。是否放弃这本诗集,继续编写还未写完的小说? 他也确实写了《克洛德的忏悔》的最初几页,这是几篇可以收为集子的小说。但这些都未准备就绪。这不要紧! 如果像路易·阿谢特所说那样,只要忘掉写诗,他前程无量,他准备改变一下表达方式,甚至连外表也改了。只要能获得成功,什么都可以牺牲。巴黎就像是一首弥撒曲,而文学荣誉对诗人们来说是可有可无的。再说,还不知道做弥撒圣祭会不会使人满意。在这种思想支配下,他决定致力于长期以来不屑一顾的散文作品。他向塞尚说:"我把一本本手稿塞在抽屉里,有一天我设法登在报上。我已写了三部短篇小说,约30页……我打算将其中15页交出去,然后设法在别处出版。"①

　　1862 年 9 月 23 日,他送给《当代杂志》社长阿尔封斯·卡洛纳一篇题名《女神之吻》的小说,并附了几句话:"我的名字并无什么文学价值,也没有什么名气。然而我希望您读一读简短的手稿。"《当代杂志》没登此稿,但不久《每月杂志》、后来是《巴黎新杂志》登了这篇稿子②。左拉看到这篇作品上署有他的名字,兴奋无比。他想,白纸黑字他的名字印在上面,就意味着他已接受了文学洗礼。1862 年 10 月 31 日,他接受了官方给他的洗礼,他得知他的努力有结果了,他终于获得了法国国籍。

---

① 1862 年 9 月 29 日的信。
② 这篇作品收集在《尼农的故事》中,题名为《森普利斯》。

第五章　作家的诞生

　　左拉当了阿谢特出版社广告部主任,他全力以赴投入巴黎的文学生活。那些最有名气的作者都到他办公室并开怀畅谈。左拉很天真地听他们谈自己的雄心壮志,书的销售数目,如何赢得某位批评家的尊敬,以及最近出版的书作的广告中的不足之处。这些大作家都不把他当成未来的同行准备吞噬他,而是把他当成技术顾问。左拉办事谨慎,工作有效率,从中也了解作家这一行的内幕。他们都相信左拉是为他们服务,而正是他们帮左拉跨进了文学界大门。左拉连一本书都没有出版,在运用成功诀窍上却与他们旗鼓相当。他因此认识了现实主义理论家迪朗蒂,以及泰纳、勒南、利特雷、圣伯夫、基佐、拉马丁、米舍莱、阿布、巴尔贝·多勒维利等。这些人尽管有才能或是天才,但他们嘴上挂的全是合同、发行量、分享版权、保证、与新闻界关系等。他们都需要钱,而左拉也理解他们。对他来说也是这么一回事,文学是项神圣事业,但也是谋生手段。他也等待着步他们后尘,在报纸上发表文章,吹捧阿梅代·阿沙尔或普雷沃-帕拉多尔之类作家作品如何有价值,等等。

但是,如果他和接待的客人都殷勤讨好,那就和谁也没时间联系。他真正的朋友还是在艾克斯结交的那些人。塞尚回到巴黎,租了一个画坊。巴耶每星期两次从工科综合学校出来看他。这三个难舍难分的朋友发誓要并肩战斗,征服首都,还要征服法国。塞尚在经济上是最宽裕的,但经历也颇坎坷,他教他的朋友也像他那样从事绘画。巴耶是比较理智和冷静的,他从科学角度看问题,希望在纯研究领域里获得高位。左拉是最敏感和最热情的,他知道在文学上,他既不能像塞尚那样沸沸腾腾,也不能像巴耶那样具有学者般的严密。

唉!巴耶抽了个不吉利的号,他要去服兵役。左拉倒是经受了考验。他要求入法国籍是否有错?如果他还是个意大利人,那人们还可能让他安静地待着!真凑巧,他抽了个495号,这个号码不应征。这回他可以自由自在了。塞尚没去服兵役。他父亲找了个代替服兵役者。左拉交了双重好运,这就使他和军队消除了敌对态度。他的物质生活也有了保证。他最终选择了他的道路。他还有什么更多的要求呢?

他和塞尚在奥内的丰特奈-奥-罗兹散步,此地靠近狼谷。绿色的池塘吸引了他们。塞尚将三角架放在池边,兴奋地作起画来。左拉看见画笔在画布上乱涂,试图弄明白他的朋友花里胡哨的画是什么审美观。

当时的艺术是学院式的,精工细雕但无生气。新生的一代画家对这套陈规旧习群起而攻之。左拉是站在他们一边的,这并不是因为他赞同他们的做法,对他来说,这些人代表了未来。他想,这是代表一代人的事业。年轻人在各方面都应并肩战斗,互相帮助,必要时推倒那些旧事物。

塞尚想进美术学院。但是,他考试没有通过。他还想在1863年画展上展出作品。他同皮萨罗、克洛德·莫奈、爱德华·马奈等均被拒之门外。拿破仑三世时代的主导服饰潮流的富翁们不愿意别人涉足他们的艺术之门。他们主张秩序井然、宗教自由、财产富有、穿着体面和墨守成规。凡是在艺术上和政治上出现任何新颖事物,他们都将感到害怕。他们喜欢的绘画作品,不外是历史题材的作品,世态画、讨人喜欢的故事、仙女、神话故事等,而这些故事中精心描绘的裸体画光耀照人,回味无穷。但是,帝国在发展,并也希望表现有自由倾向的作品。1863年4月23日,官方的《箴言报》刊出了这则令人惊讶的消息:

展览会审查组拒绝展出某些艺术作品的事,皇帝已听到了有关的请求,皇帝陛下希望能让公众来判断这些请求的合法性,决定让这些被拒绝展出的作品在工业展览馆的另一场地展出。

塞尚和左拉欢迎这个措施,就像是改革者得了一笔胜利奖金。

然而,这是一个圈套。观众是在尊重传统的环境中培育出来的,他们匆忙地参观,怀着好奇的心情去看被拒绝参展的作品,他们同意审查组的意见,赞扬皇帝夫妇的宽厚慷慨,对年轻人表现的恐怖画面极为反感。两位朋友参观展览时希望画展会出现一种冲击力。他们算是如愿以偿了。他们一进画室,看见一幅大油画,突然停了下来。这幅画里有一片树林,阳光通过树林散射光芒,一个裸女侧坐在地上,旁边有两位衣冠楚楚的男人陪伴着。这幅画是马奈的作品,题名为《草地上的午餐》。这幅画表现出一种力量,一种傲慢的神情,同时还表现出一种令人吃惊的启示。官方举办的画展向观众展示的是一些格调平平的画面,这些画的题目是:《最初的抚爱》《洗礼的糖果》《大肚量》《老祖母的朋友》……而这里,一幅裸露着身体坐在穿短衫的男人中间的画像突然出现在众人面前。在画面前,人们成群结队地观看,并喃喃细语。男士们在讥笑挑刺,女士们感到愤怒,年轻的姑娘低下了头。塞尚和左拉也被征服了。但是塞尚觉得,马奈的画里有新的观察方法,它既简朴又粗犷,用颜色的对照表现气氛,技术熟练。左拉也觉察到富有艺术特色的手法,在粗野中表现真实,他不管那些冒充高雅的人反感与否。他们俩在某种程度上都感到,在这种粗野的生活形象上受益匪浅。左拉还觉得应该捍卫马奈的事业,向世人证明马奈是位天才,用自己的笔来参加马奈用画笔进行的为表现真理的战斗。

左拉跟着塞尚在画室转了一圈,并且结识了先锋派画家们,其中有皮萨罗、莫奈、德加、勒努瓦、方丹-拉图尔以及马奈本人。他对马奈的事业挺热心,他嘲弄了习惯于低级绘画的笨蛋。但是,塞尚是个朝三暮四的风流汉子,经常换女朋友,他还给左拉介绍认识了一些女人。其中有一位名叫加布里埃尔-埃莱奥诺尔-亚历山德里娜·梅莱的女人引起了左拉的注意。这是一位体态丰满、出身低微的女人。她既不像格勒兹画笔下的小农妇,也不像让·古戎雕塑中的半裸仙女。在孤单寂寞的生活中,左拉对之十分钟情。然而,这位健壮、纯情的天仙对他十分有诱惑力。加布里埃尔-亚历山德里娜生于 1839 年 3 月 16 日,她出身低贱,是个孤女,当过洗衣妇,曾在克利希广场卖过花。左拉认为,对她感兴趣,还有更多理由。不久,这个年轻女人成为他可靠和卫生的隐蔽场所,这是他生活平衡所必需的。他选择她,就像是在艺术上和文学上选择现实主义一样。

左拉为了表达他在这方面的新理论,给艾克斯的朋友、同样热衷诗歌的安东尼·瓦拉布雷格写了一封关于三种流派(古典的、浪漫主义的、现实主义的)的长信。他认为:

古典主义流派像一张白纸,十分纯真、洁白无瑕、根底很深,也很细致……物体的五颜六色在穿过遮着幕布的透明体中逐渐衰落减弱了……这种创作在这种冰凉的、半透明的水晶体中失去强健力量、生气和光亮……浪漫主义的流派是一面涂有锡汞剂的镜子,它是清澈的,虽在某些地方有些混浊,似同被彩虹的七色光所印染。它不仅被颜色通过,它赋予这些光彩夺目的颜色以力量,有时候,它使这些颜色变化并掺和……现实主义流派像一只玻璃杯,它很薄也很明亮,它希望那些形象通过时变得完全透明,并在现实中重现……如果要我说,我是赞同现实主义流派的,它符合我的理智推论,我在这种流派中看到力量和真实的无限美丽。①

在几个月内,左拉比较安心。他将几篇小说合成一本题名《尼农的故事》的小说集,他把小说集拿给他的老板。老板叫他马上拿去给出版商埃特兹尔。左拉找到出版商,泰然自若地说:"先生,3个出版商拒绝了我的稿子。然而,我是有才华的。"埃特兹尔觉得挺有意思,答应看看此手稿。两天以后,左拉收到一张简短的便条:"请明天来我处。"在等待见面的时候,左拉心烦意乱,在卢森堡公园小道上散步。他终于见到了埃特兹尔。他对左拉说:"您的小说集被接受了。拉克鲁瓦先生给您出版,您去找他签约吧!"左拉欣喜若狂,跑去将此消息告诉母亲。母亲为此感到骄傲,甚至掉了眼泪。

左拉立刻投入该书的推销工作。他利用在阿谢特出版社工作的条件,写了十几封信给他认识的评论家以引起他们的兴趣。效果确实不错,1864 年 11 月,该书出版时,受到新闻界的好感与欢迎。确实,这些小故事虽一本正经、淡而无味,但挺对新闻记者的胃口,也使首先关心不要搅乱他们生活习惯的公众感到高兴。

---

① 1864 年 8 月 18 日的信。

左拉在初次成功的鼓励下,在《小报》《巴黎生活》《里昂救国报》等报刊上发表了一些文章和小说……但是,他最重要的事是编写自传体小说《克洛德的忏悔》。他在写给安东尼·瓦拉布雷格的信中说:"今天,我需要干得快些,但诗韵把我难住了。我在写散文,进展情况还不错。我有一本关于职业生活的长篇小说,我想可能在一年之内出版……作品! 作品!! 作品!!!"在《克洛德的忏悔》一书中,左拉写了一个穷诗人的艳史。这个诗人与妓女洛朗斯结合,出于怜悯将她收留,并想使她逐步地摆脱恶习,可是却被这个妓女搞得狼狈不堪。最后,他终于从她的迷惑中、从卑鄙的泥坑里摆脱出来,离开巴黎躲到普罗旺斯,重新找到尊严、宁静以及生活和写作的乐趣。这并不是生硬和矫揉造作的现实主义,而是这类文学作品初步的尝试。

　　这本小说中的情节,很多是他个人的经历。克洛德这个倒霉的诗人就是他本人,洛朗斯就是贝尔特,那个"风月场女子",她跟着他住了多处陋室,他想教育她讲道德,但事与愿违。主人公回到普罗旺斯,获得了新生,体现了对家乡的爱和对往事的回忆。此外,这本书是献给"他的朋友保罗·塞尚和让-巴蒂斯坦·巴耶"的。

　　尽管这本书苍白无力,但帝国检察官仍抓住不放,写了一个报告给司法部。检察官认为某些段落描写有些过分,但认为没有理由对作者以伤害风化罪诉诸法庭。左拉为此松了一口气——《克洛德的忏悔》没有被从书店取走,但销售数量不多。有一些好的评论,但另一些,其中包括巴尔贝·奥勒维利,干脆是骂人。左拉给这位评论家写了一封态度生硬的信，并向安东尼·瓦拉布雷格阐述了自己的感情：

> 我的收获是东挨一棒西挨一棒，我被那些好心人搞得声名狼藉……但是现在我出了名，有人怕我并骂我。今天，我已跻身于那些怀着恐惧心理读我的书的一类作家中。这是一种习以为常的事……按惯例，一部作品出版以后，不用去等待公众，而是向他们，并强制他们来拥抱您或来骂您……您问我的这本书给我带来点什么。一无所有。一本书从来养不活它的作者。我和拉克鲁瓦签约，他给我 10% 的版税，每本书 30 生丁，书发行 1500 册，算一下多少钱，要指出我们的条件是很优惠的。还有连载，要想养活作者，首先要登到报纸上，每行付 15 生丁至 20 生丁。[1]

他高兴地算着数字。一本小说对他来说，既是艺术作品也是一笔商业交易。从 1860 年起，他常对塞尚说："我希望写作品目的不是为了出售；但是，一旦写成了，我就要进行出售。"[2]他勉强地接受诗歌是为少数的爱好者写作，而散文会吸引公众。任何一位能称得上作家称号的人看到他的书像小面包那样销售出去也不会脸红，他们没有亲眼见到像雨果、巴尔扎克、狄更斯这些作者的例子吗？尽

---

① 1866 年 1 月 8 日的信。
② 1860 年 8 月 1 日的信。

管《克洛德的忏悔》是一部不怎么成功的作品,左拉相信广大读者很快会欢迎或憎恶。从安东尼·瓦拉布雷格那里得知在艾克斯市,左拉运河要更名,左拉很神气地说:"我不在乎给一座墙取名能吸引我,对我来说,我能够建几座墙,如果需要这样做的话。"①

他打算建那些墙,他怕在阿谢特的工作会妨碍完成此事。他需要完全自由地从事这项事业。此外,他的保护人路易·阿谢特此时已死,新的领导不重视大胆的现代派作家的活动。警察曾到他家和公司的办公室调查。秘密机构感到不安的是左拉在左派报纸《劳动报》上发表诗作,这是克列蒙梭主办的左翼报纸。经过精确计算,写书和写文章的收入与开支相当。因此,他可以离开阿谢特出版社,而有机会再与它合作。

他成了"职业作家"。他再次搬家,和他的情人亚历山德里娜·梅莱搬到医学校街。她是他的忠实伴侣,细心照料他并尊重他的工作。每星期四她不引人注目地站在墙角,看着左拉和他的朋友塞尚、巴耶、鲁、索拉里、巴约、皮萨罗等聚会。他们边笑着讨论文学艺术,边喝着酒。左拉头脑发热,认为已经可以向全世界挑战。他相信能取得胜利。他向安东尼·瓦拉布雷格说:"我想方设法搞钱,我对自己有信心,我勇敢地向前迈步。"②

---

① 1866 年 2 月的信。
② 1866 年 1 月 8 日的信。

第六章　新闻记者和艺术爱好者

左拉自从与新闻报刊合作后就颇有抱负,他已不满足于在小报刊上署名。既然他发誓要征服法国,那他所需要的是发行量大的报纸。他想很快进入伊波利特·德·维尔梅桑的班子。维尔梅桑在创办《费加罗报》后,着手筹办《事件报》,这是一份卖两个苏的日报。左拉知道此人长得肥胖臃肿,高个子,一片厚而突出的下嘴唇,说话声音嘶哑,动作像个车夫,他在做生意时很精明干练,很欣赏果断、能干、彬彬有礼的办事人员。因此,1865 年 4 月 11 日,左拉给阿方·迪歇纳写了一封态度直率的信,此人是维尔梅桑的合作者和秘书。信中说:

先生,我希望尽快获得成功。我真想您的报纸能使我尽快出名,我给您寄了几篇散文作品并恳切地请求您,这样做对您是否妥当? 如果我这个小人物使您不快,那以后就不谈了;如果仅是附上的文章您不喜欢，那就另外写几篇。我承认我还年轻，但我对自己有信心。我知道您喜欢试用新人，喜欢发现新编辑。那就试试我，发现我吧！您会采得芬芳的鲜花的。

这次请求未得答复。第二年，左拉又给维尔梅桑的女婿、广告商居斯塔夫·布尔丹写信，他负责新出版的《事件报》书刊评论栏目。左拉建议他搞一个书目栏目，信中说："我给您每天销售的新书写个评论，大约20行至30行；我去找出版商，并从他们那里得到有关他们的出版消息，这样，我的文章就会比其他销售广告要快；此外，当一部重要作品即将出版时，我负责收集使人感兴趣的节录，《事件报》可以刊登。"①

居斯塔夫·布尔丹对这个建议颇感兴趣，将左拉介绍给他的岳父。维尔梅桑看人时总带着狡诈的眼光，他一看这位来访者就想，这家伙雄心勃勃！可以信得过。交谈了5分钟后，他对左拉说："您说的那些话可行，一个月内，《事件报》归您管。到月底，看您有没有真本事，到那时再最后决定该怎么办。"②

1866年1月31日，左拉买了份《事件报》，看见第一页有一篇维尔梅桑写的文章，文章中有他的名字：

　　　　对读者来说，《事件报》缺少文艺评论部，为了使其更全

---

① 参见保罗·亚历克西的文章。
② 引自阿尔芒·拉努《您好，左拉先生》。

面、完美……不管怎样,对书籍的评论不应枯燥无味,使读者感到乏味……我们任命埃米尔·左拉先生,这并不是一个陌生人……这是一位年轻作家,对书店情况十分了解……这是一位很风趣和有想象力的人……他写的书虽不多,但质量很高,在报刊上引人注目。如果这位新的主持人成功了,那当然好。如果他失败了,那也没什么关系。他本人告诉我,在这种情况下,他将实现诺言,而我也将解除他的职务。我是这么说的。伊·德·维尔梅桑。

　　这种生硬的作风、粗俗的想法对左拉来说,比之这位老新闻记者的赞词来说算不了什么。1866 年 2 月初,左拉的第一篇文章刊登在《事件报》的"今日和明日书栏"中。他赞扬泰纳的《意大利旅行》一书。从此以后,他每天都热情而一丝不苟地写类似文章。

　　两个星期还不到,维尔梅桑就向他表示祝贺。月底,这位新来的职员到出纳员那里领钱时还不知道报酬是多少。出纳员付给他500 法郎。他还从来没有一下子领过这么多钱。他真想像演完闹剧的演员那样拥抱与他打趣和拍肩膀的维尔梅桑,可是他还不敢。老板对他很满意,让他就 1866 年沙龙画展写一篇评论。这是副重担子! 但左拉信心十足。从少年时代起,他不就泡在绘画世界中吗? 他想,有塞尚和其他朋友帮助,对同时代的艺术家可以做出评论。他将专栏文章命名为"我的沙龙",开宗明义第一篇就是对评判委员会成员进行尖刻的评论。为了纪念《克洛德的忏悔》一书的主人公,文章签名为克洛德。

一开始,这位初次舞文弄墨的无名作者竟敢攻击享有盛誉的画家,这在读者中引起抗议。在后来几期中,这位署名克洛德的人不仅不道歉,还继续我行我素。他揭露这种沙龙没什么价值,并对排斥马奈感到愤怒,宣称这位画家将是"未来的大师",他的画被人们喜欢得不得了,"挤破了门",他将像"库尔贝那样,在卢浮宫占有一席之地"。艺术管理局决定不开放"被拒绝者沙龙",其理由是"为了维护秩序"。左拉以克洛德的假名指责这些人在艺术家和公众之间,不是做一些"推动创作繁荣"的工作,而是"摧残艺术,将支离破碎的尸体呈现给公众"。他最后说:"我要求同行们和我站在一起,我要扯着嗓门大喊大叫,争取重开这些展厅,让公众来判断,谁是审判官,谁是受审判者。"尽管左拉的恳求动人心弦,但艺术管理局依然维护原来决定。左拉在朋友们的赞扬声中义愤填膺,更加紧挑战,怒斥这些诋毁法国天才的掘墓人。

这么一来,这些革新派画家把左拉当成他们艺术的捍卫者。他定期地与他们在聚会的酒吧间里约会。左拉穿过盖尔布瓦大厅,毫不犹豫地走向那个烟雾腾腾、熙熙攘攘的角落,那里有头发蓬松、留着傲慢的山羊胡子、打着黑领结,正抽着烟斗、喝着啤酒和葡萄酒的小伙子们。他坐到他们桌子旁,他们问他时,他添油加醋,更激起他们的愤怒。这伙人中有勒努瓦,方丹-拉图尔,标致的弗雷德里克·巴齐尔,贝尔特·莫里佐,严肃的马奈——手杖夹在两腿间,高呢帽放在一旁,坐在长凳上。左拉很奇怪地觉得,自己在他们中间,比在那些新闻记者圈里更自在，如同在家里一样。他的印象是，在这些革新者身上，他们这些直盯着模特儿的人还保持着诚挚、简朴和稚气。这是因为他们摆弄画笔，与自然亲近。他们本能地感觉到的东西比思考的更多。作家就比他们复杂，在判断中有更多的思考和人为因素，在友谊中有更多不可捉摸的因素。左拉有时想，他是不是一个误入写作中的画家，他的笔是不是画笔的代用品。总之，他决定支持这些年轻敢干的小伙子，他们确有才华，他们也愿意改变世界面貌。《事件报》渐渐成了他发泄对艺术的不满和愤怒的场所。

维尔梅桑起先觉得左拉这位新合作者表现的强烈不满情绪有点可笑，后来觉得他这种行为有些过分。他觉得不该让这种争吵老闹下去，得和订户合计一下。在他的信箱里，那些议论纷纷的读者的来信越来越多。有人说皇帝也对由《事件报》领头的反学院式绘画运动不屑一顾。一些对此事不满的商人扬言将从这份侮辱他们的买主的报纸中抽走他们的广告。维尔梅桑觉得该降温了，给左拉配备了一名叫泰奥多尔·佩洛凯的助手，此人被正式授权承担吹捧官方画家的任务，这些画家被不好惹的克洛德否定了。

左拉屈从了。但是，在他发表了《衰落》一文后，他已预感到在维尔梅桑的思想中，辞退他已成定局。在这篇文章中，他竟认为库尔贝、米勒、卢梭等人的艺术，随着时间推移已经是一种虚构，而他们最近的创作令他失望。他在一篇铿锵有力的文章中向读者告别："我维护马奈先生就像维护我将被攻击的个性特点一样。我总是站在战败者的一边。在不可征服的性格和那伙人之间显然会有斗争。

我是站在这种性格这边,而不是站在那伙人那边……我是个不讲礼貌的人,我将勇往直前,不怕那些捣乱的可怜的魔鬼,我将压倒他们。我要的是真理,我的错误在于伤害了那些追求真理的人……我在那伙无男子汉气概的人中寻找真正的男子汉。这就是我为什么受谴责的原因。"

为了给那些受一伙笨蛋嘲笑和侮辱的人恢复名誉,渴望真理和正义,这种勇气使他忘记个人的安危。从童年时期开始他就具有这种品德,每次捍卫某个人时,他就想起被剥夺荣誉的父亲。左拉与《事件报》分手以后,将他的文章汇集成一本小册子——《我的沙龙》。作品是献给塞尚的。左拉在他的专栏文章中没有谈到过他,他认为他的朋友在事业上刚起步。他在文章中用的词句可能会伤害塞尚:"我在报上文章中没有提到过你,我将这本书献给你。你是我最好的朋友,但作为画家,我保留我的判断。"

在与《事件报》合作中,左拉写了连载文章《死者的誓言》。虽然他已离开该报,但是维尔梅桑建议写这种商业性文章。1866年11月刊出后,这篇小说未获成功。以前,左拉在阿希尔·富尔处发表了一本题为《仇恨》的集子,此书收集了他关于文学和艺术方面的辛辣的评论文章。在序言中,他直率地表达了他的不妥协精神,并因此一览无余地表现了他的性格。他写道:"仇恨是神圣的,这是坚强和有力的人愤怒的表现,也是被平庸和愚蠢激怒的人有战斗意义的蔑视。憎恨就是爱,就是感受到热烈与宽宏的心灵,就是生活在鄙视令人羞耻和愚蠢的事物中的心情……我憎恨那些无用和无能的人,我憎恨那些拉帮结伙的人……我憎恨那些心怀不善的嘲弄者,他们只会模仿前辈的沉重的低调……"这就证明了愤世嫉俗的骄傲:"如果我今天还有点价值,那是因为我是一个人,而且我憎恨。"

事实上,这种憎恨的本性与并非不伟大的爱相抵消。在他的尊敬和反感中,他总是走极端。然而,这个唾沫四溅、为了他的思想而战斗的人,只是在他日常生活平静时才什么也不在乎。这是一个暴躁的、不爱出门的、戴着近视眼镜、腰围着法兰绒的打抱不平者。他在与母亲分开生活几年后,感到有必要把她接回来和他的情妇住在一起。他们现在住在巴蒂尼奥尔区的蒙塞街 1 号①舒适的套间里,有餐厅、客厅、卧室和厨房。左拉感到骄傲的是他靠写文章得到的收入支付这套豪华的房子。

埃米莉·左拉毫无遗憾地接受了与儿子住在一起。确实,亚历山德里娜是个善良的姑娘。她会管理家务,做饭、补衣服;她忠心耿耿,在埃米尔工作时从不打扰。但是她不漂亮,身材矮胖,目光呆滞。埃米尔事业已经辉煌,可以找一个更漂亮的女人,即使不是高贵门第,也可以是另一种出身。会不会一时冲动娶了她? 当然,埃米尔要找个门当户对的。对埃米尔前程来讲这是个遗憾! 这个以前当过洗衣妇的女人不能在门面上摆得出来! 幸好,她儿子也不急于给她戴上结婚戒指,她不是帮他掌管门面而是做些侍候工作。埃

---

① 今天的多唐古街。

米莉小心翼翼地不在儿子面前批评亚历山德里娜,她怕的是与这个闯入家庭的女人起冲突。亚历山德里娜感觉到了这一点,比较矜持自爱。这两个女人既相敬如宾,又关系比较紧张。对这种情况,左拉佯作不知。他需要家庭和睦以便安心写作。他最大的愿望是家里万事和顺。亚历山德里娜所需要的是安全、舒适和温情。左拉希望得到的更多。他选择她作为伴侣,这样在生活方面得到了保证。

夏天,为了躲避巴黎的酷暑,左拉携亚历山德里娜到塞纳河旁的贝南古。经常来往的一些朋友都住在吉古大妈的客栈里。"夏令营"里除左拉、亚历山德里娜这一对外,还有体弱的瓦拉布雷格、讲话声如洪钟的塞尚、温顺的巴耶、平庸的沙扬、忠心耿耿的索拉里以及几个轻佻的女人。在这些无忧无虑的男人和嬉笑打闹的女人中间,亚历山德里娜充当重要角色。他们大吃大喝,为了帮助消化还划船助兴。左拉夫人当然是待在家里,她知道他的儿子在水上游玩,甚为担心:"一刮风,小船会翻的。"亚历山德里娜经常是划桨。划完船后,这些游客就在小岛的树荫下休息。酷热的天气、野草的芳香、躺在身旁的情妇身上散发的野性的气味使左拉陶醉,以至于使他暂时忘掉工作以享受生活的乐趣。回家以后,他给正在服兵役的朋友、画家尼马·科斯特的信中说:"总之,我对我走过的道路很满意。但是,我是个急性子的人,我还想步子迈得更快些……亚历山德里娜发福了,而我却有点瘦了。"①"走得更快一些!"别人是在

---

① 1866年7月26日的信。

猪肉店门口发呆,而他是在书店的橱窗前发呆,这些书没有一本是他写的! 什么时候能出名超过其他的作家呢? 他要单独地占有法兰西文坛。

第七章 《泰雷兹·拉甘》

左拉在开始时交了好运,后来就时运不济了。《事件报》的月薪领不到了,他只好到各家报纸挣点钱花。他也给《召唤报》《救国报》写稿。后来,能捞到的好处越来越少了。他同意给马赛出版的《普罗旺斯信使报》写一篇关于最近的刑事审判的连载文章,报酬是每行两个苏,这个条件对外省的报纸来说算是优厚了。别人给他提供资料,他只要加以润色就完事。他对这种恩赐颇心满意足,聚精会神地赶写《马赛奇闻,当代的历史小说》。他对这种混饭吃的差使并不感到羞辱。在他看来,对作家来说,无所事事才是有损名誉。他在写给安东尼·瓦拉布雷格的信中说:"我想在整个南方有响当当的名气,在自己的家乡有个地盘并不坏。此外,我接受的那些建议都是由这种工作精神和竞争精神所驱使的……我喜欢干难以办到的甚至办不到的事。我认为不管是怎样的创作总比休息强。这种思想使我接受给我的各种斗争,斗争和我在一起,斗争也与公

众在一起。"①由于安东尼·瓦拉布雷格不怎么相信,他进一步解释说:

> 对我来说,不能像您那样去睡大觉,不能借口群众都是笨蛋而把自己关在象牙塔内。我需要群众,我尽一切可能与他们在一起,我用各种办法说服他们。我现在需要两样东西:广告和钱……我以朋友身份跟您讲。我已跟您谈妥,我将放弃《马赛奇闻》。②

《马赛奇闻》是一篇晦涩的连载文章,自1867年3月2日开始在《普罗旺斯信使报》上登载。尽管此事发生在他们的城市,当地读者纷纷抗议,但故事并不讨人嫌。因此,左拉与马里于斯·鲁合作,抽出其中一幕,改编后在马赛体育馆剧场演出。此剧演出后,嘘声不断。左拉与其合作者做了一次旅行以参加最后的排练,他为此深感不快。当然,他承认此小说或此剧并非伟大的文学作品,但对观众的这种意见怀恨在心。

左拉回到巴黎后深感不理解,就像是被排除在现实生活之外,当时城里为王族的访问、桃色新闻、焰火和1867年展览会的假面舞会闹得沸沸扬扬。他觉得对他来说,这些事早已过去了。但是,在他的生活中,有两件值得安慰的事:马奈深知左拉支持他是需要多

---

① 1867年2月19日的信。
② 1867年4月4日的信。

大的勇气，为他画了像，而索拉里为他塑了半身像。左拉和索拉里都很穷，付不起模塑工人复制半身像的费用。因此，在塞尚的帮助下，他俩自己动手和石膏制模，经过精心操作，制作出漂亮的半身像。至于马奈的油画，那是一个有才华的和朴实的产物，可与他的其他油画媲美。左拉想，如果将这两件作品放到沙龙展出，必然会引起公众对他的注意。

　　还有一件使他感到欣慰和骄傲的事：他在写《马赛奇闻》时，已开始写一部长篇小说，他对这部小说寄予很大希望。他上午严肃认真并慢慢地编写暂名为《爱情的婚姻》这部小说，而在下午快速地写《马赛奇闻》。这样，他根据时间的不同交替着写不同的作品，他觉得同时写两部作品很有意思，一部是为了实现其雄心壮志，另一部是保证他每天有面包吃。写作《爱情的婚姻》是受《费加罗报》上阿道夫·贝洛和埃内斯特·都德写的连载《戈尔德的维纳斯》启发，后来读者建议将题名改为《泰雷兹·拉甘》。在那篇连载中，作者讲的是妻子的情人杀死丈夫后，双双被送上法庭的事。这个很普通的资料无意中使左拉寻找到一个大题材。他突然闪现一个念头：这对犯罪分子逃脱了社会的法律制裁，但悔恨交加，生活在相互憎恨之中，最终在死者的母亲面前自杀，死者的母亲对他们很怀疑，她是位坐在轮椅车上的瘫痪者，她带着复仇的目光毁掉了两人的尸体。左拉在写给安东尼·瓦拉布雷格的信中说："我对这部新作品十分满意，我相信，这是我至今写得最好的作品。我担心其风格过于辛辣。"①实际上,这本书叙述的是泰雷兹和洛朗两个情人的故事,书中尽是些色情和暴力的内容。左拉自从事文学以来,第一次不用化名,而是用主人公的名字来叙述自己所亲身经历的痛苦和欢乐。然而,尽管这出悲剧与作者的生活风马牛不相及,但是与《克洛德的忏悔》的感伤情调相比,显得更为真实些。在描写感情和气氛上都是那么恰如其分,把拉甘夫妇日常生活描写得平平淡淡。当泰雷兹看到洛朗出现在自己简陋的小屋时,突然充满了激情。左拉是泰纳的崇拜者,这回他自己写出《批评与历史新论》。他写道:"什么是纯洁,什么是宽容,自然主义者是很少关心的,在他看来,癞蛤蟆和蝴蝶都是半斤八两,他对蝙蝠比对夜莺更感兴趣。"《泰雷兹·拉甘》的作者本能地、严格地按照自然主义手法描写野兽、分析其反应,但不做判断。他 27 岁时,非常骄傲地确认,在他的身上,学者已杀死了诗人。

这部小说首先在阿尔塞纳·乌赛主编的《艺术家》杂志上以连载形式发表。但是乌赛怕公众不满意,要求作者删去某些段落。他说:"因为王后读我的杂志。"左拉同意使语句温和一些,但是,当他发现在清样的最后一页阿尔赛纳·乌赛加了一句道德说教的句子,左拉很为生气,乌赛是为了减轻小说的残暴。

1867 年底,该书原文由拉克鲁瓦汇编成册出版。在发行头几天,左拉很担心读者的反应。读者的反应比较缓和。泰纳说,在《泰

---

① 1867 年 4 月 4 日的信。

雷兹·拉甘》一书中没有什么令人惊奇的东西。

他在写给左拉的信中说："作品完全是建立在正确的观念上的。该书前后连贯、结构很好,此书表明作者是真正的艺术家、严肃认真的观察家,他寻找的是真理,而不是追求娱乐消遣。"然而,他想,作者自忖写作手法是否还不够尖利,因此他写道:

> 应该做一个职业的生理学家和心理学家,这样就不会因您的这本书搞得神经紧张。当人们堵塞所有孔洞,关起窗户,把读者关起来讲这么一个与魔鬼、疯子或病人密谈的故事,那读者会害怕……如果我有什么意见要讲的话,那就是应该扩大作品的背景,并使效果得到均衡。

龚古尔兄弟表示,《泰雷兹·拉甘》一书中"每页都表现了令人战栗的温情,书中表现的是新的神经病似的恐怖,这是一本出色的带有悔恨情感的自我解剖"。圣佩韦在赞扬左拉的同时,对小说的真实性抱有怀疑,并提出效果的选择问题。他以权威的口气,给左拉写了一封既有批评又有赞扬的信:"您的作品是杰出的,也是认真的,在某些方面,在当代长篇小说史中,甚至有划时代意义。"他又补充说:"对您描写的情人们,他们的良心责备,以及他们的末日到来之前感情冷淡的原因,我真搞不懂。"最后,他以慈父般的关怀,说:"在这本书中,您是敢干的,也是冒风险的,读者中也有这种批评;对有人感到愤怒不必大惊小怪,战斗已经在进行,您的名字也已经签上了;这种战斗会结束的,只要作者拿出另一部大胆的,但是比较缓和的轻松的作品,那时读者和评论界人士就会认为是对他们的让步,那时就会有和解条约,而这种条约会使作者声誉更大。"①左拉听了以后心悦诚服,感谢这位权威对他的恭维和意见。

然而,当左拉在《费加罗报》上看到一篇署名费拉居的路易·于尔巴克写的文章时跳了起来。路易·于尔巴克写道:

> 最近几天,我感到特别奇怪,就像掉到充满污泥浊水和血污的坑里,这个坑名字叫《泰雷兹·拉甘》,他的作者是左拉先生,他被视为有才华的年轻人。他对那些粗俗不堪的东西感兴趣……他看见的女人就像是马奈先生画的那种,把烂泥颜色当玫瑰色装扮……《泰雷兹·拉甘》一书,是最近出版物中最肮脏、最低级趣味的……描写的尽是些淫秽不堪、厚颜无耻的东西……我对那些乱叫乱嚷的东西、那些描写暴力和紫罗兰的画笔不想系统地指责;我惋惜的是这些东西是唯一的和没有混杂别的东西……这种只沉浸于下流格调的作品是最坏的东西。如果要拿这本书作比方的话,就像是一个人被安放在太平间的陈尸床上的水管下,一直读到最后一页,他会感到那水管流出和滴下的水是用来冲洗尸体的。

---

① 1868 年 6 月 10 日的信。

事实上,这种抨击并不能使左拉不高兴。重要的是人们谈到这本书,不管说好说坏,那是不重要的。有了这种尖刻的批评,路易·于尔巴克给了他一个机会在《费加罗报》上做出一个漂亮的回答:

先生,您只是待在表皮上,而善于进行心理分析的作家并不怕刺入肉内……忘掉某个太太的光滑的皮肤,我倒要问您,在粉红的皮肤下隐藏着什么样的污泥浊水,这些东西能满足您舒服的欲望。您明白吗?往往会碰到一些勇敢地找寻人类污泥浊水的作家。真理像火焰一样,它能洗涤一切。

但是,路易·于尔巴克一开腔,大多数新闻记者就附和。爱德蒙·特谢尔在《世纪报》上撰文,指责左拉写《泰雷兹·拉甘》是"热昏了头"。《论坛报》的创办者之一安德烈·拉韦蒂戎写信给左拉:"选择这种题材太可怕了,我就像是做了个噩梦……我希望您能从《论坛报》上得到比较健康的启发,会得到不怎么肮脏的灵感。"①洛朗-皮沙说他将在《卢瓦尔灯塔报》上"就题材的严肃性和尊重才能"②的角度来谈这本书。这伙人把左拉当成是"淫书作者""下流文学的信徒"。这就足以引起公众的兴趣。人们看《泰雷兹·拉甘》就像是到下流地段跳舞——与坏人为伍却打着厌恶的寒战。由

---

① 1868 年 5 月 22 日的信。
② 1868 年 6 月 16 日的信。

于争论激烈，书倒卖得很快。从 1868 年 5 月起，拉克鲁瓦出版社又出版了第二版。这个版本的书附有作者一篇重要的序言：

> 我看到我的同事们像少女似的神经过敏，这倒使我很高兴……我感到新鲜的是，那些羞答答的、在读《泰雷兹·拉甘》一书时脸红的新闻记者，他们并不理解我的小说……在《泰雷兹·拉甘》这本书里，我想研究的是体格而不是性格，我选择的人物是完全由神经和血液所控制的，而不是别的什么……我希望人们能理解我的目的首先是科学的目的。

尽管作者做了这种解释，争论还是不休。左拉被喝了倒彩，于是摩拳擦掌。这一来，他终于成了文学界的代表人物。他搬了家，住在原来住的巴蒂尼奥尔区特鲁福街 23 号的花园洋房里，年租金550 法郎。这个负担是很重的。为了支付这笔费用，他得多在报纸上写文章，并编写连载文章。《马德莱娜·费拉》是他 3 年前在阿谢特出版社工作时写的。这是《泰雷兹·拉甘》式题材炒的冷饭。左拉将此文交付由博埃领导的《新事件报》。小说以更张扬的题目《羞愧》发表，一见报就触犯了那些羞答答的订户。皇家检察官召见社长并向他宣布，如果不立即停止出版，就要跟他算账，而这本书也要被起诉。博埃听命了，连载也就吹了。左拉立即在《论坛报》上进行辩护，并向《妇女》一书的作者米舍莱和普罗斯珀·卢卡大夫求援。这位大夫的遗传理论启发左拉写了这篇小说。皇家检察官亲自接见了左拉,并采取妥协态度。左拉对出版成书确保无疑后,决定一字不改地出版该书。这次对抗获得了胜利,此事不仅没有难住他,反而激励了他。在对付那些市民阶级的策略上,他好像也找到了窍门。他手上拿着笔,不是靠说,而是靠斗争。如果他觉得周围有一致意见,那些瞎嚷嚷的意见对作品也无损于一根毫毛。有些作者是迎合公众口味,而他却震动、挑战和敲打。他作为创作者的乐趣在于敢于冲击公众舆论。

在文学界里,他最初的希望是赫赫有名,而现在得到的是友谊和妒忌。他到阿尔塞纳·乌赛处参加"星期三聚会",到保罗·默里斯处参加"星期一聚会"。他自己已有"星期四聚会"。他与阿尔封斯·都德、米舍莱、迪朗蒂都有来往,由于他对龚古尔兄弟的作品态度热情,所以也被邀请到他们兄弟俩的奥特耶小屋去做客。1868年12月14日,他们在《日记》中写道:

今天我们与我们的崇拜者和学生左拉共进午餐。这是我们第一次见到他。我们第一个印象是他像身体已垮了的师范学校穷学生,胯大腰宽却骨瘦如柴,颈圈如萨尔赛作品中的人物,面色蜡黄无血色,这是一个意志坚强体质娇弱的年轻人,其相貌像细瓷器的模子,眼皮像是画过的,鼻子扁平,还有两只手。他的外表像他书中的角色一样是切凿过似的,外表上既有男子气又有女人味,是两种相反的典型构成的,他的精神状态,让人看起来与他所创造的人物的样子截然相反。占主导地位的是,他是一个有病的、受过折磨的、极神经质的人,在接近您时,感觉像是初期的心脏病患者。这是一个思想深邃、复杂、难以捉摸的人,总之,他是个忧伤、心事重重、局促不安、疑神疑鬼的人物。

左拉对这两位长者的考察分析无所觉察,而却把他们看透了。他确信两位作家是富有的、有才华的、很精明能干的。房子里摆着一些矫揉造作的小摆设、日本版画和一些稀有珍贵的家具。这两位作家为了了解他这个小人物做了一些能做的事。他想跟他们一样享有豪华生活和名气。龚古尔还说:"他与我们谈了生活的困难,希望和需要有出版者购买他的作品,为期6年,价格为3万法郎,以保证每年有6000法郎——这样他与母亲才能维持生计,并有能力完成十卷本的《一个家族的历史》。"

左拉吃饱喝足,再加之受主人款待,向他们透露了心中的庞大计划的秘密:他想写一系列书,书里表现一些出身于同一个家庭的人物,在遗传和环境等因素的作用下,发生的一系列传奇的故事。他叹道:"我的敌人太多了。谈自己是很难受的!"

在离开龚古尔家时,他觉得他们之间友好的合作是取得光荣道路的保证。他在寻找他小说中的人物时,观察力是很强的,但在真人面前却太天真。但是,不正由于这种无能,难以正确行事,所以很容易产生幻想?他根据龚古尔兄弟的建议,来奥特耶时是坐火车的,在离开时觉得与他们建立关系确会使他发财。当火车汽笛长鸣,车身晃动时,他对这次值得怀念的会面回味无穷,迫不及待地想向家里等他的亚历山德里娜和母亲详叙此事。

第八章　亚历山德里娜

思想能开创道路。左拉越想到事业的发展,他就越认为他的名字应与一部大著作相联系,应该构思一部若干卷的巨著,某些方面可以与巴尔扎克的《人间喜剧》相比。他对《高老头》的作者崇敬备至,他写道:"这是什么样的人物啊! 我又读了一遍。他压倒了整个世纪。维克多·雨果和其他作家,在我看来,在他面前相形见绌。"①但是,在尊敬之余,他对这位法兰西文学巨人也多少有点怨恨,因为他太伟大了。如何能与之平起平坐而不是抄袭他? 问题正在于此。他坚持不懈地设法摆脱巴尔扎克的模式。第一个细微差别是:《人间喜剧》不是一下子就出来的,巴尔扎克已经写了一系列小说。在整个结构中,有不连贯性。因而,构成这部纪念碑式巨著的不同作品间还有一些其他关系——重复出现某些小角色。左拉

---

① 1870 年 8 月 27 日的信。

左拉传

想,一个有灵感和有条理的人,只能服从灵感。与巴尔扎克相反,他是一个有条不紊的人,在写作品第一行之前,要根据一个一个的材料、一幕幕的插曲来制订总计划。巴尔扎克与他不同,巴尔扎克热衷于在作品中进入人物的世界,而他为了推动这种世界,不能有偶然性的因素。他还注意到在巴尔扎克的作品中没有工人,只描写当代的社会习俗,反映"由宗教和君主制统治"的社会。他在一篇题为《巴尔扎克和我的区别》的文章中说:

> 我的作品完全是另一回事。其描写范围是有限度的。我不愿描绘整个现代社会,而是一个家族,展示被环境改变了的家族的活动……我最重要的事业是纯正的自然主义,生理学家……

进行此类的人物、地点和职业的介绍必须有指导思想,这并不难——左拉急于翻找现行的理论,并从中找出证明他对精确的科学的爱好。他想,这种科学总有一天会征服世界,并将解释世上的事物。在他看来,作家醉心于他写的作品,而学者关在他的实验室里也是做同样的任务——深入研究真实的知识。作家刻画灵魂,学者研究他们的身体。但是他们的思想步调是一致的。公众对拿解剖刀、用曲颈瓶或用显微镜的专家们的进步惊叹不已,同时也对作家们寄予其全部信任,因为作家也是服从于同一种知识学科。我们这个世纪是科学的世纪,文学也得成为科学性的文学。为了说明这个观点,左拉想起了他与一位艾克斯市的朋友、学者福尔图内·马里翁的谈话。这位学者向他指明人类在道德和精神上所表现的血缘关系。他以新教徒那种贪得无厌的精神阅读克洛德·贝尔纳的《实验医学入门》、普罗斯珀·卢卡的《自然遗传论》、泰纳的《艺术哲学》、夏尔·莱图尔诺的《情欲生理学》以及最近译成法文的达尔文的著作。所有这些著作使他确信,为了适应时代,应该贴近这个看得见摸得着的现实。他很快决定用他的作品来表现遗传理论。这一切都由个人的履历来解释。寻找某人的遗传因素,这就决定他在社会中的前途。有了这种确信,即使有系统性的疾患问题,他也不会感到不安,而是感到一种享受。左拉自信必然会成为新艺术的倡导者。当他写作《泰雷兹·拉甘》时,他预感新艺术已经呈现于世。今天到了而立之年,他已经满腹经纶,自信心更强了。他受到这种思想的迷惑,认为应将人类在遗传学方面的重要性表现出来,将小说中所有的人物安排在一个家族中。每个人的缺点,通过几乎是自动的隔代遗传弄清楚或得到证实。这种金字塔形的图被称为《第二帝国时代的一个家族的自然的和社会的历史》。如果巴尔扎克是个造物主的话,那他本人将是一个实验员。

他对这一领域的眼光非常敏锐。于是,他制订出第一个写作计划,写10本小说,各书之间毫无关系,并分三大类:唯物主义、生理学、遗传学。这些都是在拿破仑三世时代构思出来的。左拉对这种统治下的拜金主义、华而不实、陈规陋习、固执偏见、虚假伪善、过分虔诚以及排斥异己等深恶痛绝。他把他作品的背景放在他所厌恶的环境中,并揭发其罪恶和愚蠢。在这种罪恶的泥坑里,只是在很确实可靠的情况下才能冒险。他在一年的时间里,辛勤地在帝国图书馆写作,他钻到科学的书堆里,认真做笔记,修改《卢贡-马卡尔家族》一书主人公的家谱。他将他的小说写作计划和这个家谱同时交给拉克鲁瓦。这位出版商对他宏伟庞大的计划留下了深刻印象,与他签订了前四卷的合同。作者还将每月领 500 法郎作为保障。

左拉在开始编写第一卷《卢贡的发迹》时,把所有时间都投入进去,全力以赴。他早晨 8 点起床,散步一小时以活动筋骨和提精神,然后就开始写作。下午进行必要的访问,写信,在帝国图书馆阅读资料以完善写作材料。他计算每天能干多少页,计算得很精确,只要在他从事巨大著作时没有外界的干扰,完成写作的周期为 10年。

左拉为了保证在未来生活中能太平无事,决定确定他与亚历山德里娜的婚姻关系。在将近 5 年的时间里,他很珍视这位生活伴侣忠厚老实的品质。她没有叫人在街上回眸的美貌,体态丰满,头发棕色且柔软光滑,面部表情严肃,两眼忧郁但炯炯有神,上嘴唇上有细细的汗毛。她是一个忠心耿耿、勤劳能干、讲究实际和雄心勃勃的女人。提高社会地位是她的既定目标。她想成为一个真正的妻子,与著名的小说家共同生活。她在提出结婚时,左拉满足了她的愿望。但是,她提出到教堂结婚。左拉是个实证论者和不可知论者,不能拒绝这种礼遇。证婚人是保罗・塞尚、马里于斯・鲁、菲利普・索拉里,还有一位艾克斯市诗人、《泰雷兹・拉甘》作者的崇拜者保罗·亚历克西。左拉夫人对娶平民女子当儿媳妇只好认了。两位女人的关系只是表面上亲热。她们为了家庭的平静，只是在暗地里将婆媳间的不和扔在一边，这是共同的协议。

正式结婚以后，左拉终于放下心来。他的性欲没有很强。更确切地说，只有在提笔时他才能唤起这种欲望。如果这个有血有肉的女人还是令他无动于衷，他一想到臆想中的人，就会提起性欲。在她们身边，由于孩子般的怯懦，他已不动感情。他敢于描绘最大胆的搂抱。他在摆脱这种欲念的恐惧后，暗地里放纵享受。他在见到亚历山德里娜时，觉得虽忠实于她，但已捉弄了她。他在卧室里是贞洁的，但在工作室里却反其道而行之。谁也不怀疑在独处时的欢乐。不，当他脑子里装着整个世界，自己是唯一的主人时，什么事也没有比写文章更令他陶醉。他文思泉涌时成为拼命写作和充满梦幻的精灵。1870 年 6 月，当朱尔·德·龚古尔去世时，他给朱尔的哥哥爱德蒙写了一封感人的信，信中最后说："艺术害了他的命。"几个星期以后，当他在奥特耶龚古尔的家里午餐时，左拉与主人就他的写作谈了很久。龚古尔在《日记》中写道："他跟我说起他要写一部十卷本巨著，名叫《一个家族的自然的和社会的历史》，他对此雄心勃勃，这部巨著展现了各个阶层人物的体质、性格、缺点和优点，就像是一个庭院，既有树荫，也有阳光。"①午餐结束时，他看到龚古尔为失去其兄弟悲痛万分就叫了起来："像福楼拜在《包法利

_____

① 1870 年 8 月 27 日的《日记》。

夫人》一书中细致的感情分析,像他那样对事物的艺术的、有血有肉的、有力的分析,有了这些珍品,这些精雕细琢的书,对年轻人来说再也没有什么位置,再也没有什么可干、可构思和描绘的人物了。只有通过书的数量、创作的力度上,作者才有向公众说话的余地。"

左拉在说这些话时,态度是诚恳的,他对福楼拜深为敬重,此外,他还写了一本书《玛德莱娜·菲拉》,献给福楼拜。他承认福楼拜是一位观察现实的大师,也可以说是位先驱者。但左拉不同意对完美句子那种过分追求。他在赞扬如同金银匠加工似的优秀风格时,却不想拿他做榜样。首饰般的珍品不是他该干的。他下笔万言,速度很快,音节铿锵,形容词一大堆,有时语言上用法不正确。他这样口若悬河,滔滔不绝,并不是要讨好读者,而是让他们对一个还感到陌生的世界有个正确的认识,读者对此信服不已。这个世界的五颜六色、吵嚷喧闹、异色清香应该让读者品尝,就像他在寂静的办公室里所感受的那样,他的母亲和妻子都不在屋,踮着脚在门后做家务。如果人们将描写的特点放大,那是为了打击懒汉。福楼拜描写的现实是审慎的复制品,而他的描写却是震撼人们的想象力、唤醒人们的同情心、帮助发现人和事物的悲惨的速写。他所构思的艺术是重组的现实的扩大版,并加强了现实的本质。他用力量代替细致入微的描写,他用充满激情的变形手法代替谨小慎微的观察。

在《卢贡的发迹》一书中,他提到了 1851 年 12 月 2 日路易-拿破仑·波拿巴亲王的政变在普罗旺斯的一个小城的反应,这是左拉根据在艾克斯市的回忆编写的,他将这座小城命名为普拉桑。利用这次大动乱,野心勃勃的好戏一幕幕登场。同一家族中的卢贡家和马卡尔家相互敌对,卢贡家由于利害关系当了波拿巴派,而马卡尔家由于贫穷和妒忌当了自由派。在两个敌对家族之间,有一位年轻的亲戚西尔韦尔·穆雷,他是一位理想主义者,为了保卫共和国而献身。在这篇以政治为主线的小说中,左拉以喜悦的心情、冷酷的笔调写了一部心理小说,揭露了为贪欲和名利所蛊惑的人们慢慢地腐朽和变坏的现象。

左拉的这本书对皇帝体制的批判是很严厉的,作者希望在出版前做好准备工作。但是他知道,这一次,在他后面有相当多的舆论在支持他。由于过去把拿破仑三世捧上了天,有很多人对自己所崇拜的偶像失去信心,于是指责他滥用政府权力,丑闻迭出,进行倒霉的墨西哥远征,投巨资搞奥斯曼工程,不顾工人贫困潦倒,大讲排场,挥金如土。共和党人在 1869 年选举结果的鼓舞下抬起了头。左拉在新闻界的合作者,诸如《论坛报》《召唤报》《钟声》杂志都把他当成左派,死硬的反对派。然而,他不属于任何战斗集团。他只希望法国在财富分配方面有更多的自由和平等,简而言之,议会制应名副其实。他知道暴风雨即将来临,他以更大的热情发表观点,写文章。

自 1870 年 1 月 10 日皮埃尔·波拿巴亲王暗杀了维克多·努瓦尔以后,全国笼罩在不安的氛围中。最有力的机构在国内似乎都受到攻击。在这种外强中干的局势中,俾斯麦想打仗,德国人贪欲抬头。拿破仑三世有些害怕,欧仁妮皇后要他采取不妥协态度。政府优柔寡断,人民烦躁不安。在此社会环境下,《卢贡的发迹》以连载形式在《世纪报》上发表。这篇连载能登得完吗?左拉有些怀疑。他是对的。1870年7月13日,俾斯麦玩弄手法,向新闻界通报了一份断章取义的、威廉一世皇帝从埃姆斯河发给他的电报。这在法国被解释成侮辱了国家荣誉。这种侮辱激起了老百姓的爱国主义。右翼报刊认为法国军队是无敌的。军事专家预计战争会很快取得胜利。老百姓一致呼出口号:"向柏林进军!"在左拉看来,战争是不可避免的,他对政府和人民群众这种盲目情绪感到震惊。没有人再关心《卢贡的发迹》这本书。《世纪报》的读者只注意报上的政治新闻。在这种好战的狂热情绪中,左拉敢于在《钟声》杂志写文章,说成千上万的法国士兵反常地在保卫他们所憎恶的帝国时去送死。他号召重新建立共和制。他的这篇文章被指控:"挑动鄙视和仇恨政府,向法律挑衅。"但是,幸好法庭案子太多,此事不了了之。尽管他是个和平主义者,但为了证明自己是个良好的法国人,左拉也愿意参加国民卫队。别人因为他日益近视而拒绝接受。事情的发展日益严重。1870年7月19日,梯也尔尽管做了努力,战争还是爆发了。1870年8月11日,《世纪报》以"局势严重"为由停止刊登《卢贡的发迹》,左拉绝望了。面对战争的爆发、他的小说出版告吹,他作为作家对这样一个发疯的世界真是无能为力。1870年8月22日,他在写给爱德蒙·德·龚古尔的信中说:

　　可恶的战争使我无法写作。我是一个受折磨的人,我只好在街上徘徊。一个无所事事的可怜的小说家到奥特耶做次小旅行将是一次散心。

色当的溃退、皇帝被俘、法国军队溃不成军,这一切使左拉已难以指望建立共和国。普鲁士人日益推进,他母亲和亚历山德里娜都有些害怕。待在巴黎也不安全,应该离开此地到什么地方去呢? 在艾克斯市,革命已经胜利。巴耶和塞尚的父亲都是新市政府的成员。但是动乱总是叫人害怕。最好是躲到远离城市狂热的平静的地方。当战斗已在东边打得很激烈时,他们讨论了这个问题。1870年9月17日,他们全家离开巴黎搬到马赛附近的埃斯托克。保罗·塞尚在那里作画。他俩深远的友谊也难以安慰“可怜的埃米尔”。左拉一方面感到逃避战争有点羞耻,又对与入侵者保持距离感到宽慰,对不能听到引起帝国崩溃的声音感到有点遗憾。

第九章　溃退

　　左拉在埃斯托克又见到了保罗·塞尚,他与情人奥尔唐斯·菲盖隐居在一个面对大海的小镇,甚至他的父母也不知道他躲在哪里,军事当局也不想再逮他。他对战争不感兴趣,只想作画。他关心的事不是在地图上看普鲁士人推进到哪里,而是用画笔画出感人肺腑的作品。他将这种想法告诉左拉。左拉对这点很不理解,他是与那些正在战斗的人、被敌人的侵略所激怒的人以及那些想用最好的方法拯救法兰西的人息息相通的。在他看来,埃斯托克充满阳光的宁静气氛对受苦受难的法兰西简直是侮辱。他在此地休闲数日,心里有种犯罪的感觉,然后带着母亲和妻子安家在马赛。他想,在那里可以更接近同胞,关心国家安危。

　　1870 年 9 月 10 日,当左拉一家到达马赛时,他发现这里简直是群雄角斗的市场,一片混乱,吵成一团。市里已宣布成立共和体制,但掌权的班子内部相互对立。甘必大从远处发来命令,但是无法执行。掌握城市的是一帮无法控制的平民,他们成群结队地在街上大喊大叫。他们信任的人是议员埃斯基罗斯,此人反对甘必大。此事是否会以兄弟间的残杀来结束?不,他们叫得很厉害,指手画脚,但不动武。甘必大任命阿方斯·让特为罗讷河口省省长,并派他到马赛去赶走占领市政府的国民卫队。国民卫队听从了指挥,市政选举仓促举行,温和色彩的议会在市政厅成立。

局势刚趋平静,左拉就想重操专栏作家旧业。他找到他的朋友马里于斯·鲁和过去约他写《马赛奇闻》的利奥波德·阿尔诺。他们决定一起创办《马赛曲报》,这个设想既富有共和色彩又比较谨慎。在这种骚乱时期,左拉只要在街上闲逛,就对那些毫无头脑的乱民感到厌烦。这些人一旦起来反对政府,谁也难以驾驭。在他看来,如果聪明人也跟他们一样成群结伙,那是变得愚不可及。他怒不可遏,神志迷乱。他主张秩序安定,凡事三思而行,谴责极端分子形形色色的不轨行为。因此,他是站在阿方斯·让特一边的。在他看来,大家可以一起为社会正义和安居乐业而战斗。

尽管编辑们尽心尽力,《马赛曲报》还是垮台了。左拉只好流落街头。但是,他在市里有些关系。他计上心来,想找个省长或副省长的职位干干。这样可以保证家庭的"生活必需品"。然而,任命事项在波尔多决定,得到那里去才能夺得头彩。不幸的是,在战争中,外出旅行简直寸步难行,火车时刻天天在变。经过长时间的犹豫,左拉决定去碰碰运气,并买了一张三等车车票。车厢挤满旅客,寒风穿透车厢,他饥肠辘辘。幸好他在塞特买了一片羊腿可供充饥。填饱肚子以后,他怀着悲切的心情看着从塞特到蒙托邦覆盖着田野的皑皑白雪。

左拉于 12 月 12 日到达波尔多,他冒着大雨挨家旅馆找住处,全部客满。最后,有人建议他到孟德斯鸠街专为佣人开设的蒙特雷旅馆去,那里一张床位只要 2 法郎。他第一次到波尔多,感到很不快。他评价波尔多城是"阴雨连绵、满街泥泞"。为了果腹,他花了 1 法郎 20 生丁买了一盘牡蛎,随后就开始办起事来。

如果说巴黎被普鲁士人所围困,那么波尔多则是被乞丐们所包围。自从政府在图尔市进行短暂过渡后,在波尔多建立以来,人口倍增。政治人物、新闻记者、律师、形形色色的投机者都跟着权势人物转以求得保护,弄个差使或有油水的市场。当时巴黎受到包围,人们挨饿受苦,英勇地为生存而斗争,而在这里,大家高谈阔论,搞阴谋、耍诡计。左拉对这种清谈和无聊极为反感,但无可奈何也只好随波逐流。他向那些掌权人物寻求职位,开始都不顺当。他在给亚历山德里娜和母亲的信中写道:

> 行政职位没有空缺。首先是部里只任命省长,让省长负责找副省长。而省长的职位都有人占去了,没有一个省长想放弃这块肥肉……副省长的位子还空着。马叙尔①建议我到布列塔尼的坎佩尔雷,我拒绝了,路太远,天气恶劣……他又建议我

---

① 居斯塔夫·马叙尔当时是内政部人事司副司长。

到莱帕尔去任副省长,这是离波尔多只有几里远的小城市。我还是拒绝了,如果找不到更好的差使,以后只好接受。①

左拉为了不让别人占据位置,经常打电话联系。他看中艾克斯的副省长位置。这位置已有一个候补者。这人不久要解职。马赛省长阿方斯·让特会这么干的。马里于斯·鲁是参与了这个阴谋吗?他为此事已提醒过阿蒂尔·朗克,他是甘必大的合作者,安全司司长。让他去想办法吧!

阿方斯·让特收到这个请求后,回答左拉说艾克斯副省长位置没有空缺,另一个副省长此时已被任命。左拉颇为丧气。他母亲在给他的信中说:

> 别累着了,我祝你获得成功,但如果不幸,你的努力没获得成功,那也别太伤心。你能做的都做了,这也就行了……你回到我们身边不也挺好。

左拉已山穷水尽,每天的花费连 10 个法郎也不到。钱只够花一个星期。他在给亚历山德里娜和母亲的信中说:

> 天老是下雨。由于我每天只有两三小时有事,剩下的时间

①　1870 年 12 月 13 日的信。

只好在戏院的拱廊下溜达。咖啡馆很脏。雨水从墙上流下来……这个城市太潮湿了！……我早晨 8 点起床，吃个小面包，然后跑跑步，在院子拱廊下散步，直到中午。中午，我在阉鸡馆吃饭，完了睡个午觉，看看书直到用晚餐。到 9 点就睡觉了。这种日子过得并不痛快。①

他给母亲取了个外号叫"鸭太太"，而叫亚历山德里娜为"宝贝"。她们在遥远的家里埋怨他在这么个不好客的城市里老是碰钉子。她们告诉他，他那只取名贝特朗的狗，因为主人不在挺烦心。她们催促他快回马赛。但他要想方设法弄个副省长当当。他甚至考虑，如果事情办成了，把她们婆媳俩也弄到波尔多来："啊！如果你们在这里，在我身边，那我干事就更放心、更耐心和更有劲。别泄气。不幸的是我无法确定归期。我觉得我如果后退，那一切全完了。但是我得催促他们，应想办法快点有个结果……下次来信时告诉我，你们是否还有钱到我这里来跟我一起过日子。"②埃米莉接到这个邀请时十分高兴，回信中已想到可能的旅行，信中说："再见了，我的埃米尔，我的小鸭子，鸭太太准备展开双翅，只要你呱呱地叫。"③

现在，左拉寄希望于政府成员亚历山大·格莱-比祖安。他也

---

① 1870 年 12 月 14 日的信。
② 1870 年 12 月 18 日的信。
③ 1870 年 12 月 20 日的信。

是个偶尔写写文章的作家。为了不失去机会见到他,左拉冒着倾盆大雨,在这位大人物的门口,足足等了一小时。当这位重要人物外出时,他非常诚恳地上前搭话。格莱-比祖安带他到咖啡馆并建议吃点巧克力,他礼貌地拒绝了,格莱-比祖安知道他爱钱如命。5分钟后,他又神气起来,敢对坐在对面的大人物说:"在您的办公室里,我能占一角落的位子吗?"格莱-比祖安答道:"我只有一个秘书,他现在在瓦纳。您愿意顶他的工作吗?"①

当左拉知道每月工资 500 法郎时,非常高兴地接受了,这样一来,他便可以摆脱困境了。确实,这项工作没有当副省长光彩。但是,在这种动荡的要阴谋诡计的时代,太挑剔就是一种罪过。这位刚跳出尴尬处境、心里充满欣喜的部长新秘书,写信给"宝贝夫人和鸭太太",向她们宣布这个好消息,并嘱咐她们多带点钱作为安家费用。他还跟她们说,他的官方职务已使人向他"举帽敬礼",还有人"要求召见"。此外,他也不满足于当他的心地善良、面色苍白的主子的信使:

> 当然,在外省的报纸上,我会找到报刊通讯栏;人们会认为,作为格莱-比祖安的秘书,我会有极秘密的事知晓,我想可以正大光明地出售复制品。②

---

① 1870 年 12 月 20 日的信。
② 1870 年 12 月 21 日的信。

住房问题使左拉担忧："有两处看过的房子都有不方便之处,我犹豫不决。这里的厨房很糟糕,没有炉灶,壁炉既低又狭窄。你们在这里待着不舒服。总之,我留在波尔多只是为了谋个省里的职位,秘书这个差使不怎么适合我。"关于旅行,最理想的办法是搞到两张免费火车票:"但这是不可能的,很可能办不到。我已名声在外。我在这里是挺体面的先生,而不是雇员。"

接着他对妻子和母亲表示关怀,同时也关心他的爱犬贝特朗,要她们必须把狗带来:

> 我要嘱咐的是,你们要多穿点衣服。这里很冷。可怜的小狗会生病的。有为狗准备的窝,有一边是封闭的——要搞到这类窝才好,这样狗才不会挨冻。总之,设法让它待得舒服些。必要时给开车的两个法郎,叫他别让可怜的小狗得胸部炎症①……我多高兴! 星期天晚上等着你们,不久我们要见面了。②

12 月 25 日,左拉的母亲和妻子还没有到达,他丧气了。"这里天气很冷,在巴黎时从来没有这样,我在街上闲逛,就像受尽折磨的人。当我需要斗争时,分离还能容忍。但是,当我安顿下来后,你们知道我是多么不耐烦……圣诞节过得多难受! 我整天冻得发抖,我

---

① 旅客的车厢不能带宠物旅行,兽类只能安顿在特设的车厢里。
② 1870 年 12 月 22 日的信。

到车站等你们,如果接不到你们,我心里会很不安。"①

这两位旅客在 12 月 26 至 27 日夜间才到达波尔多,她们在大雪纷飞的弗隆第戎待了一天。他们好歹搬进了拉兰特街 48 号一套左拉租来的小房子里。

左拉一家刚搬进新居安顿下来后,埃米莉就操心起他们在巴蒂尼奥尔的房子怎么样了。左拉听说这座房子被征用了,他写信给保罗·亚历克西:

> 庭院是否荒芜了? 哪些房间被人占了? 我的办公室怎样了? 家具是否还在房间里,是否搬到楼上去了? 这只能通过窗户搬出去……我办公室里、文件架上、办公桌上的文件是否搞乱了? 别人有没有抢走或带走什么? ……此外,我希望占用我的房子要根据法律,有警察局人员在场,有封条,有清单……我的情况特殊,我是官员,是格莱-比祖安的秘书,我有权要求我的住所得到尊重。请把这些告诉门房、房东、市长,所有您能见到的人……我倒霉的办公室不知怎样了,我已在那里满怀激情地开始写作我的《卢贡-马卡尔》!

还没等进行调查,保罗·亚历克西已去察看房子,并就有关房产情况写信给左拉。但是他们的信件互相交错了,亚历克西的信到

---

① 1870 年 12 月 25 日的信。

达波尔多时已经迟到很久,他在信中写道:"巴蒂尼奥尔没有被搅乱,但您的住所被市政府征用了,以安顿被围困时逃来的一家难民。我进行了几次交涉以防止给您造成不快,但没有什么效果。是的,亲爱的埃米尔,我高兴极了,这是一家人,父亲,母亲和 5 个孩子!……为了让您放心,我急于告诉您,只有楼下一层让他们使用。我已经把马奈的画、您的银器、放在桌子上的小摆设统统搬到二楼。我经过时看了几遍,我希望没给您造成什么损失。我想您只需重做床垫。"[1]左拉有点难受,但他明白在他的同胞中,他还算走运,有很多人房子被毁,亲人中有的在战斗中被杀。他在担任格莱-比祖安秘书的同时,满怀激情重新投入新闻工作,并给《钟声》杂志社社长路易·于尔巴克写信,建议为他做些工作。这事总算谈妥了。

在这期间,糟糕的事情层出不穷。巴黎为了解除普鲁士人的封锁而做的努力均未奏效,已经奄奄一息。经过几番决死的战斗,朱尔·法弗尔和俾斯麦签订了停战协定。甘必大发出拿起武器的最后号召,但在这个被打得满目疮痍的国家,人们想的只是医治创伤。在惶恐不安的气氛中举行了立法选举后,国民议会在波尔多开会,梯也尔被任命为执政政府首脑。普鲁士军队在香榭丽舍大街列队游行,庆祝胜利。新选出的议员在凡尔赛普鲁士强加的合约上签字:丧失阿尔萨斯和洛林的一部分,向德国赔偿 50 亿法郎。在这种残酷的、本是可以避免的战争结果面前,左拉既气愤又悲伤。但同

---

[1] 1871 年 2 月 9 日的信。

时,他奋起反抗征服者的傲慢。因为法兰西受到羞辱,他本是意大利人的儿子,这时却感到他是地道的法国人。

国防政府辞职后,格莱-比祖安离开波尔多。左拉再也不能靠当新闻记者领薪水过日子了。但他并未屈服。在他看来,虽然想法有点怪诞,对他们这一代人来说,这种可怕的血腥战争,会带来光明的未来。他在给保罗·亚历克西的信中说:"我已感到某些复兴的景象,我们是未来的当家人,我们的日子已到来。"①他委托他这位年轻的朋友修缮他在巴蒂尼奥尔的住宅,住宅里的住户已经撤走。当情况允许,他将回到这里:"我送上 5 法郎请您修剪一下我的玫瑰、树木和葡萄,特别是我的玫瑰,请您多加用心一下,因为它们即将开花了。千万别让人进去,这里面还有牡丹和大丽花的蔓,弄不好会死的。"在信的结尾,总是这样几句话:"告诉您,我们的时代会到来。和平也将来临。我们是未来的作家。"②

在此期间,他给《钟声》杂志写了一些抨击波尔多政治生活的文章。文章里洋溢着激情和怒火,他所揭露的议会是非常反动的,大多数是由乡下选出的一伙无学识却自命不凡的显贵组成。他们在市剧场开会。左拉每天都参加他们的会议,注意到三种光泽照耀在红色的板凳上,带着沙龙装饰的舞台,蒙着紫红丝绒的讲台。他说:"在这里,法兰西将被处决。"他揭露一些外省代表忘恩负义,他们敢侮辱加里波第,这位英雄用他的剑为法兰西服务,其唯一的错

① 1871 年 2 月 17 日的信。
② 1871 年 3 月 2 日的信。

误是他仍愿意当意大利人。他惊奇地听到这些人以怒骂欢迎维克多·雨果,因为雨果支持加里波第的事业。他也看到身材矮小的梯也尔登上讲台。这人面容狡诈,口若悬河。左拉认为他体现了改良品种的庸才。这些差劲的议员,因为推选了那些打败仗的官员,互相争吵、互相指责。左拉对此深表遗憾。他在一篇文章中写道:

> 你们根本不像议会,我本来不想对之不恭,也不想笑话这些水平不高的议员,但是乡下人把他们选派来,倒使漫画家们挺开心。可以想象如今还精心地保留了查理十世和路易-菲利普时代的乡绅,只不过脸上还蒙上一层灰尘。他们头上戴着各种各样的帽子,叫人难以相信。这些善良的人在君主制垮台后还在种地,刚离开他们的农庄到共和国分享成果,他们幼稚可笑,连举手投票都不会。

但是,议会已建议离开波尔多迁至凡尔赛。左拉心情不安地打点行装,因为他刚得知《世纪报》印刷厂丢失了《卢贡的发迹》一书唯一的手稿,此稿的出版工作在战争初期已停止。他是否还有勇气重写这部给他带来这么多痛苦的小说?为什么外界发生的事总给作家带来麻烦。左拉一家怀着沉重的心情带着小狗贝特朗乘火车到达首都巴黎。

1871年3月14日,他们回到了家里。他们的房子完好无损,难民已撤走,因此心情也宽松了。普鲁士人已从巴黎撤走,但在巴黎周围还时常出现。这样一来，气氛突然变得沉重。因此，在巴黎，不像在法国其他地方那样自在。左拉急忙到《世纪报》印刷厂，他奇迹般地在校对员的桌子上找到了手稿。一块石头落地了。

3月18日，《世纪报》继续刊登《卢贡的发迹》。左拉很满意，但又为街上带来的坏消息感到扫兴。梯也尔想收缴国民卫队的大炮、枪支，怕这些武器落到民兵手中给他造成危险。但部队的这一行动受到工人、妇女、儿童和国民队的抵制。勒孔特将军和克莱芒·托马将军被俘并被杀害。在起义军面前，梯也尔带着政府成员躲到国民议会所在地凡尔赛。合法政府和巴黎公社谈判破裂。朱尔·法弗尔说："不能跟凶手打交道！"3月20日，议会重新开会，左拉作为有良知的新闻记者决定为《钟声》写报道，题为《凡尔赛通讯》。但是，在起义后两天，当左拉登上火车到凡尔赛时，他被武装的造反派逮住。第二天，他又碰到倒霉的事，这一回是在凡尔赛。他被警察局局长逮捕，并被带到关押起义人员的城堡橘园。由于夏尔·西蒙在《钟声》编辑部认识左拉，在审问后，他被释放。左拉在3月23日的《钟声》上写道："昨天被公社中央委员会纠缠，今天又被执行当局怀疑。我在探索、凭良心考察，我想卷铺盖走人，是否明智。"他还是继续给《钟声》和《马赛信号》写专栏文章。在巴黎和凡尔赛发生的这场较劲的战斗中，他看不起"残余议会"，对乱民们的罪恶行径也反感。尽管如此，他希望政府能表现和解态度，公社社员能明白事理放下武器，使巴黎成为"具有通情达理和爱国主义的大城市"。

3月31日,由于凡尔赛决定进行战斗行动,左拉在圣-拉扎尔车站受阻,无法乘火车。国民卫队建议他到蒙巴拿斯车站,因为左岸还有列车在运行。两天以后,凡尔赛军队为消灭公社进行了战斗。左拉对镇压行动的残暴感到惊恐。议会中王党分子的凶残狂热表现激起左拉的反抗。他在报道中指出,梯也尔在议会宣布他的军队的战绩时容光焕发,而资产阶级和利己分子们十分满意。有人说政府被普鲁士人打败,却向法国人报复。但是,那些巴黎公社社员和他们的"市政府独裁者"也不值得称赞,他们取消不同意他们观点的对立派报纸,大肆搜查,建立"身份卡",使群众遭到屠杀和掠夺。4月23日,左拉写道:"每天的局势变得更复杂和难以理解,我承认,我开始晕头转向了。"5月10日,左拉怕被公社社员扣为人质,离开巴黎到达圣但尼。不久,凡尔赛分子通过守卫薄弱的晨曦门进入巴黎,开始了流血的一周。公社社员武器装备差,组织也不严密,边战斗边后退。保安队拆毁街垒。手持武器的公社社员被就地处决。5月28日,起义者被迫退到拉雪兹神父公墓后被枪杀。这里被命名为"公社社员墙"。

当左拉和家人回到巴黎时,全城一片丧葬气氛。市民们惊恐万分,连头也不敢抬。他们被普鲁士人打得一败涂地,感到无地自容,现在又兄弟间互相残杀,真丢脸。他们唯一值得欣慰的是:巴黎人忙着认购国债,购买枪炮解放国土。6月27日,从清晨到晚上,认购了近50亿法郎。老百姓慷慨解囊购买债券,主要是想把国内外战争忘得一干二净。流血是为了爱国,同样,捐款也是为了爱国。

处决和流放接连不断。饱受痛苦的民众此时又想及时行乐。左拉在给保罗·塞尚的信中说:"这两个月,我是在战乱中度过的。大炮昼夜轰鸣,在院子里,炮弹在我头顶飞过……今天,我终于安安静静地在巴蒂尼奥尔的住所里待着,就像经历了一场恶梦。我的房子还是老样子,院子也没变样,家具和植物都没事。我相信这两次围攻都是用来吓唬孩子的恶作剧……我从没有像现在这样充满希望和渴望工作。巴黎新生了。确实,就像我经常对你说过的那样,我们的时代已到来。《卢贡的发迹》这本小说已在印刷。你就难以想象我在改校样时是多么快活。这就像我的第一本书即将出版时那样。经过这些折腾后,我简直就像年轻时那样心花怒放,等着出版《尼农的故事》。"①另一件极为高兴的事,就是艾克斯市议会已决定,正式将过去他父亲的工程定名为"左拉运河"。正义终于还给了意大利工程师——埃米尔童年所敬重的父亲。

当《卢贡的发迹》在书店发行时,左拉将书送给了福楼拜,并收到了回信,信中说:

> 我刚读完了您的了不起和漂亮的书……我为此感到惊讶!这本书太好了,非常好……您很有才华,您是好样的!②

---

① 1871 年 7 月 4 日的信。
② 1871 年 12 月 1 日的信。

左拉传

第十章 《卢贡-马卡尔家族》

　　战争结束了,法国战败了,忍辱负重,左拉全力以赴投入《卢贡-马卡尔家族》系列的写作。他的巴蒂尼奥尔的房子已成为真正的文学暖房。在写作的间歇时间,为了消除疲劳,左拉穿着破旧毛衣、旧裤子、农民的宽鞋,到院子里松土、修剪玫瑰或浇菜。他的小狗贝特朗跟随着他。左拉用废木料给它筑了个窝,宝贝夫人和鸭太太亲切地瞧着他干这些轻体力劳动。她们俩也分担家务劳动,养鸡和兔子。在经过几个月艰辛和忧虑的日子后,他们过上了平淡和舒服的幸福生活。有时候,左拉穿着笔挺的衣服到"城里"的图书馆查资料,图书馆已不是王家的了,而是国立图书馆。或者到吉尔布瓦咖啡店会见朋友。但是,在那里已不像过去那样谈笑风生。这里的某些常客,如生性快乐的弗雷德里克·巴齐耶已捐躯沙场。左拉喜欢星期四在家庭餐桌上接待挚友,亚历山德里娜是位手艺精湛的厨师,烹饪普罗旺斯鱼汤和红酒洋葱野兔是她的绝活。

当用完美味佳肴,宾朋离去后,左拉重回书桌致力于写作。他胃肠消化颇佳,思想清晰明快。他写小说前,首先收集可靠的第一手资料,并将其分成5部分:第一部分叫草稿,指出主人公性格特点,拟出本书总思想;第二部分,交代身份,家谱,人物明显特征;第三部分,调查其成长过程,从事的职业等;第四部分,包括读书笔记、剪报,询问其朋友,了解有关细节情况,积累"真实"资料;第五部分,每章写作大纲。左拉认真收集了这些资料后,根据自己的思路进行写作。他每天写3章至5章,一气呵成,不涂改,不增补,几乎不再读一遍。若干年后,他曾对一位俄国新闻记者吐露真情说:

> 我的写作方式颇像市民生活。我的时间是固定不变的。早上坐在桌旁就像商人站柜台。我每天平均写3章,慢慢地写,不重抄,就像女人打毛线,一针扣一针……我打完腹稿后,才把句子写到纸上。您看,就这么简单。①

那活跃于文章中的精心加工的激情,别的人是办不到的。工作时头脑冷静、有条不紊,写出来的书反响之强烈,两者有着强烈的对比。《卢贡-马卡尔家族》主要写的是阿代拉伊德·富克如何患有

---

① 1876年2月初给皮埃尔·博博里金的信。

神经官能症的。其父亲死于精神错乱。她的丈夫是个朴实的佣人，名叫皮埃尔·卢贡，他死后，阿代拉伊德·富克就把一个名叫安托万·马卡尔的酒鬼作为情人。大家都称她迪德阿姨，她的后代就这样有两个绰号：一个是神经病，另一个是酒鬼。一个家族子孙繁衍，随着体质、性别和环境的变化而变，都离不开这种可怕的遗传的踪迹。读者通过阅读这几本书，对这个既兴旺又腐败的大家族的各个家庭将有所了解。全书主要描写了第二帝国的社会全貌，对科学研究具有有据可查的价值。在几个月以来，左拉一直按照这种宏伟的构思着手该套书的第二本书的编写工作，书名为《角逐》。书中叙述的是一个贪婪的年轻人阿里斯蒂德·卢贡的命运，他于政变后第二天到达巴黎，娶了一位已怀孕的小市民，要为这位女子“洗刷错误”。他从事地产投机生意，赚了一大笔钱，此时，他的第二个妻子勒内，是个追求享乐的单身女子，却钟情于他前妻的儿子马克西姆，后来被她的丈夫废了，死于脑膜炎。这是一部辛辣讽刺和描写肉欲的小说，谴责了充满尔虞我诈、男盗女娼、华而不实、虚假伪善的商界，又描绘了一位“新费德拉”“道德败坏的巴黎女子”的乱伦故事，她委身于懦弱的、半推半受的少年怀中。左拉从未出入他所描写的奢华场所，其资料是靠辛勤积累取得的。他拜访过在蒙索公园的梅尼埃先生的公馆，并从他那些比较富有的朋友那里打听有关时髦女郎的打扮，仆役的制服，绅士随从们的特色，并根据奥斯曼庞大的计划研究巴黎翻天覆地的变化，埋头查阅有关地产信贷借款以及征用法典等书籍。他喜欢靠细节的精确性，从而有力地描绘第二帝国腐朽的、表面上却是很神气的衰败景象。

《角逐》前几章在《钟声》杂志上一发表，就引起了轰动。许多读者竟气急败坏、义愤填膺地写信给共和国检察官。检察官召见了左拉，彬彬有礼但语气坚决地要求他停止出版这部犯了众怒的连载小说。如果拒绝，他将查封报纸。左拉大惊失色。为了说服他放弃出版，检察官将几封控告信递给他看，信中说："这种讲床第淫秽事的书居然也能在共和国允许下出版！"左拉为了避免被起诉，只好屈从。但是，他要写一封公开信给路易·于尔巴克。该信立刻登在报纸头版：

这并不是共和国检察官要求停止刊登这篇小说，而是我要求的……《角逐》并不是一部孤立的作品，它是属于大部头书中的一篇，它只不过是我向往的大交响乐中的一个乐章……此外，我要指出的是该书的第一部分出版在帝国时期的《世纪报》上，我一点也没有料到，我的作品出版会遭到一个共和国检察官的阻挠……我应该沉默吗？如果有一天乌烟瘴气的场所充斥第二帝国，我会不闻不问吗？……我的《角逐》一书是在帝国的肥料堆里长出来的不健康的植物，这种乱伦是成千上万沃土里长出来的一个……我描写的勒内，是一个追求穷奢极欲的巴黎女子；马克西姆，他是什么坏事都干得出来的行尸走肉、不男不女的人，他是道德沦丧的社会产物；阿里斯蒂德则是在巴黎交易所里什么都不顾的没心没肺的暴发户，女人、孩子、荣誉、地位、良心全都当筹码。而我试图通过这3个社会畸形儿，表现陷入污泥浊水中的可怕的法兰西……可是，我用这种方法来讽刺帝国可能会带来麻烦，提醒我注意这种事情的居然是一位共和国检察官，我对此颇为费解。我们不知道以完全和有魄力的方式去爱法兰西的自由?

不过，这个答复不高明。有些读者指责左拉，不是因为他揭露第二帝国的疮疤，而是对色情的偏爱。这些人受的教育是伪善的道德标准，对勒内的一夜风流描写极为愤怒。勒内像男人那样，制服精力衰竭、软弱无力的丈夫前妻的儿子。可能，左拉的被抑制的肉欲只有在写作中发泄。他既是贪欲的勒内，又是成为肉欲牺牲品的马克西姆。《宪政报》在得知停止连载左拉小说时，得意地写道:"在文学上，左拉属于瓦莱斯一派，自信是现实主义派，实际上不干不净，这个学派在政治上产生的东西，那就是公社的母亲。"

当《角逐》汇集成书在拉克鲁瓦出版社出版时，一片缄默无言。大部分报纸一言不发，避免谈论此书。它们关心的是当时的政治事件而不是往日的情爱。更倒霉的是，拉克鲁瓦出版社宣告破产。泰奥菲尔·戈蒂埃有感于年轻同事时运不济，将他推荐给自己的出版商——乔治·夏庞蒂埃。不是时候! 左拉正处于失业境地。他甚至为了去见未来的救命恩人却连买件合适的衣服的钱也没有。乔治·夏庞蒂埃才35岁，他十分友好地接见了左拉。他承认左拉确有才华，如果他喜欢某本书或想起某人，他会毫不犹豫地承担义务。他很痛快地答应了，他建议左拉每年给他两本书，他将每月支付500法郎，并以800法郎从拉克鲁瓦出版社购回《卢贡的发迹》和《角逐》两书的使用权。左拉回家时趾高气扬，踌躇满志。今后他可以继续写《卢贡-马卡尔》，也不愁月底揭不开锅。

现在左拉在编写《饕餮的巴黎》。他过去集中全力收集第二帝国时代的上流社会的资料，而当走进巴黎中心菜市场时，那简直是眼花缭乱。在提供给巴黎市民的食品面前，他满怀激情，觉得自己既是画家又是小说家。日复一日，他参观了大楼、地窖、贮藏室，记下了屋顶的式样，鲜肉店、鱼铺、水果蔬菜店、乳酪店的布局，咨询了警察条例和授权条例、每条街的特点，并画出了每个街区的布局，闻到了各种各样食品的古怪的芳香。在他的脑海里，巴黎中心市场已不再是布景，而是一个神奇的实体。小说里的人物、情节的发展是在瘦子和胖子之间进行的。"瘦子"弗洛朗是个空想家，过去被流放，从监狱里逃跑后，投入政治活动并建立一个秘密会社。如果被揭发，他将被逮捕并送到卡耶纳。他的同母异父兄弟克尼，即"胖子"，是一个发了财的肉商，他的妻子利萨是一位文静的丰满的小市民，十分贪婪，她很难想象正派人怎么会饿肚子。瘦子们都是理想主义者和天真汉，与那些无论在什么体制下只想捞钱的胖子相斗，最终总是倒霉。因而，《饕餮的巴黎》的悲观主义结论与《卢贡的发迹》的悲观主义结论殊途同归。当时读者印象最深的并不是本书的深刻内涵，而是其内在的一种奇特的感觉。不管是跳动的鱼虾，还是闪光的贝壳,都散发海鲜的气味,那些堆砌零乱的布里干乳酪、康塔尔羊乳干酪,在盛宴时散发着美妙的味道,那些最没有胃口的人都会垂涎三尺要满足口福。女商人身上也沾上了这种怪味。水果商萨里埃特的裙子上散发着"李子味",她的围巾上"有草莓味"。诺曼底女人柔软如丝的皮肤上总有一种持久的香味,"从漂亮的胸脯、富丽堂皇的胳臂、婀娜多姿的身段流出来的各种海鲜味,就像是往女人的芳香胴体上增添一股怪香味"。卖花女郎卡迪娜本身就是"温馨和活生生的一束花朵"。在巴黎中心菜市场,任何有生命的和无生命的东西似乎都可以当作香料。

在琳琅满目的货物面前,读者尽管有些反感,但还是接受小说的连载并从中享受乐趣。书到了书店后,销售情况比《卢贡的发迹》和《角逐》要好。评论界意见不一。《两个世界杂志》建议左拉"放弃这种不健康的夸张,它只会使读者倒胃口"。巴尔贝·多勒维利在《宪政报》上把作者看成"拙劣的画家,至多是个疯子"。但这本小说感动了莫泊桑,他写道:"这本书让人感觉到海腥味,就像是渔船回到了港口,菜园的植物带着泥土味,以及那种平淡的乡村气息。"于斯曼补充说:"我只是承认,《饕餮的巴黎》使我心花怒放。"①

左拉开始对此并不怎么相信,后来觉得有一批年轻作者聚集在他周围,用事实来反对雨果的理想主义。这些革新者感到与卖肉商

① 1876 年的信。

利萨的巴黎中心菜市场更接近了，与外貌丑陋、心怀爱意的打钟人卡西莫多的巴黎圣母院却相对疏远了。

第十一章　真真假假的文坛朋友

左拉在写作时是离群索居的,然而在空闲时也感到需要朋友。他从孩提时就讲团队精神。但昔日的朋友均已离去。他已很少见到巴耶和塞尚。塞尚独居乡隅,秘密作画。左拉在给艺术评论家泰奥多尔·迪雷的信中说:"他闭门幽居,正处于探索时期,我认为,他可以不让别人到他的画室去,一直等到他找到自我为止。"①对塞尚来说,画家也好,文人也好,他都不感兴趣。他对塞尚已没有什么话可说,他不知道他为什么老发脾气,为什么老是死气沉沉,有时无名发火,有时才华横溢。他宁肯同艾克斯市两位年轻人保罗·亚历克西和安东尼·瓦拉布雷格交朋友,他们刚到巴黎,对他非常尊敬。当然,他还经常和爱德蒙·德·龚古尔保持往来。但是,他从这位同行身上隐约感受到暗中妒忌和恶意讽刺。有时他觉得这位周围

---

① 1870 年 5 月 30 日的信。

摆着许多珍贵小饰物、写头版文章的作家,经常由于他的粗犷和天真而嘲笑他。左拉还是经常向他倾诉他在寻求成功的道路上所遇到的酸甜苦辣。龚古尔在《日记》中写道:"他对我说:'别以为我意志坚强。从我的本性来说,我是意志最薄弱的,经不起折腾。意志被坚定的信念所代替,如果我不强迫自己去干,那这种坚定的信念就会使我病倒。'在用双手举起装有波尔多酒的酒杯时,左拉又说:'您看我手发抖。'他跟我说,他有初期心脏病,可能还有膀胱病、关节炎……有一天,我和这位可爱的病人谈话,简直像是对孩子一样,从希望谈到绝望。"①

从那以后,有一次在福楼拜家吃饭,龚古尔注意到左拉吃得很多,就对他说:"左拉,您是贪吃美食者吗?"左拉回答说:"是的,这是我的唯一的毛病。在我们家,当饭桌上没什么可吃时,那我就倒霉了。就是这么回事,其他对我来说都算不了什么……您不知道我的生活是怎样的吗?"龚古尔写道:"左拉脸色阴沉,开始叙述他穷困的生活。很奇怪,这个胖胖的和大腹便便的男人竟是个喜欢诉苦的人,感情外露,诉苦怨愁的话脱口而出。"左拉特别抱怨对他的小说进行"检疫隔离"。由于其他的来宾提出异议,他大声嚷嚷道:"那好吧! 你们愿意听我讲心里话吗? ……你们把我当成个孩子,那就糟糕透了! 我从来也没有得过勋章,我从来也不是法兰西学院院士,我没有这种承认我的才华的荣誉称号(原文如此)。在公众

---

① 1872 年 6 月 3 日的《日记》。

左拉传

眼里,我总是一个被人瞧不起的人,是的,被人瞧不起。"在吃饭时,龚古尔摆脱那种不快情绪,当晚,他写道:"这个胖小伙子非常天真幼稚,净提些想入非非的要求,胡说一些社会党人的想法,他还跟我们谈他的工作,每天写 100 行;他的独居苦修似的生活以及他的个人生活,晚上除了与妻子玩几副多米诺骨牌外,他几乎没有别的娱乐……说到这里,他不由自主地向我们承认,实际上他最满意、最大的享受是描写床笫故事情节,在他巴黎简朴的房舍里,用散文来表达;他讲这些话时带点坏小子的音调,像长期生活在贫困生活中的穷光蛋那样的带有报复的音调。"[1]

　　尽管龚古尔表面上很和善,但在左拉看来,他并不是一个踏实苦干的同行,而他对福楼拜则完全是另一种评论。当他第一次拜访《包法利夫人》的作者时,他真没想到,作者除了哲学和社会方面,对艺术美大谈特谈。他觉得很可笑! 但从第二次和他在米利约街见面时,他已拜倒于这位巨人雷鸣般的声调、稚气的目光和善良的心灵。福楼拜对那些吹毛求疵的话十分恼火,就像火山爆发,使他很震惊。在他发火时,这位人们称之"克雷瓦塞的隐士"扯下领带和假领子,从桌子旁站起来走到窗户前呼吸外面新鲜空气。确实,左拉很敬重福楼拜,他每天连续几小时躬着腰推敲手稿,不知疲倦地寻找真实细节。左拉自己也是这么干的,但他不知对于形容词选择、句子推敲、重复句的使用,福楼拜为什么这么关注。他的职业信

---

[1]　1875 年 1 月 25 日的《日记》。

条是:"一句漂亮的句子可以使一个人不朽!"他有时想,他的主人不了解自己作品的意义。他把福楼拜看成是现代现实主义的祖师爷。他讲话声音很高,福楼拜袒着胸笑着听。跟这样一个具有天才的、随和的人一起,左拉就像是看到了一个坚如磐石的人,在碰到问题时是可以信得住的。一个可爱的、爱咕哝的精神上的父亲!

当福楼拜居住在巴黎期间,左拉每星期天下午都到他的寓所拜访,并为他们的友谊感到自豪。在那间窗户朝向蒙索公园的房子里,他会见了爱德蒙·德·龚古尔、居易·德·莫泊桑、阿尔封斯·都德和伊凡·屠格涅夫,再加上左拉组成"五人帮"。莫泊桑比左拉年轻10岁,在左拉看来,这是一个自负的小伙子,有点诗人气质,在一个行政部门里做抄抄写写的工作,经常与女孩子们鬼混,一起划船。他给福楼拜打杂跑腿,福楼拜对他像对儿子那样关怀备至。都德面色苍白、体弱多病,是明亮绚丽的普罗旺斯的歌颂者,但此人比较复杂。他的散文很优美,但他对画家的鉴赏却叫人讨厌。他认为哪个会涂会画的蹩脚画家也比马奈强。龚古尔虽然穿着讲究,口若悬河,谈吐风度完全是个文人雅士,却透出令人奇怪的虚情假意。他一开口讲话,就得留神提防。屠格涅夫白发银鬓,讲起话来声音像纯情少女,左拉很喜欢与这位善良的巨人聊天。屠格涅夫谈起他的祖国俄罗斯时总是赞不绝口。他的性格表现总是随和,善与人相处,并带有孩子气,他好像总是在沉思冥想。

左拉觉得不能缺少亲近的同事们的赞赏。尽管这些人都是竞争者,只有与他们在一起才能顺利工作。他们处处关心自己。他们也是由于创作热情所驱使,在重读手稿后,也了解同样的疑问,用同样的语言谈商店,也埋怨新闻记者和出版商不理解书稿。他们都埋头写作,聚在一起时,就像住院病人在候诊室谈他们的忧虑和希望。为了使题材多样化,他们只服从一种命令:抛弃浪漫主义,描写生活的真正的特色。为了达到这个目的,他们要不偏不倚地、冷漠地用科学态度探讨研究人类。他们的文风应该是粗犷的,对环境的描写应该尽量精确,不要怕抹黑现实或平庸无奇。他们的雄心壮志是揭露包在虚伪的外衣下的社会真相。对他们来说,不存在什么禁忌主题,也不存在什么烦琐礼节所禁止的词。有人指责他们写的作品散发着恶臭,而他们反驳说,可以打开窗户让新鲜空气和光线进入工人的陋室和交际花们的卧室。有人指责他们用大量丑恶的事物毒化同胞,他们辩解说主要通过摆事实来医治社会丑恶现象。

在那些大师周围,总集结着一批寻求声誉的小作家。他们寻找他们的保护神,其目的是这些现实主义或自然主义的祖师爷会给他们带来好运。但是,这些初学写作的作者中大部分人得的报酬很少,也不被人重视,只好望洋兴叹。如果左拉之类作家在《吉尔·布拉斯报》登一本小说连载可以得3万法郎,那保罗·亚历克西那样的作家得1/10报酬就不错了。所有大大小小的作家,对他们作品的经济收益都十分经心,对作品的版税也精打细算,并为发行出版其作品东奔西跑。他们从钱眼儿里钻出来后,聚集在一起就是津津乐道艺术成就和财运的能手。他们与上一代没有算计的浪漫主义作家不一样,他们是要笔杆子的职员。在这些新文人中,怪诞的行为已被摒弃,他们以自己的书来震惊读者,而不是靠怪诞行为或奇装异服。某些人甚至对穿便服也不反感,泰奥菲尔·戈蒂埃的红背心已扔掉。于斯曼说:

> 大家应该懂得这样一个道理,除了少数例外,一个有才干的人生活还过得去。真正的大师在思想艺术和写作艺术上都是息息相通,不聚集在咖啡馆里,如果他们到这种圈子里去,大多数人不需要到挂衣间取黑袍或褪色的橡皮手套。如果舞文弄墨的文人在法国人数颇多,自然主义者与这些人毫无共同之处,不愿混杂其间。①

总之,一些作家也跟着左拉,要求作品要有信誉、好名声,如同医生、公证人、律师、法官、大学教授那样。之所以这样,是因为他们现在觉得写有益作品有种自豪感。为兴趣爱好、消遣取乐或沉溺梦幻生活的文学写作时代已经结束了。自然主义为有教育意义的文学开阔了新的纪元。作者不再是逗乐的人,而是教育者。不幸的是,很多年轻的机灵鬼以此为借口,像母鸡下蛋似的搞出乱七八糟的作品。读者眼花缭乱,不知道该买什么书。左拉写道:"平庸作品充塞橱窗,人们要问出版商能拒绝出版什么样的作品。"②保罗·博

---

① 《埃米尔·左拉》和《小酒店》,1877 年版(1927 年,玛赛勒·勒萨热收集在《注释》一书中)。

② 《文学中的金钱》(1880 年收集在《实验小说论》一书中)。

纳坦对朱尔·于雷惊叹道:"谁都在写小说,那些退休的蠢材,爱国阵线成员、冒险家、公证人、不入流的喜剧演员等!"①这是职业作家对业余作者的抗议。而左拉这位多产作家,在他的同行心目中是一位职业作家。他靠写作生活,并由此获得美名。此外,他年轻,并且说话有分量。围绕着他,大家拉起手来。这些人,与其说是相信左拉所宣扬的教条,还不如说是在竞相出版的长版书中,寻求年长的前辈的支持。

1874 年 3 月 11 日,福楼拜在沃特维尔让别人演出他的戏剧《候补者》,这一小帮人受到很大刺激。莫泊桑负责"布置客厅"。首次演出的晚上,左拉在幕间休息时跑到休息室,尽力说服大失所望的观众去观看这部杰作的演出。谁也不听他的话。当演出结束时,嘘声淹没了雇来捧场者的掌声。演出完全失败。朋友们急忙到后台安慰剧作者。福楼拜露出轻蔑的笑容,张开双臂并抱怨说:"啊!我才不在乎!"但左拉猜想福楼拜是深深地受到了伤害。第二天,各家报纸对这位大作家的失败表示理解。而龚古尔却感到丢脸,并恶狠狠地说:"如果这个剧本是我写的,如果是我遭到昨天晚上那种待遇,我想报界会怎么样对我攻击呢?这就是忠诚于艺术、付出劳动和努力的生活。"②

龚古尔写了《亨利埃特·马雷夏尔》,都德写了《利斯·塔韦尼耶》和《阿莱城的姑娘》,左拉在戏剧方面的尝试遭失败,因此他们

---

① 引用勒内-皮埃尔·科兰《左拉:变节者和同盟者》的文字。
② 1874 年 3 月 12 日的《日记》。

对戏剧都怨声载道。因为失败,他们志同道合,于 1874 年 4 月 14 日在里什咖啡馆第一次组织了"挨嘘作家晚宴"。晚宴上,他们愉快地讨论了"文学界的腹泻和便秘的特殊天赋"。①

尽管左拉在戏剧方面碰到了不顺心的事,但还是给克吕尼剧院一本笑剧《拉本丹家的继承人》,这是受本·约翰生的《沃尔波纳》一书启发写成的。龚古尔写道:

> 左拉来信,一定要我到克吕尼剧场看他的剧本的彩排。这个剧场在巴黎市内,很像外省的剧场。比如,萨拉格米尔演出厅。喜剧演员强作笑容,很像那些每天都吃不饱肚子的可怜的戏子。一个有才能的作家的作品在这种剧场、由这样的演员表演,实在令人伤心。②

左拉感到这部戏没有演好,他写信给福楼拜:"每天从 1 点到 4 点钟,我勤勤恳恳写作,本想创作出具有独特的东西,结果搞了一部滑稽戏。"③去年,《泰雷兹·拉甘》被改编为戏剧,只上演了 9 场,第一次的失败记忆犹新。这一次,是不是主管戏剧的神灵又跟他作对? 直到最后一分钟,他还希望出现奇迹。但是,1874 年 11 月 3 日,演出还是失败了。观众们大发雷霆。在一片嘲骂声和喝倒彩声

---

① 龚古尔:1874 年 4 月 14 日《日记》。
② 1874 年 11 月 1 日《日记》。
③ 1874 年 10 月 9 日的信。

中,福楼拜满脸通红,拍着巴掌大喊道:"棒极了,我觉得这戏极妙!"第二天,新闻界反应强烈。只有都德表示宽容态度,他指责演员演技不佳,把作者的戏演坏了。左拉给他写信:"亲爱的朋友,谢谢您。评论界对我的戏大砍大杀,您的文章确实很了不起……您没有搞错,我的事业也是您的事业。是那些戏子把戏演坏了,把我给坑了。我们应该紧密团结。我们的队伍虽然人数不多,但是很有力量。"①三天以后,他告诉福楼拜有关演戏的进展情况:

　　星期天,克吕尼剧场客满,戏演得很出色;整个晚上是一片笑声。后来几天,剧场又空空如也。总之,我们没挣一个苏。我曾预言,从第二场起,票房收入很差……最使我恼火的是,剧本总不能只在内部叫好……我有好长时间没演戏了,我快疯了。我再说一遍,这是我唯一感到伤心的事。您看到那些咒骂的文章了吧,他们想把我毁掉!我已被他们毁了……首演那天晚上,您说的话是对的:"明天,您将成为一个大作家。"他们都在谈巴尔扎克,他们过去对我所写的书大加称颂,现在却横加指责起来。可恶至极,真让我倒胃口……亲爱的朋友,不久再见,我想您会比我坚强。我让他们打翻在地了,这就是我的感受。②

---

①　1874 年 11 月 9 日的信。
②　1874 年 11 月 12 日的信。

演出 17 场后,演出海报被撕下了。左拉在戏剧方面失败了,在小说方面也没有得到什么慰藉。他最近的一部小说《普拉桑的征服》6 个月内只卖了 1700 册,连一篇评论文章也没有。这部小说通过一位名叫福耶的教士,讲的是一个家庭、一座房子、一位被他弄得神魂颠倒的女人,还有一座他想在那里建立的一个新型的、有道德秩序的城市。这个城市既有伟大的精神,也有勇气。小说是强烈地反对教会的,主题中既有外省人那种虚伪面貌,也有在精灵面前弱者的虚弱状态。小说再一次表现了对读者的口味毫不退让的立场。而读者对这种公然的冒犯予以报复,对作品不屑一顾,甚至什么玩笑也不开,只是保持一片缄默。这种以漠不关心的态度来进行谴责的做法使左拉很失望。对作家来说,说话没人听比受酷刑还难受。难道在这一生中,他只能是个跟人说知心话的作者或只能挣口饭吃的小人物? 他如今已 34 岁,刚出版的《普拉桑的征服》,是《卢贡-马尔卡家族》系列小说的第四本书。在这个年龄,福楼拜因为《包法利夫人》已经闻名于世。到底有没有公道? 确实,莫泊桑嚷嚷控诉天才,而福楼拜对屠格涅夫说:"今天,我一口气读了《普拉桑的征服》,我现在还惊愕不止,确实难以置信。我看这书比《饕餮的巴黎》强。"①但是,这不过是小小的安慰。为了表明文学上的观点,他在给画家爱德华·贝利亚尔的信中写道:

---

① 1874 年 6 月 1 日的信。

我属于占显要地位的学派或集团。我们绘画，但我们不做判断；我们分析，但不做结论；我们只是收集有关于人们活动的资料，仅仅是为了对我们参与的事实做笔录……对我周围的那些现时对我完全没有用的则完全摒弃。关于我的职业方面，就是这些原则。只有文学在前进，其他的都谈不上，都是次要的。我没有别的想法，只是要有力地创造些善良的人们。我唯一的、强烈的喜悦在于充分地表现我的优点和缺点，并在每一个句子里都表现出来并使人感到力量……这是个性膨胀，就写到这里吧！①

左拉感到宽慰的是另一本书《穆雷神父的错误》已经着手写作。这本书里讲的是宗教与自然的悲剧性的斗争。塞尔日·穆雷是一个心肠歹毒和无性欲的小教士，他隐约爱慕一个名叫玛丽的童贞女。他生病以后，他的舅舅帕斯卡尔大夫把他转到巴拉杜去疗养。在那里，他在和年轻姑娘阿尔比娜的接触中，就像公园里被弃之不顾的茂盛的树木，被激发起狂热的爱情。起初，只不过是心灵上的冲动，后来很快地就变成肉欲。此事被另一个耶稣会教士阿尔尚吉亚斯修士揭发了出来，这个修士喜欢诽谤女人，是上帝的真正的宪兵。塞尔日·穆雷悔恨交加，回到教堂，让阿尔比娜和她等待出生的孩子在远方死去。这本书和《饕餮的巴黎》一样，主要人物

---

① 1875 年 4 月 5 日的信。

是在巴黎中心市场。同样,小说的主人公是耀眼的太阳,它温暖着大地和人们,并鲜明地斥责了宗教的可悲的教条。

为了收集穆雷神父心理方面的资料,左拉参阅了很多有关宗教生活的作品。阅读西班牙耶稣教会的教士作品及《模仿耶稣基督》丰富了小说的神秘色彩。从一个还俗的教士那里,他知道了大修道院里的生活情景,他又连续几个早晨到圣玛丽-巴蒂尼奥尔小教堂听弥撒。他手拿祈祷书坐在一旁,眼睛盯着礼拜仪式,并用铅笔在书的空白上做笔记。他为了描写巴拉杜的植物,在字典里寻找词汇,参观园艺展览,并从艾克斯市郊区风景中寻找昔日的回忆……

在这期间,他搬了家,他住在巴蒂尼奥尔圣乔治街 21 号①一所小巧玲珑的楼房里。这是一座两层楼的"市民住宅":8 间房子,有贮藏室、厨房、地窖和可供散步的庭院。夏日酷热,左拉看着他那块草地面积扩大,野草丛生。这是巴蒂尼奥尔的巴拉杜式疗养院。他热得要命,汗流浃背,累得喘不过气来。他在树荫下和野花丛中,回忆起两个新式的年轻人,他们像天真无邪的亚当和夏娃那样发现了爱情。他通过这两个年轻人,确认了对大自然的信仰,对原罪的否定,以及对属于人性的值得羡慕和疼爱的温情。在为以前写的小说集《尼农的故事》作序时,左拉又回到了生活中的无神论:"啊!尼农,我还什么都没做。我为涂满墨汁的书稿哭泣。我伤心的是没有从真实中满足渴望。大自然从我短短的胳臂中逃逸。抓住大地紧

① 今天的亚平宁街。

紧拥抱它,看看它、了解它、说说它,这才是难如九天揽月！我愿将人类、所有生物和事物展现在一张白纸上,那我的作品将是包罗万象的方舟。"在这篇文章中,他还说:"如果我殚精竭虑,用强烈的爱,不能从不间断的生产中得到安慰,作为作家,我将愚不可及！"确实,"不间断的生产"已成为他生存的唯一理由。以他的书房为背景,他的妻子、母亲以及朋友就像影子戏里的人物在来回走动。他的笔代替了性。

他对《穆雷神父的错误》寄予很大希望。在汇集成书出版时,公众颇为注目和欢迎,但评论界却态度严厉。巴尔贝·多勒维利对《普拉桑的征服》未发一言,这一回却发作了,他写道:"这是兽性的自然主义,超越了基督精神,寡廉鲜耻,我想,在描写下流方面,恐怕没有比这更低级的了。"甚至《法兰西杂志》也敲起钟声:"在系列小说中,这本是最不道德和最不符合宗教原则,也是最平庸的。要描写新伊甸园,那是个犯错误的地方,倒不是从诗意方面进行描写,而是从技术性方面进行描写,冗长枯燥,这种田园诗是从字典里找来的。"《蓝色杂志》写道:"不,实际上,它既不是卢贡的后代,也不是修士,而是从树林里闯出来的一头雄兽和一头母兽。"福楼拜甚至也持保留态度,他在给罗歇·德·热内特夫人的信中写道:"穆雷修士是个怪物吗？但巴拉杜这个人物可没写好！我当是另一位作家写的而不是我的朋友左拉写出这样的作品。这算不了什么,有的部分写得不错,有才华,首先是阿尔尚吉亚斯的性格,还有结尾部分,回到了巴拉杜。"马拉梅告诉左拉,他被小说的"华丽文笔"吸引住了。

于斯曼批评"爱情诗"的不真实和过分,但认为"有些章节确实不错"。莫泊桑对《穆雷神父的错误》十分欣赏,他写了一封热情赞扬的信:"很少有像这篇作品那样给我留下强烈的印象……这本书从头至尾给人以奇特的感觉;同时,您所写的我都见过,而且有感受;每页书都散发着一种强烈的和持久的气息;您使我们感觉到土地、树木、激情、胚芽,您使我们享受到这种再现的佳境,直至联想翩翩。我承认,我不断地感到'流汗的睡美人的强烈芳香……一个萎靡不振的肉欲伴侣,在阳光下昏倒在热情的不会生育的女人身上'。这个巴拉杜的夏娃是'一束散发强烈香味的鲜花',还有公园的香味,'寂寞的婚床上躺着双双对对的男女',直至漂亮的阿尔尚吉亚斯'本身散发着从未得到满足的公羊的气息',我觉得您的书使我陶醉,此外,还非常刺激。"

左拉的健康状况出了问题。医生嘱咐他到海边疗养。于是全家在奥尔纳和库尔瑟尔河口之间的圣奥班住下。刚开始,对左拉这个南方人来说,迁居到这种荒凉、白浪滔天的海滩颇有怨言。但是他很快习惯这个具有荒凉冷漠魅力的地方。他在给马利于斯·鲁的信中说:"这里常有暴风雨,浪头直打离大门数米远之处。没有比这更壮观的了,夜晚尤其如此。与地中海景色迥然不同,既吓人又壮观……"①当天气晴朗时,他与亚历山德里娜泡在水里,或在海边散步,捡些藻类,呼吸新鲜空气,在沙滩上布网,逮些小虾。但是,虽

---

① 1875 年 8 月 5 日的信。

然这里环境安静,但假期里带来的干扰也很厌烦。他不习惯在扰人的浪潮声、来来往往于天际的帆船声中工作。这一切都干扰他的构思。因为他已经开始写一本新小说——《欧仁·卢贡阁下》。在《普拉桑的征服》一书中,读者已认识此人,现在成了帝国的部长。他喜欢政府的权力,但碰到了一个漂亮的投机分子克洛兰德的感情骚扰,她希望他娶她。然而欧仁·卢贡感兴趣的不是肉欲,而是在精神上的控制。在主人公身上,左拉灌输了自己的贞洁观以及不惜一切力量达到目的的愿望。欧仁·卢贡拒绝了克洛兰德。她为了报复他,当了皇帝的情妇,并断送了蔑视她的那个男人的前程。但是,这本书最大的特点是,描写第二帝国政治圈子比描写爱情方面要多。比如:帝国的部长、议员、宫廷舞会、场外的阴谋、权力交易和表面光辉灿烂、内部腐朽透顶的名利场。为了描述左拉所不熟悉的官场,他翻遍了波旁宫图书馆资料并做了笔记,并询问了当时经常在上流社会活动的人士。

屠格涅夫将左拉推荐给俄文杂志《欧洲信使》社长斯塔西尤利维奇,整个俄罗斯对这位敢想敢说、粗暴行径的作家十分倾心,而法国的胆小怕事的读者对他却不敢恭维。译成俄文的左拉作品在俄国引起很大反响,这使左拉心花怒放,每个印刷页给他带来 100 法郎。他为这个刊物写了评论福楼拜、龚古尔、夏多布里昂的文章……他刚校完《欧仁·卢贡阁下》这本小说,就建议斯塔西尤利维奇以连载形式转载:

我刚写完《卢贡-马卡尔家族》系列小说的第六本书《欧仁·卢贡阁下》……我想这本书在我已写的书中因为它基本上是现代的和自然主义描绘手法，会有更多、更新奇的东西……我等待此书出版后会引起巨大反响。①

在巴黎新闻界，这种"巨大反响"只不过是微弱的议论。在评论界看来，左拉出书太多也太快。他想做些限制。谁都知道，多产和质量难以两全。一个真正的作家不应该像苹果树那样大量结苹果，而应像牡蛎那样慢慢分泌，耐心地生养出唯一的珍珠。

然而，在圣奥班，秋天来临了，海滨的小屋又冷又潮湿。左拉在给保罗·亚历克西的信中说：

从昨天开始，秋日的海浪汹涌，惊涛拍岸，有一天晚上，几乎水满过膝……拉通②被淹得救……除了这些难忘的事以外，其他倒还太平。游客大都走了，海滩空空如也。早上，我到市场上看鱼贩叫卖，然后，给《信号》报写信，接着我为俄国通讯工作；晚上，我陪着两位太太坐在沙滩上看涨潮。这种事既呆板又好玩。我不知道为什么涨潮总不能持久……至于我的下一部小说，我可能要到巴黎才能动笔。小说梗概已有，我要到巴黎翻阅资料。此外，我决定描写一个既广阔又简朴的画面；

---

① 1875 年 9 月 3 日的信。
② 左拉新养的小狗名字。

我希望生活平常,业绩辉煌,日子凑合能对付。风格是难找寻的。我不想再听可怕的海涛声,它使我无法构思。①

面对着海平线,他脑子想的是狭窄的街道,被雨水冲刷的房屋,照亮阴暗角落的街灯。他赶紧返回巴黎,就像急着会见情人。这个情人名叫热尔韦斯,是他即将动笔的小说《小酒店》中出身低微、令人怜悯的主人公。

---

① 1875 年 9 月 17 日的信。

第十二章　自然主义

　　长期以来，左拉想写一本情节发生在市镇工人方面的书。在他准备的资料草稿中已有记录："描写百姓生活，并用他们的生活习惯解释其习俗。因此在巴黎，酩酊大醉、家庭崩溃、放荡生活，以及耻辱和贫困种种名词都是来自工人的本身生存条件、繁重劳动、杂乱生活和放任自流等。总之，生活的脏乱、语言的粗鲁，诸如此类都是老百姓生活的情景。这是包含他自己的道德的可怕的景象。"

　　这种看法，他在总计划中已明确指出："各章平均 20 页，长的可达 40 页，短的 10 页，各章不一样。文风刚劲有力。小说写热尔韦斯和库波的衰败。库波将热尔韦斯带到工人阶层中。用工人生活在当时的社会条件和环境来解释他们的习俗、缺点、堕落、精神和肉体的丑陋。"

　　从这个计划出发，左拉开始写他的小说。小说讲的是热尔韦斯这个既温柔又可怜的姑娘的故事。他在草稿中写道："她是一个值得同情的人,只有温情脉脉和热情洋溢的性格……干活的牲口……她的每一个优点使她历尽艰辛……工作使她精疲力尽,温柔使她备受煎熬。"围绕着她,《小酒店》出现了其他人物。库波是一个正直和诚实的白铁工人,他娶了热尔韦斯,他从房顶上掉下来摔断了一条腿,从此酗酒成性。朗捷曾和热尔韦斯有两个孩子,他自命不凡,自以为是,就抛弃了热尔韦斯,后来又回到她身边,并住在这对夫妇家里。他的到来,使库波酗酒更加厉害,不能自拔。

左拉于 1875 年 10 月 4 日回到巴黎,他在给保罗·亚历克西的信中说:"回到巴黎的第二天,我就得陪伴着我的小说,寻找街区,访问工人。"①左拉知道首都的贫困区,他青年时代生活过的可怜的住宅是大学生聚居的地方而不是工人住宅区,那里的工人愚昧无知、筋疲力竭并酗酒成性。在《日尔米尼·拉赛德》一书中,龚古尔兄弟就提出问题,"老百姓是否应站在文学禁区之内"。左拉决定动手写作,手里拿着笔记本,跑到黄金街和卖鱼街②采访。巴蒂尼奥尔的市民跑到下等人居住区,他画了草图,把商店、房屋描写得非常仔细,其中有一个披头散发的妇女穿行而过,一个工人腰间系着一根红腰带,有许多洗衣工走出车间往商店橱窗跑去,橱窗里黄铜丝上挂满了花边女帽。他出于好奇心,跑到小酒店,看见一些无精打采的顾客,眼神灰暗,嘴唇突出,贪婪地喝着劣质酒提精神,在这个使人堕落和消磨意志的地方了此余生。他想到那种袒胸流汗、雾气

---

① 1875 年 10 月 20 日的信。
② 今天的巴尔贝斯大街。

腾腾的洗衣房里去找洗衣女工,当然需要更多勇气,这些女工会诘问刁难。但是就在这种地方,他也做了笔记:锌板蓄水池,盛热水小木桶,排水道,漂白水(每升 2 个苏),洗衣水(每桶 1 个苏)。当他从贫困的地方回到巴蒂尼奥尔漂亮的小屋时,又兴致勃勃地投入《德尼·普洛的神圣职责》的写作,这部作品分析了工人的命运,主张建立工会对付老板。他还阅读了阿尔弗雷德·德尔沃的《行话词典》,并找出了 600 个使他感兴趣的粗话,每次在书中引用一个词,都列了表,如"自吹自擂""喝一杯汤""装模作样""躺在成绩上睡大觉"。他对这些臆想的词颇为得意,他吃饱了肚子,穿着拖鞋,坐在写字台旁,对接近这些小人物,了解他们的不幸感到很高兴。

余下还有个文风问题。由于使人眼花缭乱的直觉问题,左拉决定不限制用大众语言,用人物的对白。他认为整篇小说应该用同样尖刻和行话的语调。因此,叙事应用黄金街的精彩语言。读者不仅从外部,以奇异的、外来闯入者的目光看这个街区,同时知道居民们的语言和思想。他们不仅通过玻璃窗看到池塘里的鱼,而且能品尝到鱼的鲜味。

书中有意刻画平民生活,目的是使场面更趋生动,让人噩梦连篇:婚礼、洗衣房妇女的吵架、葬礼、库波的震颤性谵妄发作……在回答一位名叫阿尔贝·米约的记者指责用"街道俚语"时,左拉说道:

> 您特许我可以给我的人物用他们的习惯语言。您应该做

点努力,了解到出于平衡与和谐,这就促使我用相同的文风……还有,这种街巷语言您读起来不顺吗?不错,有点粗鲁,对挑三剔四的语法学者来说,这是有点新鲜,但有力量,形象鲜明,也很有趣。①

确实,左拉对这本表现底层人民的小说《小酒店》感到自傲,但对其前景并没有把握。他估计那些一本正经的读者对这种淋漓尽致的描写会掩鼻捂嘴。描写这些住在散发恶臭的破房子里、过着封闭式生活的不幸的人,和这些连头也不敢抬的人交往,这是否做得有点过分?但是,不给那些过着牲口般生活、没有活路、慢慢走向屠宰场的人一线光明,走出暗无天日的混沌世界,是否太不应该了?人们该不会指责他把人物简单化、变成服从于他遗传理论的木偶?算了吧!要改正书中那些真诚和勇敢的东西为时已晚!

左拉将手稿交给《公共财产报》总编辑伊夫·居约,这是一份激进的共和国报,巧克力商梅尼耶承担了该报的财政支出。他只好忍痛割爱,让他们删去几段以免使读者感到难为情。不过删几段也无损大雅,那些忠实的读者也不会不接受《小酒店》这本小说。1876 年 4 月 30 日,小说出版。订数直线上升。读者抗议的来信如雪片飞来。伊夫·居约屈服了。小说停止连载。卡蒂勒·孟戴斯十分气愤,叫左拉把小说的续篇登在他主管的《文学界》杂志上。

① 1875 年 9 月 9 日的信。

经过一个月的惩处后,热尔韦斯、库波、朗捷又在报上活跃起来了。但麻烦事也来了。1876 年 9 月,《费加罗报》评论员阿尔贝·米罗扔来第一支投枪:

> 左拉先生尽管是个很现实的作家,但是大家可能希望他在现代小说这种难以侍候的艺术中占有一定地位并一帆风顺。左拉突然半途而废了。此刻他在一本小杂志上发表了一篇题为《小酒店》的小说,我们觉得,以他刚崭露头角的才能,他却成了不折不扣的下等人。他不是现实的人,倒成了卑鄙的小人,这本书不光是粗话,而且是描写色情的淫书。

当左拉读到这篇文章时正与夏庞蒂埃一家以及亚历山德里娜在布列塔尼的皮利亚克休假,在那里捉鳖钓虾,他说"每天从早到晚饱食贝壳海鲜"。他对米罗的攻击进行了反驳,说对刚出版的作品,谁也难以判断其道德价值。这个观点又招来米罗新的抨击,他把左拉说成是"民主的、带有社会主义色彩"的作家。左拉生气了:

> 我想我就是一名作家,不要加什么形容词;如果您一定要定性的话,那就说我是一个自然主义作家,这么说我不会难受……唉!您知道吗,每次我的名字出现在报纸上,我的朋友们对令人目瞪口呆的故事感到多么兴高采烈!您知道不知道,那个喝血的残忍小说家是一个正派的市民,是一个研究家和艺

术家,笃信他的信念,老老实实地在家勤奋工作!至于我对工人阶级的描绘,既不添醋,也没加油,该是什么就是什么。我说的是我看到的,仅仅做了记录,让那些正人君子好好从中吸取教训……在我的小说中我不下结论,因为我觉得,艺术家不该擅作结论。然而,如果您希望从《小酒店》中吸取什么教训的话,可以用这样的话来表达:教育工人以提高其道德水平,让他们摆脱贫困,让他们摆脱乌烟瘴气的居住环境,特别是摆脱扼杀精神和肉体的酗酒行为。①

《费加罗报》不登这封信,《高卢人报》也参加了诽谤者行列,富科在报上撰文说:"这本集子是我所知道的文集中最卑劣、最直截了当、寡廉鲜耻的大杂烩。对醉鬼的呕吐,作者也不轻饶……文风……可以这么形容左拉先生,他也不可能不会发怒,臭不可闻。"

尽管左拉受到严重中伤,他想,这种争论对小说来说是最好的广告。他在给画家安托万·吉耶梅的信中说:"至于我,我很满意的,《小酒店》一书给我带来不少咒骂……我相信,当这本书在1月出版时,销路会很好。再说,我在一片喧哗声中取得成功,我很满意。"②然而使他吃惊的是,左翼报纸也反对他。阿蒂尔·朗克在《法兰西共和国报》上也撰文指责他,说他对老百姓是"残暴地蔑视"。维克多·雨果和《召唤》杂志指责他侮辱工人,给他们抹黑。

---

① 1876年9月9日的信。
② 1876年10月17日的信。

福楼拜在给屠洛涅夫的信中说："我也和您一样,看了《小酒店》的某些片段。这些片段叫人难受。左拉一反常态,倒成了女才子。左拉像卡托和马德龙一样用了一些强烈措辞,以为这些词颇高贵。他的体系使他迷了路。这些原则使他脑子不好使了。"漫画家也第一次指责左拉。这是被吐唾沫换来的光荣。

1877 年 1 月末,当《小酒店》在夏庞蒂埃出版社汇编成册出版时,争论升级了。读者对此书再不能无动于衷,漠然处之。有的赞成,有的反对。内政部新闻司禁止此书在车站发售,原因是"鉴于是长篇累牍粗野描写细节的淫书"。反之,在颂扬此书的读者中,阿那托尔·法朗士于 6 月 27 日在《时代》杂志撰文说:"当然,《小酒店》这本书不是一本讨人喜欢的书,但这是一本有分量的书。书里的描写贴近生活……书中人物众多,讲的是方言土语。当作者在描写思想或人物的精神状态时,用的是自己的语言。有人指责用这类语言。我倒是颇为欣赏。一个人的思想,只有通过语言才能体现。"保尔·布尔热对左拉说:"这是您最优秀的小说。这么疯狂地攻击本身也说明了问题。您绝对是站在自己的土地上。啊! 您真是一位了不起的人物! 我们这些年轻人,都认为你是第一流的。"①马拉梅补充说:"这是一本思想健康的重要的作品,是无愧于时代的,人民追求美丽就是真理。"

在另外一个阵营里,那些反对派把小说拉出来当众出丑。他们

---

① 1887 年 2 月 2 日的信。

众说纷纭。有些人谴责小说"不干不净，叫人恶心"，另外一些人说小说是单纯的病理研究，还有人假借作者过多地从《德尼·普洛的神圣职责》中汲取构思。左拉是抄袭者、老百姓的敌人、资产阶级的挑衅者，才疏学浅，拿了稿费自鸣得意。《小酒店》一书销售很快，书店里很快销售一空。几个月里竟出了35版。雨果的宝座摇摇欲坠。对《小酒店》这本书来说，就像15年前《悲惨世界》那样，被一片嘈杂吵嚷的声浪所扼杀。当时，在《悲惨世界》一书中善与恶的斗争也还具有浪漫主义的色彩，而在《小酒店》这本书里，在贫民窟里的恶臭中，没有一点新鲜纯洁的气息。左拉是站在老大师之上，其优点是对这个世界不存在幻想。他描绘了地狱，而谁都想进去看看。

夏庞蒂埃对左拉特别慷慨和优惠，在原来合同之外还付给作者销售利润，总共18500法郎。在街上，人们编了小曲歌唱热尔韦斯的不幸遭遇。在弗朗科尼游艺场，《小酒店》被编成哑剧演出。对那些有钱的读者来说，左拉的小说是"新生事物"，无论如何要拜读，以便在沙龙中谈话时发表意见。资产阶级吓得发抖，一方面对语言的激烈感到不快，另一方面对左拉写的工人阶层的可怖面目觉得满意。平民阶层承认书中所描绘的残酷现实。左拉的书的读者包括所有社会阶层，他们理解这本书并关注这本书。随着名气增大与仇恨加剧，左拉的钱财滚滚而来。但最后会有什么结果呢？

爱德蒙·德·龚古尔妒忌左拉突然发迹，他在《日记》里指责《小酒店》一书的某些段落明显是受他的小说《女郎爱里沙》启发写成的。他不明白为什么不是他而是这位"意大利佬"引起公众如此大的激情。1877 年 4 月 16 日，塞亚尔、于斯曼、埃尼克、保罗·亚历克西、奥克塔夫·米尔博、居易·德·莫泊桑等青年作家在特拉普饭馆聚餐，这批"现实主义、自然主义文学青年"推举福楼拜、左拉、龚古尔为当代文坛大师。龚古尔说"新军正在组成"，他感到欣慰。但是，一年以后，他却恼怒起来：左拉肯定挣了不少钱。他写道："我从没见过如此苛求的人，这个名叫左拉的家伙很不满足于他的巨额财富。"①

其实，龚古尔最恨的是《小酒店》的作者抓住"自然主义"这个字眼并且用它作为旗帜。在一次朋友聚会上，福楼拜跟左拉开玩笑，说他喜欢拿"自然主义"作为开场白和信仰，拿这个词来保证他的作品的发行。据龚古尔记载，左拉反驳说："您，您已经有了一小笔财产，可以干不少事；而我要想各种办法，通过新闻报刊写不怎么体面的文章，我把这些文章都保留着。我怎么对您说好呢？有点像'江湖卖艺'那种味道……是的，我也像您一样，对'自然主义'这个词不屑一顾。然而，我要再三强调，对事物总得命名，使公众感到新鲜……我先放一个钉子，用锤子把它钉到公众的脑子里 1 厘米；然后第二下，钉进 2 厘米……我自己为我的作品做新闻宣传。"龚古尔的结论是："左拉因为获得了成功，有点像发了横财的暴发户那样神气。"②

---

① 1878 年 3 月 30 日的《日记》。
② 1877 年 2 月 19 日《日记》。

确实,左拉对他的成功颇为得意。他还发现了新的爱好:玩小摆设。自从他生活富裕后,就在旧货摊里使劲买小摆设。俄国记者波波利金指出:"最起码可以这么说,左拉的小沙龙陈列室并没有给人优雅和古典的感觉,它像一个旧货摊。"亚历山德里娜也热心参与布置工作。左拉在写给夏庞蒂埃夫人的信中说:"我的妻子干得很起劲儿。她自己制作窗帘,将丝制花系在天鹅绒上,我告诉您,这项工作干得很漂亮。"①左拉一家又搬了家,装修要配得上主人的新房。他们现在住到布洛涅街 23 号②的一个套间里,在第三层,有会客厅、厨房、卫生间、饭厅、沙龙和卧室,家具是哥特式的。福楼拜走进卧室,惊呼起来:"我曾想睡到这样的床上,这是好客的圣朱利安的卧室!"龚古尔被邀参加家宴,他挖苦嘲笑:"年轻主人的工作室是整块葡萄牙红木做的宝座,卧室的床架是圆柱雕成的,窗户为 17 世纪彩色玻璃,墙和顶棚为暗绿色呢毯,门上有祭台。古色古香宗教式的摆设显得这位《小酒店》的作者四周有些古里古怪。"③与此相反,晚宴博得了来宾们的赞叹。都德兴致勃勃,把腌小母鸡比成"泡在浴盆里老妓女的肉"。福楼拜酒足饭饱后,对愚蠢的资产阶级大发雷霆,并说了些骂人的脏话。这一来惹得都德夫人不高兴,她不希望听到这种"粗野和放肆的话"。左拉口若悬河,指手画脚,腮帮通红,单片眼镜后的双眼闪闪发亮,经常打断朋友们的话。夏

---

① 1877 年 8 月 21 日的信。
② 今天的巴吕街。
③ 1878 年 4 月 3 日《日记》。

庞蒂埃有些反感,看着他的作者并喃喃低语:"他是有点得意忘形了,旁若无人,沙龙里只有他自己。"①

这年夏天,左拉和亚历山德里娜到埃斯托克,并在那里大喝鱼汤以解馋。尽管肚子里负担很重,但他还是鼓起勇气在南方强烈的阳光下,听着蝉儿的鸣叫,写他的第八部小说《爱情的一页》,与威廉·比斯纳斯和奥克塔夫·加斯蒂诺一起将《小酒店》改编为戏剧,并修改表现妻子有外遇的喜剧《玫瑰花蕾》。这出戏刚写成时,作者还没有什么名气,被拒绝上演,后来左拉名声大振,这出滑稽戏重新上演。观众之所以急着想看演出,那是因为这出戏是"自然主义"的戏。左拉在叫人掉完眼泪后,又怎么叫人笑?

1878 年 5 月 6 日第一次上演时,该剧惨遭失败。由于该剧平淡庸俗,观众随着戏的一幕幕演出,惊愕异常,大厅里开始吵吵嚷嚷。第三幕落幕时,响起一片嘘声。按照惯例,当一位演员要宣布作者的名字时,后排的观众大喊大叫起来:"没有作者!"龚古尔写道:"我不明白这个小伙子竟有野心当一个学派的头头,演这种俗不可耐的玩意儿,这种戏是最低级滑稽戏的作者写的,为的是弄点钱。"左拉的朋友设法减轻失败的影响。左拉既震惊又伤心,然而他把同行召在一起并在韦富饭店吃夜宵。龚古尔继续写道:"这个倒霉鬼算是丢了三魂六魄,让其妻子主持用餐,对发生的事情漠然置之,心不在焉。他面色苍白,手里紧握餐刀,刀口朝上,低着头吃饭。"有

---

① 1878 年 4 月 3 日的《日记》。

时,左拉好像自言自语,嘟囔着:"不,这没什么了不起,但我要改变计划……我不得不要写《娜娜》……总之,上演不成功总不是味儿……我要写小说……"亚历山德里娜面对着他,胃口很好,在饮酒间歇时,她指责她丈夫没听她的话删掉某些段落。最后,客人们吃完饭离开了桌子。在走下饭馆楼梯时,左拉走在夏庞蒂埃夫人后面,她的拖裙碰在楼梯的梯级上。左拉嘴里嘀咕着:"小心一点儿,今天晚上我的腿都站不住了!"①

左拉回家后,看见那些他用版税买来的小摆设,信心又来了。这是他成功的证明,未来胜利的保证。观众的喝倒彩会碰到障碍物。几天以后,在夏庞蒂埃家的晚宴上,左拉甚至承认,《玫瑰花蕾》的失败使他挺惬意。他叫嚷道:"这事倒使我年轻了,就像20岁那样!《小酒店》的成功使我懒洋洋了!当我想到有一连串小说要写时,我感到只有斗争和怒火使我去干这种工作!"接着,人们谈到了塞尔尼希家的舞会。左拉说去参加太累了,但亚历山德里娜出来干预。龚古尔谈到此事带着"尖酸刻薄"的口吻:"亚历山德里娜说应该去,到那里可以记笔记!"龚古尔还讽刺挖苦道:"这种即兴的观察几乎是不由自主的,这倒不错!我挺愿意。这种观察就像去部里上班一样,天知道!"②

《玫瑰花蕾》演了7场后停演了,海报也撤了。尽管演出是不成功的,但左拉毫不迟疑地将它收在一本集子里,并加了一篇序言:

---

① 1878 年 5 月 6 日《日记》。
② 1878 年 5 月 17 日《日记》。

"大家当然看过我的小说,这回要听听我编的戏了。"但是在他内心深处,他再不想干编剧本这一行了。

在此期间,他发表了《爱情的一页》,讲的是"日常家务"的故事。情节很简单,是关于一个女人的悲剧,一个漂亮的寡妇埃莱娜·格朗让,当她投入情人德贝勒的怀抱时,女儿让娜死于肺痔,她悔恨交加。在受到良心责备后,她克服了悲伤,与一位老朋友结婚,内心又恢复平静,老老实实地过正经女人的生活,立足于巴黎的正统社会。左拉在草稿中写道:"我应该像研究酗酒一样研究初生的和伟大的爱情。"他对意大利评论家埃德蒙多·德·阿米西大声叫嚷:"我要让整个巴黎掉眼泪!"

左拉在该书卷首画了卢贡-马卡尔家族的谱系。在谱系的每页还画了一张画,写上每个人物的生日和遗传素质。总体上给人印象深刻。左拉动情地注视着维克多·雨果写的睡着的波兹①。上帝在他梦中透露了他未来的子孙。他的同行们却公开嘲笑这个新鲜玩意儿。都德说,如果是他想出这种谱系的话,他可能被悬挂在谱系最上端。左拉神情严肃,在序言中辩解道:"今天,我只想证明,我写小说快有9年了,这些小说是一个大整体,其计划是事先做好的,因此每本小说可以单独读,也应考虑在整体中恰如其分的位置。"现在,他预测不是写10部,而是写20部!他希望能长寿,以便完成他的作品。如果要达到这个目的,就要注意身体,保持充沛体力,就要

----

① 波兹为圣经中的人物。——译者

129   左拉传

像"运动员"那样,他不就是一个写作运动员了吗?

《小酒店》这本书引起的开门红之后,左拉立志写新书时要用温柔婉转的词语来感动读者。但是,尽管报纸上登载了温和的评论以及朋友和同行们的热情来信,埃莱娜的奇遇在读者中引起的热情不如热尔韦斯,销售一般。是否读者更喜欢辛辣味道的文学?毫无疑问,读者们在诽谤左拉的同时,要求有更对他们胃口的美味。他坚定了信念,牢记教训,投入《娜娜》的写作中。

第十三章　洁身自爱的作家

　　如果说左拉爱钱,那是他把花钱当成乐趣。他不满足于买点小摆设。他想在巴黎近郊有个别墅,关起门来安安静静地完成他的《卢贡-马卡尔家族》。他母亲跟他不在一起过日子已有一段时间,她在近郊找到一个避难处,因为她很累,需要人照管和关怀。确实,弗朗索瓦·左拉太太觉得儿媳妇太专横,爱嚷嚷,矫揉造作,老搞小市民那一套,俗不可耐,但她承认她对儿子照顾得很好,这是基本点。至于亚历山德里娜,对参与管理家务的多病体弱的婆母挺能容忍,当然这是迫不得已的。左拉认为,这样下去,婆媳俩不可能不产生问题,他租了一辆车到塞纳瓦兹看一处要出租的房子。他动身时并不打算购买。但到梅当①一看,他被吸引住了。房子坐落在大路旁,门上写着“出售”的字样。他们到房主那里企图说服他出租房

---

① 当时村庄叫默当,左拉后来改成梅当。

左拉传

子,房主不愿改变主意。左拉征求妻子的意见——在这条塞纳河穿过的山谷里,别的地方找不到如此安静的地方。这时,他们已有一个建立一个大庭院,可以划船、洗澡,在紫藤树下友好聚会的计划。房子要价 9000 法郎,还付得起。左拉此时已摆脱贫困,热尔韦斯使左拉成为富翁。1878 年 5 月 28 日,他在公证人处签约。左拉高高兴兴地在别墅安顿下来后不久,就着手装修工程。地板腐烂、墙壁渗水,这些都要操心。左拉在当地雇了些工人从事此项工作,他在忙乱的搬迁中,兴高采烈地给福楼拜写信:

> 我在普瓦西和特里埃尔之间买了一座房子,一座兔子棚,房子坐落在塞纳河旁的可爱的偏僻处,花了 9000 法郎。我告诉您这个价格为的是使您不必太介意。文学的收入付了这座乡间隐蔽所的房价,这里远离东站,附近没有市镇居民。一个月来,我是一个人,绝对是一个人在这里,一个生人都没见过。只有装修房子的事打扰过我。①

在左拉的要求下,莫泊桑负责购买一条划船。这是一条新船,式样像赶鸭船,长达 5 米,很结实,价格为 70 法郎。

左拉跳上了船,莫泊桑和埃尼克开始划了起来,在贝松与梅当之间划了 49 公里。这艘船的名字很快就找到了,取名为"娜娜",因

---

① 1878 年 8 月 9 日的信。

为莫泊桑说:"谁都可以爬上去。"

　　左拉刚住下不久,就发现这座小楼太狭窄,要进行广泛社交或其他活动甚为不便。他立即命令在挨着他刚购得的别墅旁边再建一座方塔楼,包括:底层,饭厅和厨房;第二层,夫妇的居室,旁边备有浴室;第三层,天花板很高的大房间,从房间的门窗洞可以看见田园式的风光,一直望到奥蒂尔和瓦兹河汇合处。保罗·亚历克西在描绘房子主人的圣所时这样写道:"房间5米高、9米宽、10米深。有一个大壁炉,里面可以烤全羊。有一间卧室,大小像巴黎的小房间,有一张长沙发,上面可以供6个人舒服地睡觉⋯⋯我且不说那平台,人们可以通过旋转楼梯爬上去。"房间里到处都是中国和日本的小摆设、铜制的花盆架、象牙小雕像、中古时期盔甲、彩绘玻璃窗等。在壁炉的通风罩上,写着巴尔扎克的座右铭:"没有一天不写一行。"天花板上有百合花图案。在工作台后,有一张大靠背椅,椅背上写着:"上帝愿意做的,我也愿意做。"这类炫耀和天真的古怪玩意儿在别的房间里也有。饭厅的天花板上也是百合花图案,墙上镀了一层科尔杜假铜,贴着德尔福方砖。窗户上还装上五颜六色的玻璃。左拉亲自监督制作。但是,他最感到骄傲的装饰是后来设在第二个塔楼的弹子房。塔楼呈六角形,建于1885年,在旧楼的另一边。在左拉心目中,弹子房是成功的光辉标记。地上铺瓷砖,房顶的小梁上也有各种纹章。左拉非常重视在顶梁上画上他祖宗出身的城市市徽。房间里有一个大壁炉,炉壁前和地上有蝾螈炉喷火的侧影,上面还有房子主人名字的缩写:E.Z.。台球桌旁有一架长钢琴和风琴,插在盆中的棕树,穿着无袖长袍的木头人像,还有宗教人物头像等。这一切都沉浸在孔雀、水鸟和五颜六色花瓣图案玻璃的光辉照耀下。

在这座富丽堂皇的住宅里,左拉没有忘记他的朋友们。为了接待他们,在靠近方形塔楼房的院子里,他又建造了一座玫瑰色砖块的、长长的、包括4间房子的附属建筑,他以出版商的名字命名:"夏庞蒂埃楼。"他在购买地皮扩大住宅时,还要建园丁屋、暖房,为取名"善人"的马、"莫盖特"的奶牛以及小牛犊盖圈砌棚,还有乳品房、鸡棚、洗衣房……他买了梅当岛的地皮,并在那里建了一个小木屋,亚历山德里娜放第一块石头奠基。这处房产像只蜂窝,人人都在忙碌,从泥瓦匠到作家,还有佣人,大家各忙各的。有时干活的人差不多有25人。左拉像他的工程师爸爸那样在工地指挥。太阳落山时,他站在阳台上,骄傲地欣赏着他的作品。地产刚买下时,不过1200平方米,后来经过24次连续不断购地皮,面积达1900平方米。它同时被塞纳河和铁路切断。列车隆隆声震动左拉工作室的玻璃窗。喧闹和烟雾不仅没有干扰他工作,反而使他产生灵感。筑墙盖房是现代生活,他以此为荣,并将它写入书中。他作为代表未来的人,也不能不要现代科学技术进步的表现。

他工作排得满满的,只有朋友来访时才休息。朋友来访时,他在写作和休闲之间谨慎地安排好时间。他需要这些热情的作家朋友在身边,他们或多或少相信自然主义,在报刊上被冠以"左拉先生们"的雅号。这里面有位年轻人居易·德·莫泊桑,膀大腰圆,体壮如牛,经常吹他与福楼拜的友谊和寻花问柳交桃花运的风流逸事;善良的保罗·亚历克西是一个极度忠实于主子的人,脾气暴躁,尽干些不合时宜的事,其才能也未被人们承认;亨利·塞亚尔是一个古怪的悲观主义者,办事谨慎,戴着单片眼镜,平时绷着脸,却随时准备为战友尽力;莱昂·埃尼克虽然很崇拜左拉,但并不是真心愿效犬马之劳;于斯曼是个目光温柔、肌肤细嫩的青年,虽然信奉自然主义,但实际上是个肝火很旺的小市民,他通过对那些晦暗的人物描写,对世道看得很黑暗,对日常生活有些绝望。这些早期的弟子都打着"左拉的招牌"以达到各自的目的。亚历山德里娜以女主人的身份招待这些热衷于文学的青年。美酒佳肴招待,谈话也很随便。左拉和夫人以主人身份坐在桌子两端,他们用银杯与来宾干杯。

但是,亚历山德里娜不只是主持这类文学聚餐会,她在施工期间,每星期六负责付工人工资。工人们在厨房里列队在"老板娘"面前,而她根据花名册上的数字付款。家庭重担均落在她的双肩。如果不是她发令,别人不能移动一张桌椅,不能动手煎烧小母鸡或种生菜。她起得很早,当别人还在熟睡时,她就在二层楼的大房子里缝补内衣。人们以为这是银行安放保险柜的大厅。这间屋里有很多挪威松木柜子,里面放着打着缎带的衣服。衬衣、衬裤、毯子、枕套、台布、毛巾、手绢,什么都不缺,干干净净,有条不紊。梅当的情况与《小酒店》里的情况相比,正好相反。

当主人在书桌旁工作时,唯一能容忍在他跟前的是纽芬兰老犬

左拉传

贝特朗。另一只小狗拉通太闹,太爱叫。左拉爱小动物,小动物也
爱他。左拉喜欢爱犬的信任目光。他有时想,狗比人通人意。在这
个与外界隔绝的安乐窝里,有一件糟糕的事惹起这个老小孩的愤
怒。当他得知国民教育部部长阿热诺·巴尔杜,把早就答应给左拉
颁发的荣誉团勋章,最后给了费迪南·法布尔,左拉十分恼怒。他
在写给福楼拜的信中说:

> 您知道吗,您的朋友巴尔杜把我耍了。这 5 个月,他跟别
> 人都说要给我授勋,结果在最后时刻,名单上换上费迪南·法
> 布尔;我本来是早够格的授勋的候补者,但我从没有要求过,我
> 也从没把它当成一回事……报纸上议论了此事,今天,他们说
> 我命运不济……如果您见到巴尔杜,告诉他在我的作家生涯
> 中,我受了不少忍气吞声的事,但授勋的事,先在报纸上嚷嚷,
> 在最后时刻又撤了,这种事是最扫兴,也是难以忍受的。①

由于这件事引起的喧闹声,巴尔杜答应弥补这件不公正的事,
答应 1879 年 1 月给左拉授勋。但是,在此期间,左拉很不谨慎地发
表了《当代小说家》一文,这篇研究性文章引起文艺界人士的抗议。
这篇文章是为俄文杂志《欧洲信使》撰写的,然后转载在《费加罗
报》上。这篇文章直截了当地表示了他的喜爱对象,并毫不客气地

---

① 1878 年 8 月 9 日的信。

评论了某些著名作家。塞亚尔在给左拉的信中说:"大家都传着看《费加罗报》和您的文章,有些人在发火,那是文章中点了他们的名,有些人则是因为没有提到他们……都德对您获得勋章感到担心。对克拉勒蒂和于尔巴克的描述尤其引人注目,有许多人从中找到了过去他们没有勇气承认的受蔑视的句子。"①很多报纸提出抗议。爱德蒙·阿布对这个言行不慎的作者大为恼火,阿尔贝·沃尔夫嘲笑他在做美梦,说他要把文学界的光荣全部熄灭,在苍穹之下只留他自己一人。左拉在他的信中回答说:"亲爱的同行,您想我是不是太自高自大了?我感到骄傲的是我写下了我所想的事,是不是想把我的同行都打得落花流水?您向公众发表文章是无稽之谈。您好好想一想。我坦率发表意见难道就是野心家吗?您以为我一定很天真,没有估计到自己关闭所有大门,高声嚷嚷叫人们来听我的唠叨?……当人们想站住脚,那就要有更多的灵活性。我是一个有思想、有某种固定思想的人,您也是这样想的吧!我判断画家、戏剧家和小说家,都是根据同一个理论,对这种理论,人们发出呼声。"②这种呼声传到巴尔杜耳朵里,对他原来的意图起了干扰作用。当他小心翼翼地提出左拉的名字时,他的办公室主任变了脸并叫了起来:"部长先生,这事不好办!这关系到您的职位!"巴尔杜只好听从了。左拉再一次怒不可遏,眼巴巴向往的绶带挂在胸前这事又吹了。

---

① 1878 年 12 月 23 日的信。
② 1878 年 12 月 23 日发出的另一封信。

此外,他当时还有其他高兴和期望的事。他拼命地写作他的新小说《娜娜》。但这次写作问题比较微妙,因为他的女主人公是个妓女,而他对这个卑贱的阶层所知甚少。他怀着童男似的好奇,询问那些寻花问柳过的朋友。他无时无刻不想为他的人物从这种艳遇中得到启发。他请求小歌剧作者卢多维克·阿莱维带他到游艺场,以便构思他的作品。这些小歌剧是由奥芬巴赫作曲的。剧场正在上演《尼尼什》。他拘束地蜷缩在燕尾服里,看着那些笑容可掬的美人在面前走过,仔细看演员化装室里化妆师的化妆盒,呼吸着女演员扑鼻的芳香。他一边想着那个寡廉鲜耻、贪婪和肉感的娜娜,这个女人迷惑男人的唯一办法就是谁给钱多她就公开卖身。她把这些男人征服了,弄破产了,并把他们降低到只有动物本能的野兽。这些比《小酒店》的描写更为可怕:用肉欲来代替酗酒。

　　为了扩大书中女主人公的活动场所,左拉在英国咖啡馆一个特设的小房间里与一位社交界的风流人物、福楼拜的朋友密谈,此人以追求女人闻名。此人与他面谈他在情妇那里过放荡生活的经历:如何与这些轻佻女人鬼混,她们在服装方面的爱好,如何对待情人,如何与佣人交谈……左拉聚精会神,记下所有细节。几天以后,他到位于马莱塞伯街98号的一个特别的旅馆拜访了一位名叫瓦尔特斯·德·拉比涅的女人。他在这所漂亮阔气的妓院里大开眼界,房间里异香扑鼻,盥洗室像实验室那么大,特别在卧室里有一张豪华的床,这就是娜娜的王国。后来,他还邀一名交际花一起吃夜宵。尽管左拉嘴馋,但他忘了吃面以用心观察他的女宾。亚历山德里娜很了解她的丈夫,内心很平静。尽管这些妖精千般勾引,左拉并未上钩。

　　来到梅当看望左拉的朋友们,不管他们过去和现在有过多少风流韵事,都做出了贡献。左拉很感激他们并仔细听讲,记录在本上备用。

　　收集到资料和写好提纲后,左拉开始写第一章。他很快被小说迷住了。与热尔韦斯相比,他更喜欢娜娜这个荡妇。这是一个出卖肉体的女人,吞噬男人的女人,这个毁人家庭的荡妇迷惑了他,好像他真的去过她那里。这真是一个奇迹。左拉是个贞洁男子,而他的书却散发着色情的芳香。虽然他的构思并不是亲身体验获得的,但他的想象已走向生活。他闭门造车,异想天开。智慧与无知成为想象力的跳板。他的亢奋就像喝了第一杯烈酒的中学生。他的热情在燃烧,他浑身上下激动不已,就像怀中拥抱着有血有肉的躯体。他在情欲冲动时见到女性甚至会感到不好意思。他更希望清静,独自一人,异想天开,如同他过着隐居生活又尝到了淫荡生活的美味。娜娜来自普通老百姓家庭,她要为平民百姓报仇,使那些不慎爱上她的富翁加速衰落。他塑造了一个貌如天使,却代表了第二帝国将要崩溃时那种非常恶毒、毫无头脑的女人的形象,她是一切社会罪恶的体现。当她因染上梅毒而丧命时,战争已快爆发了。在煤气灯的灯光下,一群充满激情的群众聚集在她的窗下,站在街上大喊"向柏林进军"的口号,而她那时已玉碎容毁,一动不动地躺在房间里。娜娜受到惩罚时,法国也受到了惩罚。

在左拉完成写作此书以前，《伏尔泰报》宣布要在 1879 年 10 月连载此书。读者十分好奇，有人到处传说《娜娜》是一本表现交际花阶层习俗的真人真事的小说。左拉抢先一步，在一篇论圣伯夫的文章里解释，作者在写此书时被书的主题所支配直至晕头转向的地步，他写道："贞洁的作家立即承认由于这种笔调引发的阳刚之气。他在写作时希望得到……在这种孤独和禁欲主义环境中，人们猜测炉火该燃得多么旺盛……他全神贯注在作品中……这种纯真的人的热烈拥抱丰富了作品，并产生了形象鲜明和富有特色的人物。"由于左拉承认对臆想中的娼妓的爱恋，亚历山德里娜可能有些不痛快，但她对丈夫的工作很尊重，不会因此而指责他。《伏尔泰报》已发动广告攻势。广告张贴在巴黎的墙上和身体前后挂广告牌的木牌上。在烟草专卖店的用来点香烟的橡皮管顶端的标签上写着："请读娜娜！娜娜！！娜娜！！！"左拉以前出版的小说都没有这样大张旗鼓的宣传。读者都争着购买登载连载的报纸，这么一来，事情就闹大了。围绕《娜娜》一书的议论比当年出版《小酒店》时毫不逊色。指责、谩骂、嘲笑都冲着左拉劈头盖脸而来。勒沙里瓦里指责作者"混淆了母狗和人类"；蓬马丹在《法兰西报》称左拉的文学纲领是"臭水坑""污水管"，在读这本书以前，要穿上淘粪工的靴子并准备一瓶硫酸。

在该书准备出版时，事情闹得更厉害了。保罗·德·圣-维克多写道："在如此错综复杂的世界上，左拉给我们的是低级的砂模?"乔治·奥内说："娜娜这种臭婊子蠢极了，她的情人们会很快把她踢开。"奥雷利安·舍尔在《事件报》上宣称:"对外省人来说,《娜娜》是写巴黎的小说,而对巴黎人来说,这是一本写外省的小说。"左拉在《当代小说家》一文中损过的路易·于尔巴克,这回在《吉尔·布拉斯报》上报复说:"在他那些脏不可言的书里……萨德侯爵相信人们保证干的是积德的事。这种怪癖使他被囚禁于沙朗东。今天,左拉的怪癖并没有那么厉害,只是让廉耻心起来报仇。但是,《娜娜》一书也像《朱斯蒂娜》一样,属于生理上的问题……由于头脑里想入非非而又不能有所作为,这种极度的兴奋,并为肉欲的怪念弄得神魂颠倒。"铺天盖地的侮辱使左拉震惊万分,1880 年 2 月 21 日,左拉在给埃米尔·贝热拉的信中抱怨道:"今天,我像那些胆大敢干的朋友那样,算计着那些评论家是否相信我是一个品德端正的人。"

幸好,他的拥护者小集团欣喜若狂。福楼拜过去并不喜欢《小酒店》,这一回,却把他捧上了天:"昨天一整天,直至深夜 11 点半,我在读《娜娜》,我因读此书夜不成寐,惊愕万状。如果要对书中新奇事和有力的笔调进行评论,那每页都有! 人物性格描写很真实完美。句子描写很丰富。最后,娜娜之死简直是妙笔生花! 这是一本了不起的书,棒极了!"而于斯曼说:

我读《娜娜》时简直吃惊万分,读到后来更是趣味无穷,香气扑鼻。这是本好书,一本风格新颖的书,是您的系列书中和直到现在所写的书中绝对新颖的书。我不信您过去有这么好的产品，毫无矫揉造作，场面宏大……齐齐和娜娜在乡下那一段妙极了！内容十分精彩，那些华而不实的人写得多么惟妙惟肖！……客人饭桌、购物，令人惊叹的场景，戴了绿帽子的米法那精彩的故事，神圣的撒旦深深打动了我，我承认，就像好心的舒瓦尔，这一切，天啊！实在是了不起！①

当然，左拉朋友们热情的意见也盖不住反对他的敌手们的瞎叫乱嚷。但是，报纸上的批评愈是尖刻，对作者和主人公的仇恨的讽刺挖苦愈多，涌向书店的顾客就愈多。新闻界以为抬高左拉就能搞垮左拉。资产阶级读者想，不用挪动椅子坐着看这种小说就能学坏，人们要问心无愧。当丈夫的，当妻子的，还有那些大姑娘在娜娜的石榴裙下都掩鼻而过。娜娜只是个臆想的人物，成了一件装饰品，就像把女人装在一个魔鬼柜里供人参观。福楼拜惊叹道："娜娜已从虚构的偶像不断地成为真正的偶像！"从该书出版的第一天起，夏庞蒂埃已销售了4 5000册，他指示再印10版。

书店售书的成功带来了比斯纳施改编《小酒店》戏剧的成功，戏在安比古剧场上演。这出戏是9幕剧。用左拉的话来说，比之于他的小说，这出戏是"愚笨的音乐戏剧"，但成果辉煌。他在给福楼拜的信中说："谁都不相信戏会取得成功，甚至连我自己也不信。所以，您想想，却引起轰动……现在，是不是会大发其财？"②左拉发了

---

① 摘自福楼拜和于斯曼的信，两封信均发于1880年2月15日。
② 1879年1月22日的信。

财,他颇为得意,然而这却刺痛了龚古尔,他在《日记》中写道:"这出戏像是后面有人牵线的木偶戏,其曲调、感情表现像是庙堂街的货色。"他还写道:"左拉是得意扬扬了,声誉大振,挣了几车子钱,但是这种声誉和钞票既不能使他快活,也不能讨人喜欢。"①

4月14日,《小酒馆》第100场演出对巴黎观众是免费的。这是极好的宣传! 自早晨7点开始,售票亭门口就排起了长队,中午时,马路和人行道上都挤满了人。《伏尔泰报》评论员写道:"那些不想花钱的观众冒充没有钱的人。演出自始至终掌声雷动。女观众热泪盈眶,我都数不清。"15天后,为了庆祝演出成功,位于爱丽舍-蒙马尔特的安比古剧场经理举行了宴会和舞会。所有来宾接到命令要化装成工人和洗衣女工。服务员戴着工人鸭舌帽。可是,令人吃惊的是,左拉和他的朋友到达舞会时却穿着夜礼服,打着领结,戴着白手套。他们被当成"不守信用"而受到嘲笑。左拉的印象是拥护他的人把他甩了。但是不多一会儿,穿礼服的和穿短衫的友好地打成一片。他们又跳舞又吃喝,一直闹到凌晨3点。《费加罗报》评论员估计有1800人出席。

总之,根据《小酒店》改编的音乐剧又推动了小说的销售。左拉被两个女人牵着:热尔韦斯和娜娜肩并肩地跟着他跑。

---

① 1879年2月18日和25日的《日记》。

第十四章　梅当集团

梅当是左拉紧张工作的地方,也是朋友们坦率地交谈聚会的场所。由于被当地优美的风景以及主人的人品所吸引,画家们和作家们来到这里。他们和睦相处,敞开胸怀自由交谈,并尊重主人的工作时间。为了使他的寓所名字更响亮些,左拉决定将默当改成梅当。他自豪地对保罗·亚历克西说:"加了个重音符号后,它将名垂青史。"

一天早晨,塞尚带着画架和画盒来到梅当。左拉已经很久没有见到他了。他们都老了,昔日青春年少,如今皱纹满面,身体发胖。但如今境况不同,今非昔比。左拉如今年已不惑,誉满全国,家财万贯。相比之下,这位画家默默无闻,穷酸潦倒,脾气固执。他甚至不敢向他父亲承认已偷偷结婚并有了一个孩子。塞尚发现梅当绿茵遍地,风景如画,深深为之吸引,但对住宅奢华炫眼感到不舒服。他过去认识的左拉是一个住在连家具一起出租的破房子和低级旅馆的穷小子,如今声名大振,生活舒适,对这一情况,实在难以接受。他虽有才华,却囊中羞涩,饥肠辘辘。此外,他不会不批评朋友的作品。他坦率如故,指责左拉作品中人物心理描写粗陋,描写文字太长,而且总是把它与"自然主义"体系联系起来。而左拉弄不懂为什么塞尚的画里画这么多建筑物,而不是将透过的光线巧妙地表现出来。双方各执己见,只好分道扬镳,只是遥远的童年才使他们多少留下一点情分。

塞尚受到款待,生活得很自在舒服,他在塞纳河上划着赶鸭船"娜娜"号,将画架安放在岛上,兴致勃勃地画着对岸风景和隐藏在树林后的房子。左拉对他这块宝地的这种粗俗风景并不怎么欣赏。塞尚还画亚历山德里娜在树荫下饮茶的画面。但是,正当他在画肖像画时,安托万·吉耶梅突然出现在他背后,并对他正在作的画提出看法。这个正统派的风雅画家竟对他说三道四,他怒不可遏,折断了画笔,揉碎了画布扔到塞纳河里,别人怎么喊他也不理会。

左拉十分惊愕。确实,塞尚是受不了。只有艺术上有很高成就的人才会产生这种差别。他自己虽名声在外,但还是比较谨慎和有礼貌。事实上,所有那些画家朋友令他失望。1878年万国博览会上,他曾向科学的进步和法国的民主和平主义致意,认为这个博览会开得很好,但撰文表示,法国绘画缺乏魅力。据他的看法,法国绘画最好的代表人物是博纳,但他对印象派画家却未发一言。1880年,克洛德·莫奈和奥古斯特·勒努瓦都已被官方沙龙所接纳。应这两位朋友的请求,左拉写了4篇关于《沙龙中的自然主义》的专栏文章。但是，他的笔调比较柔和。他在对《信奉自然主义的殉道者》的英雄主义表示敬意后，又写道："最不幸的是，这个集团中没有一个艺术家有力地并明确地实行这种新格式，艺术家们只不过是零零散散地在作品中表现了它，它被永无止境地分割。但是，在任何地方或者他们中间没有人发现有哪个大师来运用它。这些人只不过是先遣部队。天才的人物还没有产生。"这话的意思是："在绘画上，还没有像文学上有个带头人。我是强制性地推行自然主义，而他们还陷在印象主义中停步不前。"这个集团的画家们对上面来的教训只接受了一半，并且似乎有点屈尊俯就。但左拉认为，他的主张是正确的。他自认为自己是"自然主义"思想体系的发言人，这个思想体系是包罗万象的。由这种思想所驱使，左拉发表了题为《实验小说论》的论文，以预言家身份提出了新的哲学：

"自然主义"是现代智慧的进化，它将在本世纪占有主导地位，并取代 1830 年风行一时的浪漫主义……文学面对共和国的时刻已经到来，会看到文学所期待的共和国的一切，考察我们这些心理分析学家、解剖学家、人类资料收集学家以及学者是否承认事实，我们在当前的共和分子中，也会找到朋友和敌人。共和国能否生存，那就要看她是否接受我们的方法——共和国将是自然主义者的共和国，否则共和国也将无法存在。

这一下讽刺挖苦的人高兴了。左拉成为荒诞无稽的人物。左拉头脑膨胀得快要破裂。那些抨击他的人想把他打倒。然而,画家的讽刺画和记者的冷嘲热讽使左拉的名字更深入人心了。而他的那些梅当集团的朋友认为,这样一来,他们的头头把"自然主义"的旗帜举得更高了。有一天晚上讨论时,他们计划办一个杂志以进行"良好的战斗"。但是要从事吸引人的保卫美学理论的事业,资金从哪里来? 于是,埃尼克建议把大家写的中篇小说汇编成集,都写上"研究真理"的字样。这个想法使左拉喜笑颜开。他抽屉里有一篇以前在俄国《欧洲信使报》上发表的《磨坊三役》,塞亚尔也有一篇在俄国发表的《放血》,于斯曼有一篇在布鲁塞尔发表的《背袋》,埃尼克刚写完《七号事件》,亚历克西完成了《战役之后》,莫泊桑打算尽快编写《羊脂球》。这些小说都是描写1870年的普法战争的,都是表现这场屠杀的荒诞、人民的英雄主义和将军们的无能。于斯曼建议取名《滑稽的侵略》。可是在作家中,最激进的人也觉得此题目太富于挑衅性。于是,塞亚尔建议取名《梅当之夜》,这个间接献给"自然主义祖师爷"的礼品被热烈地通过。1880年1月,这个小团体开了几次会,每人读自己的作品给别人听,听取批评意见或表扬意见。最受称赞的是莫泊桑的《羊脂球》,左拉称赞这篇小说文笔生动,很富有幽默感。小说集要有篇序言。当然,这由左拉来动笔。但是,大家都出了点子。序言有点攻击性味道:

我们等着各种各样的攻击,那些无知的、不怀好意的批评我们见得多了。我们关心的只是公开表明我们的友谊和我们的文学倾向!

这些作家很想狠狠地刺痛新闻记者,并想让这些记者立即做出强烈反应。这并不是阴谋手腕。阿尔贝·沃尔夫在《费加罗报》上撰文:"这伙自以为了不起的年轻人肆无忌惮地写了一篇序言。这是明摆着的诡计。他们脑子里想的是设法激怒我们,这样书就卖得快了。《梅当之夜》不值一提,除了开头左拉那一篇以外,都是极为平庸之作。"莱昂·沙普龙在《事件报》中猛烈抨击这伙冒失鬼:"这些'自然主义'先生为虚荣心所驱使,头脑发热。他们刚出版了一本《梅当之夜》,有二十几行文字作序言。这篇序言极为粗俗无礼。"尽管受到这种冷遇,由于封面上有左拉的名字,读者还是购买这本书。不到半个月时间,集子印了 8 次。然而,这事最大的胜利者,既不是左拉也不是自然主义,而是年轻的居易·德·莫泊桑。昨天谁也不知道他的名字,今天却跻身大作家之列。福楼拜写信给这位受他保护的后辈:

　　　　我急于告诉您,《羊脂球》确是一篇杰作。是的,年轻人!说它出自大师之手,一点也不过分……这篇小说会留传于世,您相信好了……妙极了! 真见鬼![1]

----

[1] 1880 年 2 月 1 日的信。

福楼拜与左拉在学派上是敌对的,对于左拉在艺术、政治,甚至日常生活中都需要自然主义这种浮夸的声明,他既不抱幻想,也颇有讥讽之意。然而,左拉对被革新派当作他们运动的不自觉的先驱者感到喜悦。在这个年龄就被青年人所承认和支持,这是一种令人羡慕的奖赏。

　　1880年复活节那天,福楼拜在他的克鲁瓦塞宅邸接待前来友好拜访的左拉、龚古尔、都德、于斯曼、夏庞蒂埃。莫泊桑已经在那里了,他乘车到鲁昂火车站接他们。在这座充满阳光、有静寂的林荫道、开满苹果花的住宅前,来宾们十分赞叹。住宅面对着船只来来往往的静静的塞纳河。晚餐十分丰盛。龚古尔注意到浇着奶油调味汁的、大小适当的大菱鲆并称赞酒的质量很好。这些先生喝得太多了,争先恐后地讲些下流话。龚古尔说这些笑话"使福楼拜像小孩似的扑哧大笑"。福楼拜因吃得开心,气氛欢快,用大嗓门海阔天空地聊起同时代人干的蠢事,他想写本书为他们树碑立传。他正在写《布瓦尔和佩居谢》。但他不愿意念给大家听。他太疲劳了,没力气念了。来宾们散席后,各自睡到"很冷的挂满家族半身像的房子里"。

　　左拉回到梅当以后,觉得有点浑身不得劲。这是不是一种预感或者是某种疾病的最初征兆? 不到一个月以后,龚古尔和比斯纳斯在左拉家餐桌用餐,观察到左拉气色不对,就像六神无主。龚古尔指出:"左拉很伤心,很伤心,这种悲伤给他一种梦游者的感觉。"在谈话中,左拉叹气道:"唉! 如果我身体很棒,这个冬天到哪里都行……我需要离开这里。"龚古尔心想:"现在左拉正春风得意,为什么会这么伤心?"①

在两个星期内,左拉还是无缘无故地难受,突然间发生休克。1880年5月9日,电报员给梅当送来了电报。左拉心里感到一怔。可能是个坏消息。他打开蓝色信纸,额角直冒汗。莫泊桑告诉他福楼拜死了,是昨夜在克鲁瓦塞突然去世的。左拉十分悲伤,惊呆了。他好像失去了亲人。他在给莫泊桑的信中写道:"您的电报像晴天霹雳,昨夜我彻夜未眠。"②他脑子里一直萦绕着福楼拜的身影,以至于从床上跳下来,尽是丧葬的幻影。死神站在他的床边,穿着灰色大袍,指手画脚,大声说话。左拉得知他的朋友是死于中风时写道:"这样死去很好,值得羡慕的死法,也是我以及我所爱的朋友所希望的,就像大拇指按死一个虫子那样。"

1880年5月11日,左拉到鲁昂参加葬礼。柩车后面,跟着少数几个朋友——都德、龚古尔、莫泊桑、约瑟·玛丽亚·埃雷迪亚,省长的一个代表,鲁昂市长,两三个拿不出稿子来的蹩脚记者,还有几个大学生。太阳烤得人们汗流浃背。送葬的人群满脸通红,缓慢地行进在尘埃飞扬的道路上。小教堂里,4个农民把自己吊在绳子上敲丧钟。左拉站在唱诗班旁,面对着那些"大声叫嚷他们不懂的拉丁文"的唱诗班成员。出席葬礼的人群的面孔冷漠无情。有些人在长途跋涉后歇着。没有人知晓一个非常伟大的思想家刚刚离开这

---

① 1880年4月22日《日记》。
② 1880年5月9日的信。

个世界。

在鲁昂的纪念墓地上,情况更糟糕。掘墓人没有考虑到棺材的大小,墓穴挖得太小以至于放不下灵柩,他们拉着绳子也没法操纵。他们应该挖宽墓穴。他们要在仪式后再加宽。左拉气得喘不过气来,大叫道:"够了! 够了!"教士对头朝下歪着的棺木洒上圣水。送葬的人群非常窘迫,纷纷离去。左拉写道:"我们走了,让'老头子'斜歪着入土了。"

这个"自然主义"的埋葬景象使左拉内心不得安宁。他突然发现光荣虚幻、人生如梦。他的神经紊乱症加剧。塞亚尔和埃尼克给他念叔本华的著作,面对这个麻木不仁的世界,他认为这位德国哲学家的悲观主义是唯一可采用的态度。正当他的身体刚复原,新的忧虑又向他袭来。现在,他母亲的身体使他担忧。她的身体越来越衰弱。她有关节病,有时感到嗓子里仿佛有个球塞着,好像要窒息而死。过去,她经常认真地誊清儿子的手稿。现在,她提笔都困难,为此她感到很难过。为了一些微不足道的小事,经常和亚历山德里娜吵得不可开交。因为家庭气氛不和谐,她到默兹省沃-德万-当卢的弟弟处小住。她在那里病倒了:心脏病发作,全身浮肿,心力衰竭。她唯一的想法是尽快地回到儿子那里去。旅途坐火车要经过巴黎,这对她来说像是受刑一样痛苦。由于两腿浮肿,她无法走路。到维莱纳时,别人把她从车厢送到汽车里。由于呼吸困难,她脸色发青。左拉看见母亲快死了,处于谵妄状态,就像小孩子一样惶惶不可终日。他不想看见母亲临终的情景,不想进母亲的卧室,他心烦意乱,在田野里转悠,或关在自己的办公室里直哆嗦,既看不了书也无法写作。相反,亚历山德里娜却精神焕发,操劳如故。从早到晚,她照料恨她的婆母,可每次给婆母端药,总被指责要毒死她。

1880 年 10 月 17 日,左拉的母亲突然死了。因为楼梯太窄,棺木只好从窗户放下。左拉感到既可恨又失望。第一个宗教仪式在村里的小教堂举行。塞亚尔叙述道:"左拉夫人(指亚历山德里娜)由侍女和佣人搀扶着,面部皮肤皱紧,像是因痛苦而挛缩。左拉在整个没完没了的宗教仪式上,一直趴在跪凳上听 6 个唱经班成员用假嗓音大叫大嚷,他神情沮丧,几乎精疲力竭。梅当的教士因为另有事,到韦尔努耶支援别的教堂去了。"

左拉和夫人将遗体一直送到艾克斯。死者将埋在其丈夫身边。车站的月台上有一些人在迎接他们,等待他们下火车。该城在不久前为纪念他的父亲——这位运河建造者,以他的名字命名一条大街,现在是将他的儿子作为"文学英雄"来接待。左拉感到受宠也感到恼火,因为时间选择得不合适,这时候他正处于悲痛之中。他刚在旅馆安顿好,就给塞亚尔写信,信中说:

> 我还要再一次承受宗教仪式的巨大痛苦,有人说我不能不这样做。使我感到安慰的是墓穴已处于良好的状态,明天即将就绪。但是我的妻子已经精疲力竭,我们也许能赶得回去。①

---

① 1880 年 10 月 20 日的信。

当左拉回到梅当，一踏进门槛就想起了他母亲。他在空荡荡的房间里走来走去，心中十分内疚。对母亲是否过于无礼？在她发怒的时刻是否还欠尊重？现在她逝去了，她的去世难道就能减轻儿子和儿媳妇的负疚感吗？他回想起母亲和亚历山德里娜发生争执时，他总是批评他的妻子。他暗地里指责她不知道爱死去的婆婆，也不知道取得她的爱。他惶惶不可终日，甚至想回巴黎以逃避这种萦绕脑海的思念。他还写信给埃尼克："我们首先想躲开这个可怜的家，现在我们回来了，看到它又感到烦乱不安。我们还要在这里待一段时间。"①他在给夏庞蒂埃夫人的信中写道：

> 我首先想到的是躲开梅当，这好像是胆怯，因为这是躲开痛苦。我们还将留在这里一个月，这样这所房子对我们来说不是可恶的……我的妻子前一段身体不好。我们现在变得愚不可及。说起来还有点可憎，我们要让时间来治愈我们的痛苦，我打算用工作把自己的痛苦忘掉。②

一般来说，工作这种麻醉剂能安慰别的事，却不能给左拉带来他所希望的安宁。他不能在写作时找到平静，而是需要有平静的环境来写作。福楼拜和他母亲的逝世已使他伤透了心。他对来看望

---

① 1880 年 10 月 26 日的信。
② 1880 年 10 月 30 日的信。

他的意大利评论家德·亚米西说:"今年对我来说是艰难的一年,是一个凶年,使我心情十分沉重。我再不能像过去那样写作了,我不再是像过去那样玩命干活的人……要写作,就要有好的环境和气氛,还应该相信生活。"

几天以后,当他经过巴黎时,看望了龚古尔。龚古尔发现他"神色惊慌和凄惨"。他写道:"真的,这个40岁的人令人怜悯。他显得比我还老。"左拉倒在沙发上,诉说着他的悲伤、忧虑和病痛:肾病、心动过速……接着,龚古尔又写道:

> 他说起他母亲的死,以及此事给他内心造成的创伤,他谈到此事时很动感情,但对自己却毫无惧色,而当他谈到文学时,谈到他想干的事,他不怕没时间干。生活如真正很好地得到安排,则谁也不会不感到幸福。这个人在社会上名气很大,他的书销售到10万册,可能在所有作家中,是在世时名声最大的一个。而现在这种病体,这样多愁善感,这样伤心难过,比那些最倒霉的穷鬼还难受。①

现在,左拉试图在事业中麻醉自己。他打算与梅当集团的朋友重新创办《战斗报》②,为未来的小说《家常菜》收集资料,继续在报纸杂志上发表文章,与布斯纳斯将《娜娜》改编成戏剧。他指望热

① 1880年12月14日的信。
② 这本题名为《人间喜剧》的出版物,后来并未问世。

闹的引起哄动的演出使他摆脱苦闷和麻木不仁的精神状态。

此剧于 1881 年 1 月 29 日第一次上演。前七场观众反应平淡。幕间休息时,龚古尔小心翼翼地来到作者的包厢,发现亚历山德里娜在掉眼泪。他有点局促不安,悄悄地说,总之,在他看来,观众并不太坏。亚历山德里娜抬起了头,很不以为然,反驳说:"您觉得观众好吗? 您倒好,您并不挑剔!"龚古尔踮着脚溜走了,而戏沸沸扬扬地继续演下去。在戏快结束时,观众热情沸腾,不停地鼓起掌来。最后一场是娜娜弥留的一场,观众甚至爆发了热烈的喝彩声。演出成功了。亚历山德里娜在别人的恭维声中笑了。"自然主义"派的朋友们聚集在布雷邦饭店共用晚餐。当安比古剧场经理夏布里拉进入餐厅时,左拉问他:"您的票房收入保住了吗?"经理安慰他以后,左拉又开心地吃饭了。但是,舞台上闪烁其词的骗人把戏,大把大把钱财收入的允诺对左拉来说只不过是很次要的安慰。他满怀忧虑地自忖,什么时候又可以昂首阔步地干他小说家的事业。在他看来,这才是他所期望的目标。

第十五章　挑战的乐趣

　　有左拉这样的名流,梅当市感到骄傲。1881 年 1 月 16 日,左拉被选为市政参议员。这个新职务不需占用多少时间,但使他很高兴。他想,对小说家来说,什么样的经验都需要。但是,他还是个小说家吗? 现在,新闻工作几乎都占用了他的时间。《伏尔泰报》每星期一的他的专栏文章写得越来越尖锐。当然,文章有托词,但是,作者把文学与政治混同了。1877 年,自从有民主要求的头头们掌权以来,事情变得越来越使人失望。他千呼万唤出来的共和国使他气愤,因为共和国的代表中没有一个懂得自然主义运动的重要性。这些自称是人民选出来的代表不承认他创立的科学真理学说是人民中的佼佼者。有人肯定,左拉的这种主义像过去使帝国领导人害怕的那样,共和国的领导人也害怕它。于是,左拉在《伏尔泰报》上长篇累牍地写文章抨击所谓的无产阶级事业的效力者。伏尔泰报社社长朱尔·拉斐特认为,左拉超越理智的限度,甚至连普通的礼貌也不顾,决定不与这位攻击共和国报纸的共和国新闻记者合作。左拉马上转向费加罗报社社长弗朗西斯·马尼亚尔,他给左拉高两倍的工资——每年 18000 法郎。当然,《费加罗报》是麦克马洪支持的保守派报纸,但左拉得到保证,他的专栏文章可以自由撰稿。从第一篇文章开始,左拉就向统治法国的那些虚伪的大人物的平庸和伪善开火,即使甘必大大发雷霆也不怕。他也攻击在文学界窃取高位的人,并想方设法让文过饰非的雨果出洋相。他组织梅当集团的文友们写文章大吹大擂。有一篇文章把于斯曼和塞亚尔捧上了天。从广告角度马尼亚尔觉得此文欠妥。当这位费加罗报社社长收到第二篇吹捧莫泊桑和亚历克西的文章时,他做出强烈反应。他在给左拉的信中说:

> 让我告诉您,你已经写了一篇关于塞亚尔和于斯曼的文章,这回在《费加罗报》头版,又写了一篇关于莫泊桑和亚历克西的文章,就文章严肃性来说也太过分了……我们的读者会想办法挖苦讽刺你们的。[1]

左拉怒不可遏,重新撰文投到俄国斯塔西尤利维奇的《欧洲信使报》,并写信给塞亚尔:"我在《费加罗报》发表了几篇文章,结果我大倒胃口,我想,如果我就此罢休,那我两年多的心血将白费,要

----

[1] 1881 年 4 月 29 日的信。

继续做下去,我就得坚持几个月。"①为了使剧场和文学上的文章不散失,他汇编成 5 个集子在夏庞蒂埃那里出版,即《戏剧上的自然主义》《戏剧作家》《自然主义小说家》《一个战役》以及《文学资料》,题名为《自然主义小说家》。这部作品受到欢迎,销售数量直线上升。夏尔·蒙瑟莱在《事件报》上撰文,指责左拉"将文学拖入污秽不堪的人行道上","达到过去谁也不敢干的名利双收的目的"。保罗·亚历克西对这种诽谤感到愤慨,在共和派报纸《亨利第四报》上针锋相对地辩驳。左拉知道他的朋友的暴躁脾气,同意他的计划,但在一张名片上叮嘱他要"彬彬有礼,毫不留情,这就会很有力量的"②。然而,保罗·亚历克西火气太大,难以听进左拉的意见。在他的文章中,激烈地抨击奥雷利安·舍尔和阿尔贝·沃尔夫,以至舍尔竟要求以决斗恢复名誉。这次名誉攸关的争吵是否要以流血来结束呢?文学界人士颇为恐慌。保罗·亚历克西经过考虑后,拒绝去决斗,他说:"决斗不是自然主义者所要求的。"但是,亚历克西干事太笨,拿出左拉同意这么干的名片。这样一来,沃尔夫在《费加罗报》上指责左拉使坏,搞"金蝉脱壳",他自己就是该报编辑。左拉受了侮辱后要应战。弗朗西斯·马尼亚尔阻止他这么干,以免他的报纸的两位合作者为一点小事大动干戈。后来,他又让步了,文章还是见报了。然而,左拉已做好选择。1881 年 9 月 22 日,他在

---

① 1881 年 5 月 6 日的信。
② 1881 年 6 月 18 日的信。

《费加罗报》上发表了题为《永别了》的致读者文章,文章中宣布了他永远不干新闻记者这一行了:"我经常感到它(新闻报刊)是该死的行业,它经常伤人……新闻记者这一行是下九流的行业;它可以捡起污泥烂草、扔石子,可以干卑鄙龌龊勾当……"他还写信给政论家朱尔·特鲁巴:"我已决定脱离新闻界,并且希望再也不回来。最近一段时间,我感觉到我与坏人同流合污。总之,我已经干够了,让别人来干吧。我将去搞创作了。"①

在这期间,保罗·亚历克西与另一位名叫阿尔贝·德尔皮的记者吵了一架,这个记者在《巴黎报》上放肆地诋毁亚历克西和左拉:"真正的罪人不是这个倒霉的侏儒(亚历克西),跟他发火不如说更可怜他。总之,真正的老板、他的头头是埃米尔·左拉先生,这是淫秽画片商的竞争对手,靠妓女养活的杠杆儿,毁谤人的主谋……他不过是喜欢侮辱人的胆小鬼,但他不爱出头露面。"这一回,亚历克西服从"马路规则",向这个厚颜无耻的人挑起决斗。决斗在"法国边境"的某地进行。亚历克西胳膊受伤,面子算是保住了。左拉在给爱德毕·罗德的信中说:"亚历克西这冒失鬼干了件大蠢事,还好事情算结束了。但是我为此事感到恶心,我发誓永远离开新闻界。"②

可是,正是新闻记者这一职业突然一下子救了他。前不久,在那些具有普遍意义的文章中,他给《费加罗报》写过一篇题为《资产阶级的通奸》的研究论著。他对 3 种女人的行为进行了剖析:第一

① 1881 年 11 月 5 日的信。
② 1881 年 7 月 21 日的信。

种是"神经分裂"精神病患者;第二种是因受其父母影响想和有钱人结婚,却嫁给了一个条件一般的丈夫,另外再找一个有本事的情人以满足其荣华富贵;第三种女人特别傻,甚至连贞操问题也不懂。他开始动笔写这部小说时,脑子突然产生灵感,将该书取名为《家常菜》。他立即开始收集资料,于是,他打算在写小说前列个提纲:"关于资产阶级,狠狠控诉这个社会。这3种女人,并非出于性欲原因,而是因教育、生理毛病和愚昧引起的。这是一种新型普通家庭,与古特多街的家庭形成对比。在表现了老百姓之后,彻底暴露资产阶级,暴露得更可怕。这个阶级自称是有秩序和公正的。"

为了加强表现能力,左拉将他的人物安排在有漂亮的闪亮的桃心木大门的一座豪华住宅里。但是在漂亮的大门后却是藏污纳垢的场所!这里尽是明争暗斗、偷鸡摸狗、通奸淫乱以及遗产争夺等。对资产阶级人物的憎恶,而且绝不止一个,这使得左拉笔下生辉、文思泉涌。他每天写4大张稿纸,他已经有一段时间没写小说了,这回是弥补损失。他在脑海中构思的人物的鞭策下,弓腰弯背,奋力写作!这样的校正修改也并没有拔高资产阶级富人世界。奇怪的是,在左拉作品中,疯狂报复与祥和家庭生活是那么的一致。左拉在给亨利·塞亚尔的信中说:"我的生活简单多了,我现在好像很清静,要写作这样审慎和明确的作品,我只要求头脑清晰健康。总之,我挺满意。"①左拉丢开那些烦人的事,精神焕发,心情舒畅。他吃

---

① 1881 年 10 月 1 日的信。

得很多，身体也发福了，裤腰都放大了。身体发福，神经却脆弱，他准备好战斗，一旦《家常菜》出版，肯定会有一场恶战。

为了给战斗铺平道路，莫泊桑接二连三发表了论左拉的长文，还有一篇谈通奸问题的论文。第一篇经过删改的连载于 1882 年 1 月 23 日在《高卢人报》刊登。过了一天，就出事了。小说中有一个人物迪韦迪是上诉法院的法官。而在巴黎确有一个迪韦迪，他是上诉法院的律师和《法庭报》总编辑。这位真实的迪韦迪勒令作者将假的迪韦迪除名，他认为他的名字在一本不为人称道的作品里受到了诽谤。左拉拒绝了这种要求，他并没有什么不良企图，这些名字"是从各省老工商年鉴里"找到的。迪韦迪对这种解释不满，将左拉诉至塞纳省民事法庭。原告辩护律师鲁斯律师为前律师公会会长和科学院院士，他同时批评了小说中的处理方式和自然主义："我恳求人们理解我，并要求严肃地、认真地凭良心行事，当他们看到自己的名字，他们妻子、女儿、姐妹的名字被在这种场合、这种情景下推入污泥浊水中，他们会有什么想法。"更可笑的是，他肯定有的人还会同意将他们的名字借给"朱尔·桑多先生、奥克塔夫·弗耶……甚至亚历山大·杜马先生来用！但是没有人会同意将自己的名字借给左拉来用……把人推入这种肮脏、龌龊、荒淫无耻的境地，在这种天地里，理想的境界被比现实更为卑鄙和失望的现实主义所取代。"总之，在鲁斯律师看来，左拉将所接触到的一切都弄脏了。这位律师提高嗓门，手忙脚乱，护卫这个社会，反对新艺术的坏疽。《高卢人报》和左拉的律师达夫里耶·德埃萨尔竭力想撤回诉讼未果,这个诉讼并不仅是对自然主义文学的,而是对整个文学的诉讼,因为对小说家来说,编造一个名字时,不可能不冒一点风险,这个名字会有同名,并会被推论损害他的名誉。左拉虽然提出了非常符合情理的意见,但还是准备遭人指责。2月11日,在开庭审理之前,他还在《高卢人报》写了一篇充满愤慨之情的文章:

> 我在15年间,满怀激情从事文学战斗,但都被人不怀好意地利用。有人诽谤诬蔑,在那些低级的报刊上跟我算账,重复那些愚蠢的勾当。更有甚者,他们设法纠集资产阶级,将掌权的资产阶级掺和在内:你们让说关于老百姓和妓女的真相,根据你们的意思来说这种真相? 这完全是卑鄙的勾当,人们利用法庭上的事挑起法官们的仇恨。

在这个案件中,作家的自由受到威胁,甚至左拉那些平时的敌手也认为左拉有理而反对这个怪诞的迪韦迪。正如他的猜想一样,判决把这个有争执的名字从书中删掉。但对《家常菜》来说,这是什么样的广告! 左拉在给尼马·科斯特的信中说:"当然,在与这个迪韦迪的诉讼中,我是败诉了,我事先就知道这个结果,因为我有一个与法院有联系的人。我以一个胜利者败诉,我为一件困难的工作开了路。"① 在给《高卢人报》社长埃利·西荣的信中,他带着辛辣的

---

① 1882年2月20日的信。

讽刺口吻说：

那个可尊敬的迪韦迪先生将从我的小说中消失。我以三星先生的名字取而代之。我取这个名字是因为这个名字不常用。然而，我不知道过去哪个古老的家族是否有荣幸用这个名字，我恳求这个古老的家族尽早向我声明……许多朋友劝我去申诉。然而，我并没有申诉……我只是孤零零一个人。只要这位可尊敬的鲁斯律师在法庭上检举我这个社会应该清除的作家就够了……我认为我可能是一个在文学上长期扮演唐吉诃德角色的天真汉。我只要求解决权利问题，而人们对我的回答是要扼杀我。

他希望忘掉这次不愉快的诉讼。但由于迪韦迪事件在新闻界搞得沸沸扬扬，一个荣誉团勋章获得者路易·瓦布尔要求左拉把他的名字从《家常菜》里删去。而后，还有一个若斯朗、一个穆雷也提出同样要求。左拉见这种要求搞得满城风雨，因此很生气，并在《高卢人报》发表了一封公开信："为了预防小说中同名现象，取消这些名字只好通过司法手续。他们可以通过印花公文文件来给我。有多少请求，就会有多少诉讼。在这件事上，我只有建立在纯法律学基础上才让步。"①他等待新的争吵。然而这些原告没有这么干。

_____

① 1882 年 2 月 21 日的信。

《家常菜》这部书要在答应法庭要求更正的前提下，即将迪韦迪改成迪韦里耶才能出版。

取家庭肉汤的书名，本身只不过是提纲挈领的名字。左拉拉着读者的手，把他引入散发奇香怪味的漂亮的屋子里。令人肃然起敬的舒瓦瑟尔街的房子，看到的只是些面目狰狞的怪物。这是《小酒店》里相对应的资产阶级。从这个地区搬到另一个地区，人物的思想感情还是一样的。贪婪、罪恶、虚伪、污秽等，在这里是饰以饰物、掺杂芳香的。因而，展现这些污秽淫乱时，表现出系统的事物，它就减轻了起诉书的意义。看来这种事是有些奇怪，左拉是为了描写这个社会才经常光临这里，而描写乡镇人物，他只见到这个社会的基层老百姓，但他这样做并不是很惬意的。

总之，这部长篇连载小说一经发表，专栏作家们就感到特别气愤。《吉尔·布拉斯报》首先开火："这一回，你们该满意了吧！过去描写老百姓和妓女生活的左拉，这次成功地描写资产阶级先生和太太，你们还相信他的所谓精确无误吗？你们真是一群傻瓜，有时凶恶可怕，卑鄙无耻，甚至卑鄙得让人哭笑不得，不是吗？就是你们居住的住宅、《家常菜》中的那座住宅，跟比塞特尔区一样，那里住着的都是些歇斯底里的或者精神有点不正常的女人，她们有的是白痴，有的是痴呆症患者，有的是傻瓜，智力不全者。"阿尔贝·沃尔夫在谈到这部作品时说，"十分虚伪，明显是研究诲淫和脏话的东西"。甚至左拉的一些朋友，除了忠心耿耿的亚历克西以外，也觉得讲暴力方面，有些出格。

左拉这时正在写《卢贡-马卡尔家族》系列书中另一部小说《妇女乐园》。这本书叙述的是小零售商和一家百货商店之间进行的激烈商业之争,这家商店非常现代化,富丽堂皇,有许多分店,顾客盈门,吞并附近商家以及传统店铺。为了描写巴黎大宗交易场的作用及那伙投机商,作者到廉价商场和卢浮商场的经理部了解情况,询问人员情况,查阅商品目录,请诉讼代理人讲兼并程序。在向左拉友好地传授了廉价商场成功的奥秘后,该商场老板布西科夫人的秘书告诉其老板关于这位作家"令人惊叹"的参观的情况,他说:"我希望,如果要描绘商店的话,不要用《娜娜》或《小酒店》中用的笔调。"而左拉在他的草稿中写道:"我要在《妇女乐园》一书中,歌颂现代商业活动。因此,要完全改变哲理。首先,不更多地谈悲观主义,不谈生活中的愚蠢和令人伤感的事,相反,要谈那种持续的艰辛劳动,产生这种市场贸易的乐趣和力量。总之,一句话,随着时代的前进,表现这个时代风尚,这个时代是商业活动和征服的时代,也是在各个方面都是奋发图强的时代。"按照左拉的设想,《妇女乐园》应该对男人的创业精神和女人的光辉唱赞歌……女人是这家百货商店的主宰,是男人要生存的理由和肉欲的支配者。作者还指出:"女人的气味在商店占主导地位。"妇女乐园的老板奥克塔夫·穆雷起初是一个商业发展的冒险家,他把女顾客看成是有血有肉的上帝,刺激她们多买他的商品。但是,他堕入情网,爱上了一个温柔和秉性善良的女顾客丹尼丝。在小说结尾,他娶了丹尼丝。她向他提出建议,改善女雇员们的境遇。

显然,左拉想把这本书写成充满乐观精神的书。尽管他不愿贴上政治标签,他还是从盖德、傅立叶、普鲁东和马克思等人的社会主义中得到启发,并用小说的手法加以协调。在他看来,四通八达的商业是人民大众寄托的前景。而小商业是旧世界的陈迹。然而,《妇女乐园》一书吸引读者的,并不是那些道德的说教,而是对大商店的奇特描绘。女顾客闪耀着冀求的眼睛,双手到处触摸商品,身上散发着热腾腾的芳香,觊觎寻求。这个大商店是享受的龙潭,沉沦的泥坑,充满凶兆的乐园。进入此店的女人都丧失了部分理智。

　　这一回,新闻界对左拉表示了欢迎。有人赞扬小说描写精确,哲理公正,结局"简练、真实、动人"。但左拉并不这样认为。他认为他的小说很普通、很一般,与同行们发表的小说相比,并没有高出一筹。正巧,他脑子里又产生了一个构思——《生活的欢乐》。但他很快陷入忧郁、失望和神经失调状态。他的灵感是由阅读科学作品产生的,首先是沙尔科的作品。他埋头钻研医学论著,他想他的新作品应该富有精神病的注释。他从中找到了摆脱自我烦恼的机会。该书主人公拉扎尔蔑视年轻富有的孤女波利娜·克尼,她周围亲近的人们想剥夺她的财产,而她听之任之,就像一个俗世的圣人,"生活的欢乐"就是忘掉自己,助人为乐并忍辱负重。至于男主人公,左拉从来没有像这次那样把自己摆进去。他在拉扎尔身上写进自己感受过的病态困扰,每天所作所为的迷信看法,胆怯、排斥他人,以及童稚般的弱点。自从他母亲去世以后,他时常想到咽最后一口气后等待他的黑坑。他躺在床上时,总以为是钉在棺材里。他在《生活的欢乐》的草稿中写道:"作为一个普通人,我总觉得我是一个现代人的典型,经常受死亡的困扰。"他笔下所分析的精神错乱,就像是从第三者那里所听到的隐情。他在给塞亚尔信中写道:"我一直沉湎于写我的书,写作速度一般。"①

甚至在左拉完成本书以前,《吉尔·布拉斯报》就宣布连载本书,并应读者要求写出内容介绍。龚古尔立刻感到惊慌,因他正在写一本题名为《亲爱的姑娘》的小说,女主人公是一位勇敢和纯洁的姑娘。在他的《日记》中写道:

> 这个左拉,像老农民那样阴险狡猾,模仿起别人来本事挺大。他对我从没有说起过写这本小说的事,从没有,绝对没有,他从没有研究过年轻姑娘。对我,他曾两次要求读《亲爱的姑娘》中几段文字。这些天,我在《吉尔·布拉斯报》上看到他的小说广告,里面有这么一段话:"这个姑娘身材修长,在与生活做斗争时非常勇敢。"真见鬼!……幸好读此段文字时,还有都德、于斯曼、热弗鲁瓦和塞亚尔可做证。②

当《生活的欢乐》在《吉尔·布拉斯报》上开始刊登,龚古尔在读到描写波利娜·克尼青春期的那几段文字时,差点气昏了。他怎么会亲自描写年轻女主人公初次来月经时的烦乱心情呢?他肯定

---

① 1883 年 6 月 22 日的信。
② 1883 年 11 月 2 日的笔记。

把这段文字念给左拉听过。这点没有疑问,这个狡猾的意大利人抄袭了他。

在都德提醒后,左拉写信给龚古尔,信中说:"我要强烈抗议。您没有给我读过那一章,我也不知道有这一章。如果我知道,我会竭力避免……我希望您再回忆一下。18 年来,我的朋友,您也想想,我一直是捍卫您和爱您的。"①龚古尔接到信后感到很窘,但并没有被说服,他在回信中说:"亲爱的朋友,是的,我是有点烦恼,您正好选择在我研究年轻姑娘和小姑娘的时候也做了同样的研究,特别是因为您写的速度比我快,而我开始写时比您早一年,我能够接近读者群众时,您的文章已经到读者手中了,这一点我不如您。所以我感到烦恼,就是这么回事。至于出现月经那一章,都德可能弄错了,我想完全是碰巧,我说的是碰到类似情况。"

左拉对同行的这种感情多少得到慰藉。左拉在另一封信中向他发誓,《生活的欢乐》的提纲早在《妇女乐园》之前就有了,因为母亲的去世,他把这篇文章搁在一边,当时他没有勇气写这样一种带忧郁色调的书。这种解释并没有平息龚古尔对左拉的怨恨。龚古尔在 1883 年 12 月 27 日的《日记》中写道:"真奇怪,左拉心里不感到害臊。在《生活的欢乐》一书中,他复述了他母亲临终的情况。"1884 年 2 月 11 日,他的批评更是咄咄逼人,不堪入耳:

---

① 1883 年 12 月 14 日的信。

总之,这本小说中的那个波利娜,是弗耶那种狗屁不如的作品的女主人公的改良品种,弗耶的女主人公还没有来月经,来月经是后来的事,弗耶的作品中没给那些经过洗刷的穷人以施舍,而是把她写成臭狗屎似的人物。小说中没有使人真正感兴趣的东西,左拉以拉扎尔的名字把他那种怕死、那种道德说教写了进去。因为这本书里的人物,像这位稀奇古怪的学派头头的其他书一样,纯粹是臆想的产物,像以前那些作家一样,是用那种程序制造出来的!我再重复一遍,在左拉作品中,环境是根据自然造出来的,而人物是信笔写出来的。

　　左拉的朋友们的反应是比较热情的,但也有保留。他们在拉扎尔身上看到,左拉塑造了他们自己悲观主义的不愉快形象,是当代那种失去魅力的青年一代的漫画式写照。在他们中间,只有莫泊桑装出毫无保留的热情。那些职业评论家,一方面承认小说的力量,但惋惜"生理细节"描写过多(弗朗西斯克·萨尔塞),喜欢把整个一代人描绘成"灰白和阴暗色彩"(爱德华·德吕蒙)。

　　对左拉来说,这种批评算不了什么,他觉得已从毛骨悚然的幻觉中摆脱。此外,书的销路不错,前景十分光明。他经受住爱德华·马奈和伊凡·屠格涅夫的去世带来的伤悲。他竭尽全力发明、创造和生活,尽可能完成《卢贡-马卡尔家族》系列,他的朋友保罗·亚历克西写了一篇长文《埃米尔·左拉,一个朋友的笔记》。为了写这篇文章,他要求这位大师向他详细叙述其生活历程。这篇恭敬的文章对左拉来说是留给后代生活的希望。还有一件鼓舞人的事:阿尔弗雷德·格雷万拜访他,并为表示敬意,要在蒙马特尔路10号刚开放的博物馆竖立他的蜡像。这是左拉深孚众望的证明,此事使他十分高兴,他委托雕塑家兰热尔负责制作他的半身像。当半身像完成后,他伫立欣赏:这是另外一个他,两颊微红、眼神炯炯,浓密并掺杂灰白的胡子,将永远站立在那里。在阿尔弗雷德·格雷万的请求下,他从衣架上取来一些衣服披在模拟像身上。直到现在,这是属于公众的作品。今后,塑像将是他本人。他应该为之高兴还是感到不安呢?

随着他的影响扩大,他更小心翼翼地待在梅当的小屋里。将《角逐》改编后题名为《勒内》的戏写成后,法兰西剧院拒绝上演,《家常菜》只演了五十几场。从这些失败中他得到教益,他不想知道巴黎、新闻界或剧场到底在做什么。1881 年底,他向尼马·科斯特说:"我只不过是一个小说家。"①他发现梅当集团的朋友们退却了,一个个展开双翅离他而去。他本想为自然主义的胜利集体战斗,现在却是孤掌难鸣,他比任何时候更承认正义、科学和进步这种信仰。这种寂寞的生活并没使他不安,而是觉得得到安慰。他意识到自己该力排诽谤和赞扬,专心致志于自己的创作,像他那位想入非非和固执的意大利人父亲那样——他生来是为了修建左拉运河的。

---

① 1881 年 11 月 5 日的信。

第十六章 实地调查

梅当空气新鲜,环境舒适,左拉家庭生活和睦,他拼命地从事写作。他躲开闲人,家里成为写书工厂。这座乡村住宅是左拉整个作家生活的写照和酬报。他每年在这里度过 3/4 的时间,就像关在凹坑里的狗熊。当他到巴黎时,他又和往常那样,每星期四晚上和信奉自然主义的年轻人聚会。事实上,过去那些"写作新手"如今已各得其所,自立门户。埃尼克、莫泊桑、塞亚尔已 34 岁,于斯曼 36 岁,亚历克西 37 岁,他们已脱离这个文学小圈子,表现独立风格,各走各的路。他们和《小酒店》的作者并没有多少共同之处,但为了纪念最初的文学生涯还与他相会叙旧。在每周一次的聚会中,昔日的热情被尊敬与友爱所代替。有时,左拉发现他的弟子们离他太远,就提醒他们保持距离。左拉在看了于斯曼的《逆流》后,觉得这篇描写古怪的精神病患者的故事已和自然主义决裂。左拉瞪着眼睛,断断续续地指责作者远离科学真理的神圣箴言而胡编瞎造。而于斯曼提出异议,说他觉得应"打开窗户""从窒息的环境中逃走"。左拉理屈词穷,大叫:"我不同意改变方式和意见,不同意把应该尊重的东西烧毁!"而后,左拉态度又温和起来。两人都承认在文学上法则是必要的,但首要的问题是才华。

左拉与龚古尔之间的关系,在指责剽窃事件后比较和缓。都德过去也曾抱怨他的作品与左拉作品有些相似,这种争执也已平息。左拉热烈祝贺都德的小说《萨福》以及龚古尔的小说《亲爱的》,这两部作品都发表于 1884 年。当都德在《费加罗报》发表文章宣布,恰恰与到处谣传相反,他不再参加法兰西学院院士的竞选,左拉用这样的话来向他表示祝贺:"啊!今天早上发表在《费加罗报》上的这封信写得不错,别掉到学院肮脏的诡计中去,我心里感到很激动。"①他对官方荣誉奖章的敌对态度甚至发展到拒绝接受荣誉团勋章。参议员夏尔·多斯穆瓦在未征求左拉意见的情况下就这个问题进行了交涉,左拉在给他的信中很严厉地写道:"请撤回您的请求。"②他忠实于真实的崇高的信念,认为接受绶带,那就同那些追求虚荣的平庸之辈同流合污,会降低他的身份。

他唯一的光荣在于树立了《卢贡-马卡尔家族》这座他不懈努力缔造的丰碑。

左拉已为他的系列书中第 13 本题为《萌芽》的书积累了资料。这是"以煤矿为框架,以罢工为题材"的小说。可是,他既不知道这

---

① 1884 年 11 月 1 日的信。
② 1884 年 7 月 9 日的信。

个地下世界，也不知道矿工们的要求。这就要求进行实地调查。1884年2月，他接受议员阿尔弗莱德·贾尔的建议，拿着笔记本到北部省盆地进行考察。他到达的时候正值矿工罢工。这次罢工很残酷，经历了56天，最后以失败告终。为了收集"黑色王国"的资料，他到了安津，参加了社会主义者举行的集会，了解工人问题，并在工程师陪同下，下到地下675米深的列那尔矿井。他大腹便便，气喘吁吁，提心吊胆地在矿井里行走，生怕这辈子再也见不到天日。这种心惊胆战的感觉也没能阻挡他在地下见到的情景：

开始往下走……感到地在下沉，东西在消失，脚在下滑。接着，一片黑暗，什么也看不见。是在上升还是在下降？到了某个深度，开始有滴水，起先是微弱的，接着增多……到了矿井……首先遇到挡板，到了一条狭窄的矿井巷道……在木板中间，页岩重叠……在轨道上人们在推车……突然听到远处有滚动声，是矿车到了。如果坑道是直的，可以看到远处微弱的光亮，就像是烟雾腾腾的夜晚看到一颗星星。声音接近了，隐约看见一匹白马在拖曳。一个小孩坐在第一节矿车上，那是驾车把式……我们终于到达矿井的底部……随着工人们在矿井中前进，他们在身后用木料支架坑道。……开采煤层的矿工们推进坑道……矿工们站在侧面，开采斜向的矿层。我看见一个赤身裸体的人，皮肤上全是黑沉沉的灰尘，眼睛和牙齿是白的。当他们笑时，像黑人。

左拉在煤矿得到的形象甚为丰富和生动,多得难以计数。这次,难处在于不能把《萌芽》一书写成生动别致的报道,而是要塑造鲜明的形象,具有简洁和有力的社会思想,情节能站得住。为了充分表现矿山的气氛和居民的风俗习惯,左拉参观了矿工住宅里干干净净的小屋子,向医生咨询职业病,向矿工询问煤的开采方法、工资收入情况、瓦斯的危险程度,以及他们如何消磨闲暇。左拉和矿工们在小咖啡馆一起喝啤酒和刺柏子酒。在他们的影响下,他决定把那些从事挖煤累得死去活来的人作为《萌芽》一书的主人公。面对这些工人,他生动地刻画出那些高级人士:工程师、股东、煤矿矿主。但是他不愿将所有灾难加诸在这些白领特权人物。在左拉看来,他们只不过是实行某种生活规律。该谴责的不是他们,而是当今的资本主义制度。他觉得如果他描写的画面中能表现得不偏不倚,读者就更能怜悯那些在阴暗的坑道里忙个不停的数以百计的苦工。他想,对这类劳苦大众,简单的描写比夸夸其谈更具有实际意义。

左拉在安津待了8天,回到梅当后,对矿工生活印象很深。他看到的事很多。这些事情不仅记在笔记本里,而且印在脑海里。他坐在书桌旁,一闭上眼睛一幕幕情景就在眼前闪现:黝黑的面孔、在轨道上摇晃的斗车、防风灯的光亮在阴暗和令人窒息的迷雾中一闪一闪。通过书本知识,有教益的谈话,参加巴黎地区工人党集会,《萌芽》一书的资料越来越多,新的细节也更为丰富,那些集会是他和亚历克西一起参加的。慷慨激昂的朱尔·盖德和保罗·拉法格以及安津罢工的工人代表都在会上发了言。左拉认真听取这些人民事业战士的发言,但保持中立态度。但是,他脑子里装得满满的,简直要炸裂了。1884年4月2日,他终于写出《萌芽》一书最初几行文字。按左拉的说法,这是"小说中的大坏蛋"。他在给安托万·吉耶梅的信中说:"我怕这本小说会给我带来很多苦恼。但是这又有什么办法呢?人总得要干活。"

每天,文思若泉涌。他信笔写来,优美流畅。5月,他已完成该书第一部分;7月,第二部分结束。但愿身体不要在半途中垮了!他的体重几乎有100公斤,呼吸困难,害怕有糖尿病。亚历山德里娜身体也不大好,有哮喘病。8月,他俩动身到勒蒙多尔。在乘火车到达克莱蒙-费朗后,还要坐车经过47公里的崎岖道路才能到达目的地。路上碰到狂风暴雨,雷电冰雹,马车要卸下休息。

从桑西山俯视勒蒙多尔,左拉看到的是一串"大圆鼓包",看起来很煞风景,大失所望。左拉对旅馆生活茫然不知所措,对必须疗养这种做法也感到恼火。然而,他还是按时去洗蒸气浴和散步来减肥,消除大肚子。晚上,他与温泉旅馆的顾客聊天,特别是塞弗里纳和瓦莱斯,他们俩也是来进行治疗的。瓦莱斯眼神恍惚,像是半死不活的样子。这些积极进行治疗的病人,给左拉的印象是似乎是他的末日将来临的预言者。反之,他承认吸入蒸气和洗温泉澡对亚历山德里娜很有成效。他看到亚历山德里娜病情有好转,就带她骑马到桑西郊游。他们俩谁也没有同时骑在一个鞍上,巴黎的马吉托医生陪伴他们同行。导游在前面带路。几匹瘦马都配备了马具。导游是个聋子。他们跋山涉水,经过急流浅滩,穿过飞蛇瀑布,亚历山德里娜的劣马在陡峭的山坡上飞跑。她惊慌大叫,松开脚蹬,脸朝天摔下马来。左拉跳下坐骑,匆忙地移动胖身子快步跑去,在导游和马吉托医生的帮助下,救出疼痛难熬的妻子。经历这次险情后,他们再也不骑马而代之步行,这时离勒蒙多尔只有 5 公里之遥。

左拉对当地景色颇有非议。他在给亨利·塞亚尔的信中说:"告诉您,我脑子留下的尽是南方的山山水水,奥弗温的绿水青山也无法使我忘却乡情。我觉得这些鼓包太难看了,当我回想起那里某些地方,可怕的鬼谷和红炉峡谷,我觉得像一个可怕的羊圈。"[1]确实,他对休假疗养已经厌烦透了,他急于回到书桌旁,急如星火似的想要写作。

回到梅当以后,他又像苦役那样,重新投身到他眷恋热爱的系列小说中。《萌芽》这本书又快乐自在地重新开动。这本书首先是劳动者对资本的反抗史。主人公艾蒂安·朗捷受雇于某一矿山,很快地被底层工人非人的生活条件所激怒,组织了抗议集会,建立互助基金并发动了罢工。经过两个半月的斗争后,罢工失败。但这次罢工,在遭遇不幸和提出正当要求时,有助于工人们同心同德,互爱团结。在这个时期,这种友爱的情节始终贯穿其中。这本书给读者一种忧郁的印象,在一个黑暗的迷宫里,人们在移动、在摸索,岩石在与人类的肉体作对,矿工们的困苦与占有财产的老板们的自私形

---

[1] 1884 年 8 月 25 日的信。

成鲜明对照。如果说,雨果在《悲惨世界》里所描写的 1832 年 6 月,狂热的青年们筑街垒的起义,是带有浪漫主义色彩的,而《萌芽》中的矿工并不是为某些思想观点而斗争的知识分子,他们出于动物的本能,要求更多的尊重和公道。他们的老婆孩子在背后推着他们,他们成群结队艰难地前进,自以为走向光明的目标。而这种顽强的前进,左拉出色地用他那支直言陈说的笔体现出来。这本书文字中表现出来的那种沉重、笨拙和翻来覆去的叙述给它以奇异的咒语般的力量。这部辛辣作品表现出来的生活,比之精雕细刻的散文更为出色。在读这本小说时,人们可以听到群众的喘息声。作者写的弊病越多,鞭策得更厉害。《萌芽》这部作品写完以后,左拉在给塞亚尔的信中说:"我在书中对真实细节所作的畸形发展,通过精确的观察的跳板,我已跳到星球上了。真理展开翅膀上升到象征性的信条。"①

　　1885 年 1 月 23 日,他写完这本书最后的一句话,他再读了一遍,对写作圆满的结局感到满意,他给夏庞蒂埃寄去最后两章,并写了一封信,信中说:"我多么高兴! 这回该歇一下了!"②他经过思索之后,不相信"煤矿怪物吃煤矿工人"这个故事会激起广大读者的兴趣。然而,他认为"社会主题"不是时代音调。1885 年 2 月 16 日,在举行朱尔·瓦莱斯的葬礼行列中有罗什福尔、朱尔·盖德、克列蒙梭。在他们后面,几万示威群众高唱《国际歌》,把聚集在人行

---

① 1885 年 3 月 22 日的信。
② 1885 年 1 月 23 日的信。

　　　　　　　　　　　　　　　　左拉传

道的资产阶级吓得发抖。3个月后是雨果的葬礼,这位创作《悲惨世界》的文坛泰斗,全体法国人都为他的逝世落泪。他的"穷人柩车"激起善良的人们的心灵。灵柩安放在凯旋门下的灵柩台上,在巴黎消防队员、爱国阵线成员、共济会会员、文学社成员、体育会会员的护送下,运至先贤祠。在送葬行列经过的地方,近百万的男男女女忍住眼泪。左拉参加了国葬。尽管有一段时间以来,他已公开否认这位老诗人的重要性,但是为了纪念昔日的尊敬,他想还应该去吊唁。他在写给死者的孙子乔治·雨果的信中说:"维克多·雨果曾代表了我的青年时代。我现在回忆起来我曾得益于他。在今天这样的日子,毫无疑问,大家应手拉手,所有的法国作家起立向这样一位大师致敬,肯定他文学天才的绝对胜利。"[1]然而在私下,他的赞扬之词极微。有一次在龚古尔家聚会时,左拉曾喃喃低语:"我曾相信过,他会把我们都葬送掉的,是的,我曾相信过。"龚古尔写道:"他在屋子里踱来踱去,似乎因雨果的死而感到缓解,好像该他来继承文坛教皇的冠冕。"[2]

从《萌芽》在《吉尔·布拉斯报》连载开始,文人雅士们就热闹开了。在那些评论家中,有的再次揭露"写下流脏话",有的赞扬坦率描写了劳动者的世界,有的指责本应该让读者对人物充满同情,而作者描写的人物却是充满仇恨、好斗的工人。朱尔·勒迈特指责左拉描写的是"人类的兽性中的悲观主义史诗"。奥克塔夫·米尔

---

① 1885年5月22日的信。
② 1885年5月24日的《日记》。

博在叫喊天才的同时,希望作者放弃"生硬词汇",应该将"过时的方法"让给二流的自然主义作家,这些作家"将一辈子在污泥浊水中打滚"。而读者们将书看成是一种冲击力量,它将人民的痛苦展现在眼前。有些人对19世纪的法国居然还存在这样的贫困现象感到吃惊。在读到那些描写辛酸生活的章节时,他们有如参观另一个国家的幻觉。

《萌芽》一书虽没有《小酒店》那样畅销,但销路也不错。左拉成为唤醒觉悟的启蒙者。他在答《晨报》记者提问时交了底:

> 在我研究矿工贫困时,我是对之充满怜悯的,有人可能会指责我是社会主义者。我的书就是一本表现怜悯心的书,不是别的,如果有人在读这本书时有这种感觉,那我就满意了,我就算达到目的了……一个伟大的社会运动即将发生,应该考虑到这个运动的正义要求,要不然古老的社会将被清除。然而,我不想这个运动将在法国开始,我们的种族太衰弱了。因此,我在小说里,把暴力的社会主义体现在一个俄国人身上①。我在小说里,是否成功地告诉了人们贫穷人对正义的渴望? 我不知道。我本来还想证实老百姓自己不会一个一个去犯错误。要么就集体起来造反。②

---

① 这个人物就是无政府主义者苏瓦利纳。
② 1885年3月7日《晨报》。

有人以为,为写好《萌芽》一书,左拉已精疲力竭。这样的看法是低估了左拉超群的工作能力。他刚答复完朋友们对该书祝贺的信件,又着手写另一部小说,他在和葡萄牙杂志的一名记者谈话中指出:"《萌芽》一书是使我很累,身体也不适。因此我想写一部中间色彩的小说,不需要费很大劲……选《作品》为题,但未最后确定,这个标题不怎么好。"①他已经草草地做了一些笔记,该书的故事发生在艺术界。但当龚古尔知道这个计划时,又不怀好意地拿他开心:

> 左拉待在角落里,为他未来的作品中艺术家情况向弗朗茨·茹尔丹②讨教。我暗地窃笑,他似乎想试一试再写一本《马奈特·萨洛蒙》③。一个完全不懂艺术的人想写艺术的书,那是很危险的。对这本书,于斯曼事先也有这种感觉。他对罗贝尔·卡兹④一边搓着手一边说:"等着瞧吧!"⑤

左拉打定主意后,相信大家都不耐烦地等待这位梅当大师未来的作品。为什么那些自认为是他的朋友的人,对这件事并不怎么关心? 他取得了成就,而那些不怎么走运的同事并不因此更爱戴他。

---

① 1885 年 6 月 5 日葡文《画报》。
② 建筑学家、小说家和文艺批评家。
③ 龚古尔兄弟的小说(1867 年)。
④ 小说家和新闻记者。
⑤ 1885 年 4 月 19 日的《日记》。

在外国,他是法国作家中最受读者欢迎和尊敬的。在俄国、意大利、德国、奥地利、荷兰、英国、西班牙和葡萄牙,他都是担当学派领袖的角色。他的自然主义在境外已广为传播。周围那种不怀好意的羡慕就是名声日长和财源滚滚的代价。

第十七章　写真人真事的小说

　　左拉在准备写小说时,不需到图书馆找资料和咨询有关问题专家,这是第一回。为了写《作品》一书,所有的材料都装在脑子里。他认识很多艺术家,参观过很多画室,看过不少展览会,听过很多关于绘画和雕塑的评论,对这些题材了如指掌。甚至,童年时代的、青年时代的印象对构思这本书也是感人的配料。于是,在 45 岁时,他用自己的过去作为臆想的作品的素材。

　　左拉喜欢在梅当开始写这本书。由于亚历山德里娜患风湿症需要治疗,他只好留在巴黎。没办法,他不能再等了! 1885 年 5 月 12 日,他文思如泉涌,快马加鞭,在一个半月时间内,疾书如飞。6 月 30 日回到乡下时,他在这里高兴地接待保罗·塞尚。这是上苍派这个老伙伴来唤起往日的记忆! 塞尚头顶光秃,因为接连在事业上不得意而看破红尘,又爱上了什么人。他哄骗自己的老婆,在绘画艺术上徘徊不前。他自己默默无闻、令人蔑视,也羡慕左拉的事业如日中天。在他内心里,既不明白公众会喜欢左拉,也不明白左拉是瞧不上他这个爱发火的蹩脚画家的。他们一起回忆了在艾克斯度过的光辉日子,以及巴黎过的忍饥挨饿的流浪生活,还有使他们还联结在一起的友情,尽管他们当今处境各异。塞尚对他的朋友在下一本小说里要描写绘画界的想法感到不快。左拉将塞尚这位画家的冷漠和忧郁易怒的性格写入他主人公克洛德·朗捷的性格中。他也把马奈和他自己的性格特点注入作品中。左拉在他的资料中指出:

> 总之一句话,我将叙述我的私人写作生活,长期的、痛苦的难产;但是,要通过克洛德这个人物用悲剧手法扩大其主题,此人从来不满足现状,因无法发挥天才而恼火,最后为无法付诸实行的事业而自杀。

为了更好地表明他打算应用自己的生活经验以使书中人物的生活赋予活力,他还写了如下笔记:"我在中学和农村的青年时代——巴耶、塞尚。对中学时期的回忆:同学、老师、孤家寡人、三人的友谊。校外生活,狩猎、游泳、散步、读书、朋友的家庭。在巴黎,新朋友。中学。巴耶和塞尚的到来。星期四聚会。要征服巴黎。散步。博物馆。各种住宅……塞尚的画室。"还有:"妇女反对作品,用作品的创作来换取真正肉欲的产生。艺术家集团。"他想,《作品》这部作品是用他自己心血浇灌的,在他所有小说中是最具有个人色彩的,他把过去的各种感情都汇入其中。他在书中进行改头换面,这是理所当然的,熟悉他的人很容易辨认出来。

当他刚着手编写此书,还没有在报上连载时,《费加罗报》的一个署名巴黎西的新闻记者就宣称,出版该书会危及以左拉、龚古尔、都德三位当时的大师为首的三个集团的良好关系。巴黎西写道:"三个集团的头头从未耕耘过同一块土地,也并未在一垅地里收获。这就像口号,像心照不宣的协议。不过,口号不被重视,协议也被破坏:左拉染指邻居的花坛。《作品》一书的框架正是《马奈特·萨洛蒙》中出色研究过的绘画界,这部书可能是龚古尔兄弟的最优秀的作品。"巴黎西靠这种论据提醒所谓的抄袭者。

左拉对此感到恼火,他写信给《费加罗报》的合作伙伴约瑟夫·盖达,信中说:"《作品》一书根本不是像人们所说的那样,写画家的书,收集他们铜版画、水彩画之类的东西。它只是一本对心理学和感情有非常深奥研究的论著。"《费加罗报》在 7 月 25 日转载了此信。龚古尔在读到左拉对《马奈特·萨洛蒙》多少带有鄙视的评论后坐不住了,他在《日记》中写道:"有人竟写这种东西给编辑并登在第四版上,又不是自己写的,至少是寡廉鲜耻。这个了不起的左拉,滚他的吧,你就写卡利奥利和马奈特的心理分析吧!"①在龚古尔的督促下,都德也给左拉写了一封信,向他指出他对《马奈特·萨洛蒙》的意见未免偏颇,并建议他给那位被惹火了的同事写

---

① 1885 年 8 月 2 日的《日记》。卡利奥利和马奈特是《马奈特·萨洛蒙》一书中的两个主要人物。

封友好的信。但左拉不干,他回答说:

我承认龚古尔开始对我恼火,还用那种病态的伎俩贼喊捉贼。长期以来,他到处叫喊我汲取了他的思路。在《小酒店》一书中,那是日尔米尼·拉赛德。我在《吉尔韦赛夫人》抄袭了《穆雷神父的错误》。最近,您也搅和进去了,在我听了《亲爱的》一章以后,我写了《生活的欢乐》? 这一回我只好豁出去了,他终于承认他从来也没有给我读过那一章。现在,《作品》一书还没出版,可是,又搞出笑料来。不,不,我的朋友,我是个老实人,但这一些事已够受的了! ……您要求我写封信来协调一下关系。首先,我希望没有什么砸锅的事。其次,说真的,我觉得这种信没什么必要。请原谅,这是为什么? 我希望您把这封信给龚古尔,如果您认为合适的话,因为他至少知道事实真相。坦率地讲,既然您谈到信,那么您是不是相信,龚古尔倒是在发表那篇东西的第二天该给我写封信。①

正当左拉准备寄出火药味很浓的信时,他收到了龚古尔表示和解的条子。他把在怒火中写的信扔在一边而给都德寄出了另一封信,调门缓和多了,信中说:

---

① 1885 年 7 月 25 日的信。

好朋友,我收到龚古尔的信,我也给他答复,那件不愉快的事就忘了吧。但是,《费加罗报》那篇文章使我很伤心。您是否知道我干了一个早上的工作,还读了那篇东西?我曾是一个不讲信义的人,那是有人威胁我要跟我绝交,而龚古尔在那里喊捉贼,因为我敢涉及绘画界……这应该当作教训。您认为怎样,我们应紧紧拉起手来,别再干那种事了。①

尽管停战协定是签订了,但此事在左拉的心灵中留下了创伤。他感到难以从事《作品》一书的写作。总觉得有些事放心不下。他决定积极参加由比斯纳斯进行的《萌芽》一书改编为戏剧的工作。这个剧本由他来写对白。事情进行得很顺利。8月6日,比斯纳斯听了前7场的朗读。其他5场在勒蒙多尔编写,左拉和亚历山德里娜于8月9日至9月3日在那里进行新的治疗。比斯纳斯唯一担心的事是那个罢工者与警察对峙的场面能否通过审查。在由4位官员组成的委员会上,由内阁批准的公共教育部长勒内·戈布莱决定禁止上演《萌芽》。左拉气昏了,写信给《费加罗报》社长弗朗西斯·马尼亚尔,指责勒内·戈布莱"讨好反动势力"。左翼报刊都站在左拉一边,他是此项审查的牺牲品。左拉不愿向当局低头,把这事提到议会。激进派议会党团主席乔治·克列蒙梭向左拉建议

---

① 1885 年 7 月 26 日的信。

要采取妥善战略。议员乔治·拉盖尔在预算委员会提出修正案,要求取消负责审查该戏的官员们的待遇,修正案通过了,但议会支持审查。左拉出席了会议,回家后,他写了一封措辞激烈的信寄给《费加罗报》。信中揭发了政客们的平庸无能,梅亚克、阿莱维、萨尔杜、奥吉耶、小仲马等戏剧家怯懦胆小,这些人没有支持他的斗争:

> 今天,事情已经了结。同行们,你们已经投了不信任票,那就这样吧,我只好耐心等着,因为我坚决相信,你们也会情不自禁地从中得到解脱。至于什么时候?那我不知道。不是下一届部长,就是下下一届。一年,或许 10 年。怎么办呢?我不能再说了,这是个法律草案问题,或许是预算被一笔勾销。这都是些需要仔细考虑的问题,终究有一天会取消这种不信任投票。大家一旦知道因为没有较早地予以制止,都会惭愧地惊讶无比。

在此期间,尽管左拉竭力为审查做了毫无结果的斗争,但又开始写小说。甚至《作品》一书还未写完,《吉尔·布拉斯报》就在 1885 年 12 月 23 日这一期开始连载。左拉怕连载会赶上他的速度,所以加快每天的编写速度。前 6 章在 6 个月里写成;后 6 章分两次,花的时间更少。他还要为译者改长条样,他们催得很紧。1886 年 2 月 23 日,手稿完成了。左拉兴高采烈,但已精疲力竭,他告诉塞亚尔:“到今天早上我才写完《作品》一书。这本小说讲的都是我的回忆和心里话,其篇幅很长。《吉尔·布拉斯报》连载75次到80次。这回我解脱了,我很高兴,特别对结尾感到满意。"

《作品》的中心人物是画家克洛德·朗捷,他有一位童年时的朋友小说家桑多兹,此人物身上有左拉的思想、爱好,直至外表。在他们周围有一帮伙伴,艺术家,或多或少是作者的熟人,如巴耶、亚历克西、索拉里、吉尔梅、皮萨罗、莫奈……至于克洛德·朗捷(塞亚尔和马奈的混合体),他所扮演的角色连自己也感到怀疑,感到非常痛苦,由于受母亲热尔韦斯的遗传缺点所折磨,他对未能在他身上产生天才作品而感到失望。他寻找高格调作品,他疯了。他在雄心壮志和碌碌无为中犹豫不决,终于离开了妻子克里斯蒂娜。他想保存他的刚强男子汉气质,以便全心投入绘画。最后,他在一大堆未完成的绘画中悬梁自杀。

读者们对趣闻感兴趣,他们认为这是一本写拙劣画家放荡生活和印象派画家想入非非的画作的真人真事的小说。大家想寻找和发现主人公的原型。由于塞尚当时不出名,于是传闻是马奈,马奈刚死,是印象派中最知名的画家。这个在绘画上的失败者,左拉当然是在他身上得到灵感的。他怎么敢用死去的朋友来写这种大不恭敬的书呢?甚至凡·高这位很熟悉的印象派的画家,他也相信其中内在的联系。勒努瓦很遗憾地说:"他本来可以写成一本很好的书,把一个具有艺术特色的运动予以重新组合,也可以作为人类的文献,如果作者把在我们的聚会中和在我们画室中听到的、看到的很好地加以叙述的话。"①克洛德·莫奈在给左拉的信中说:"您很仔细也很用心,所以您的人物与我们中间的人谁都不像,尽管这样,我怕的是新闻界和读者们,我们的对手都不会说是马奈,至少也不是把我们圈中的人当成一无所成的失败者,您不会这么想的,我想也不会是这样的。"②连吉耶梅这位左拉的虔诚的崇拜者,也禁不住抱怨:"总之,这本书很激动人心,很感人。但大家对此书感到泄气,它写得不好,想得也不行。有才华的人或碌碌无为的笨蛋都干坏事……就像左拉夫人说的那样,你们那一小帮人谁都不愿意承认是你们那些主人公,这些人不讨人喜欢,而且还很坏。"③

吉耶梅对"那一小帮人"的害怕心理使左拉感到惊愕。他从没有想到,那些用化名但包含其优缺点的朋友会感到不安。在事关体面的事上,艺术家比市民更为敏感。他最感到担心的是主要人物塞尚的反应。确实,左拉对他朋友的绘画看不上,不值一提,有点可怜他甚至鄙视他。当《作品》一书装订成册出版时,左拉送给塞尚一本,他对此并不是没有一点负疚感。1886年4月4日,塞尚回了一个便条:"亲爱的埃米尔,承蒙您送我《作品》一书,我感谢《卢贡-马卡尔家族》的作者送我这本书作为回忆的见证,请允许我为以往的岁月紧紧握手。对逝去的岁月的这种构思是属于你的。"左拉读到这几行字时,就像头上泼了一盆冷水。就用这种阴阳怪气的、一本

---

① 安布卢瓦兹·沃拉尔引自《勒努瓦》一书。
② 1886年4月5日的信。
③ 1886年4月4日的信。

正经的话语,来向《卢贡-马卡尔家族》作者问候!毫无疑问,塞尚骄傲的心灵受到了严重挫伤。伟大的友谊泯没了。左拉并没有觉得有犯罪感。在他看来,艺术将证实一切。他认为一本书应有血有肉,可是他牺牲了什么呢? 他对塞尚为区区小事而生气很是恼怒,他甚至不想与他重归于好。

龚古尔比大多数印象派画家更疑心重重,他看《作品》一书中有没有明显的抄袭。他在《日记》中写道:"人们骂着他妈的看这篇连载! 这篇下流连载一出现,叫人难受,痛心疾首,对白总是搞阴谋,根本不是艺术家口吻,这是左拉笔调的特点。艺术家的语言可以夹杂着咒骂、流氓话,但这种语言是以咒骂、流氓话方式表达的,与之不同、有差别的是这是属于木匠的语言,在《作品》一书中,是木匠在讲话。"①几个星期以后,吉尔在《费加罗报》就左拉的小说发表了一篇赞扬文章,龚古尔对此很生气,又指责起他所厌恶的书来了:

老把戏,俗套……我倒愿意在他的书里跟他会面,至少他研究的是个人,好像他对人所知甚少,不管是男人还是女人! 在这部小说里,我觉得里面有两个家伙的人物形象,即桑多兹和克洛德,这已经太多了,可以学雨果,左拉书里的人物将是左拉一家的人物,我并不会感到失望,将来他自己会变成女主人

① 1886 年 2 月 23 日的《日记》。

公……艺术家们是放在他的书里了吗？这是一伙木匠、白铁匠、掏阴沟的……至于左拉在艺术上的革命思想，这不过是沙赛尼奥尔①和其他人物的高谈阔论《勇敢论》，其他的，到处都是剽窃……真见鬼！左拉是个滑头，他就知道捞好处，睁大眼睛剽窃……总之，左拉在文学上只是个偷梁换柱的能手，现在他不再版《马奈特·萨洛蒙》，他准备重新写巴尔扎克的《农民》。②

　　5天以后，龚古尔和左拉夫妇在都德家吃饭，他谈到《作品》一书时颇抱同情态度，但还带有保留意见，这样做实际上使主人坐不住。当大家离开饭桌时，两位同行讨论起精神的优先地位和已恶化的体力关系问题，以至亚历山德里娜尖叫起来："再这么讨论，我要哭了……再这么继续下去，我要走了！"龚古尔有点恼火了："真的，一个孤独生活的人，对外界不再有什么联系，周围只有沾他的光的仆人，开始发疯地追求数量——作者不能承受指责，最微不足道的批评。"③这是不公正的结论，因为左拉在长期的职业生涯中已经勇敢地承受了许多批评。这一回，报纸上虽指责作家对艺术界看法有些消极悲观，然而态度还是友好的。

　　保证左拉能对付新闻界的伤害和那些所谓的朋友的妒忌，那就

---

① 《马奈特·萨洛蒙》中的审美家。
② 1886年4月5日的《日记》。
③ 1886年4月10日的《日记》。

是专心致力于新的工作。就像龚古尔不怀好意地提到那样，左拉刚从《作品》一书脱身，就投入情节发生在农村的小说。小说的名字为《土地》。当然，他在梅当时熟悉农村问题，但这还不够。他在亚历山德里娜的陪伴下，要到克罗伊县的波施住6天。他为写《萌芽》就和在地里工作的人同吃同住，这回他坐着双篷四轮马车遍游全国，尽可能与地面工作的人打成一片。他又开始惯常的真实细节的调查工作。他不停地写着笔记："早上天气晴朗，农庄和村庄是绿油油的一片……钟楼在高低起伏的田野间矗立着。在绿色的田野间有白色的没有树木的道路，道路平坦、笔直地通向远方，长数古里，还有电线杆……经过翻耕的土地是黄色的，土地肥沃，土层很厚、很结实。缓慢的、广阔的波澜展现在天上，就像是较平静时的海面上的波澜……城堡、城市和市场……男人们穿灰色或黑色的呢子裤子，戴黑呢帽或黑色圆帽，深色或浅色的蓝上衣……因洗涤褪色形成不同的蓝色……女人们都戴白色无边软帽，黑上衣，常穿镶着天鹅绒花边的灰色、深蓝色等颜色的裙子，围着蓝裙。"他观察了农庄，清点佣人人数（2个打麦人、3个赶车人、1个羊倌、1个猪倌、2个牛倌、1个女佣），询问了农庄女主人，让她讲解蒸气脱粒机的功能。牛倌睡在牲畜棚，其他人睡在马厩。不久，他对农村生活和农活就不是一无所知了。有人建议他拜访朱尔·盖德以熟习社会问题。他与这位老空头理论家共进午餐，这位理论家跟左拉说，1789年的革命愚弄了农民。他与他的朋友加布里埃尔·蒂埃博谈话时在笔记本上记着：

土地总是土地。总要靠种地吃饭。不同的是谁掌握土地。农民是好商量的,他们什么都可以接受,只要有饭吃,什么制度都行,太贫穷时,他们就会生气。冷漠的土地养育这些忙忙碌碌的人。

在他的资料本中,他总的想法,那就是农业耕种者对土地的欲望是无止境的,会使他们贪得无厌、暴戾凶残和厚颜无耻。左拉写道:

我要作诗来生动反映土地,但是,这首诗是从人的观点来说,没有实际意义。我想通过它首先从下面来描绘农民对土地的爱,这是一种直接的爱、尽可能多占有土地。要求得到很多土地,因为在农民看来,土地就意味着财富;然后,提到高度来讲,那对肥沃土地的爱,有土地就有一切:人、物质、生命,最后又回归土地里。

这本书主要描写的对象当然是土地。在人们钩心斗角中,土地的表面仍无损伤,依然如故,永远肥沃芳香。为了拥有土地,福昂家的子孙们争吵、抢夺、肆意杀戮,而土地耕种收割,样样不误。像左拉其他小说一样,暴力在这本书里到处可见,对耕地的爱和肉欲的爱亦趋亦从。乱伦、通奸、坑蒙拐骗、杀父弑君、掳掠钱财,这些都是家常便饭。

伦敦出版商亨利·维兹特莱在《土地》一书未出版时就购买了它的版权。左拉向他透露了该书的内容：

> 《土地》一书是研究法国农民的书，农民热爱土地，世世代代为争夺占有土地而斗，他们劳动很苦，欢乐很少，总是贫困不堪……即使前景将被指明，也就是在社会主义革命中能起的作用……总之，就像在《小酒店》中写巴黎工人一样，这本书是为农民写的。①

像过去习惯做法那样，他准备在《吉尔·布拉斯报》连载时，就删去那些骂人的话。他在给新闻记者阿尔塞纳·亚历山大的信中说："别人会指责我把农民写成臆想的人物，这也难怪，我正等着瞧。而我写的农民既不是沙文主义式的，也不是墨守成规的，而是现实中的人。我应该塑造这种人物。"②尽管有这种担心，他还是接受将头几章登在报上，而其余8章还没动手写。他又开始与《吉尔·布拉斯报》拼命赛跑，"它每天要登载300行！"③他编写句子要到凌晨两点，使这些句子表明他思想中未说清的事物。④ 这是什么效果？

报纸杂志对此书已大声叫嚷。有人指责作者侮辱了法国农民

---

① 1887年3月24日的信。
② 1887年1月8日的信。
③ 1887年6月1日的信。
④ 1887年5月26日的信。

并把他们降低到兽类水平。左拉的崇拜者奥克塔夫·米尔博觉得"《土地》这部作品有臆想成分"。阿纳托尔·法朗士宣称在这本书里看到"恶棍们的农事诗","左拉先生真是值得怜悯"。布吕内蒂埃认为,他刚读的小说是一部"拼凑起来的面目可憎的"作品,作者"头脑发热,把怪诞和诲淫的想象大胆地取代现实"。

　　左拉对这些狂呼乱叫并不在意。他知道读者们尽管捏着鼻子,但贪婪地读着该书。此外,他觉得他的身后有一支被科学自然主义吸引的新作家队伍。他时刻想到的是他的书,这些书非常夸张,不拘泥于一丝不苟的真实,这原是他遵守的信条,这种信条之所以很了不起并不是符合他的学派规则,而是他更喜欢但丁式的噩梦,而不是现实准确的翻版。他的这种态度是很天真的,也是很古怪和顽固的。他的作品驳斥了自己的理论,这并不要紧,他并不想放弃他的职业教育。

　　8月18日午前时分,梅当的邮差给左拉送来了信件和巴黎的报纸。他打开《费加罗报》,看到猛烈抨击《土地》一书和他本人的文章。他一看署名:保罗·博纳坦、J.H.罗尼、吕西安·德卡夫、保罗·玛格丽特、居斯塔夫·吉什。在这些年轻作家初涉文坛时,左拉曾提携他们。他读着这冗长的谤文,吃惊之余,不禁怒火填膺、厌恶和伤心。他通过水汽腾腾的夹鼻眼镜,看着这篇令人憎恶的文章:

　　　　不久以前,埃米尔·左拉还能写一些文章,也不提出那种尖刻的指责……然而,在发表了《小酒店》以后……在年轻人看来,这位大师在推动运动以后,打退堂鼓了……实际上,左拉每天都在违背他的纲领。令人难以相信的是,左拉带着从第三者那里收集来的、里面带着雨果式的夸大其词的货色、却不屑于有他个人特色的实验主义写作方法,他越是鼓吹作品朴实无华,就越显得软弱无力,文章啰唆冗长,一派陈词滥调,使得他的最热心的弟子们不知所措……在《卢贡—马卡尔家族》一书中,大家最直接的感觉不是资料的残暴内容,而是淫秽的强烈成分。于是,有人将此归之于作家的下身的病,僧侣般孤独怪癖,其他人觉得是作家本能,他不自觉地渴望多销售书,而出版的成功靠那些笨蛋来买书。《卢贡-马卡尔家族》一书之所以吸引人,并不是其文学质量,而是由《人民之声报》吹起来的,是以描写色情而名声远扬。

关于他的作品,左拉从来也没有受过这样的诽谤,在性的观念方面也从未受到过如此的指责。他强忍愤怒,解开领口,继续读下去:

年轻时,他非常穷困,也很胆小,在人们应该懂得女人的年龄,他还没有认识,他的看法显然是错误的。而后,由于他得了肾病造成平衡失调,所以他老担心其他一些功能劳累过度,从而就使他过分强调肾的重要性……由于这些不健康的动机,就更增加不安,这在厌恶女人者当中是经常出现的,在一些年轻人中也常有,以致在爱情方面,有人会否认其能力。

左拉有点纳闷,这篇文章怎么会有这样的观点,这些无耻之徒竟敢攻击他的隐私,将他脱光,使他身体上的毛病在报刊的千万读者面前一览无遗。尽管文章有些夸大其词,但讲的是事实。这位文学隐士在女人肉体面前是胆怯的,只是沉湎于幻想。但他从未与人谈起过。如果说过,可能是由于疏忽大意与都德和龚古尔透露过。他脑子一闪,肯定是这两位假朋友将此事告诉了这5个写文章的年轻人。这几个21岁到26岁的寡廉鲜耻的顽童都是在香普罗赛的都德家、奥特耶的龚古尔家的客人。这一来阴谋昭然若揭。左拉好不容易将诽谤文章读完:

《土地》一书出版了。实在令人失望和难受……我们坚决摒弃这种骗人的实话文学,这只不过是高卢人粗话俗习加上因成功冲昏头脑的大杂烩而已,我们摒弃左拉塑造出来的老实人,这是一些古里古怪、异于常人、脑子简单的人物,他们很快会在大庭广众中像风驰电掣快车似的被大量摒弃……我们认为《土地》并不是一个大人物一时的失算,而是一系列败笔的后遗症,一个贞洁者不可挽回的病态的堕落。

从这篇文章发表后,它就被称作《五人宣言》。左拉的真正的朋友们都感到愕然。大家都对都德和龚古尔策划的阴谋表示关心。于斯曼在给左拉的信中写道:"起草这篇诽谤文章的人名叫罗尼,是个没有教养的人。事情是博纳坦想出来并挑起的。其他的人只是跟着干的。现在博纳坦是中心人物。当然,这事也不新鲜,是不是由这些人经常去串门的那一家挑起的? 我想是这么回事。我看这事是住在巴黎城外的人干的。"当于斯曼揭发了都德时,亨利·博埃将责任推到"假装友好的、唉声叹气的"人物龚古尔身上。

左拉不想抗议,而是采取鄙视态度保持沉默。他带着骄傲的口气写信给新闻记者居斯塔夫·热弗鲁瓦:"您会相信我会答复这种愚蠢和无耻的文章吗? 别忘了我已写作了 25 年,出版了 30 本书,谁也没有权利怀疑我作为作家的荣誉。"①而他在写给于斯曼的信中说:"谢谢您好心的来信……在罗尼刚开始寻章摘句时,我就已经认识他了,那时博纳坦也刚开始写作。这一切都是可笑的和肮脏的。您是知道我对付谩骂的哲学。我愈走得远,那我就会愈不得人心和孤独寂寞。"

为了摆脱这种烦心的事,平静一下脑子,左拉偕亚历山德里娜到了罗扬。回来后,他从朋友处得知,龚古尔对左拉怀疑他与《五人宣言》有牵连一事颇为怨恨。左拉立即做了辩解。在给龚古尔的信中说:

_____

① 1887 年 8 月 21 日的信。

您以为我是傻瓜？如够朋友就可以想到我是知道文章是怎么写出来的。我相信，我也曾说过，如果您知晓此事应该阻止它发表，这对您和我都有好处。我想您在这5个您熟悉的人干了这种不光彩勾当后，应该有些同情心。我对这种表示过去一直在等待，结果等来的是您的怒火。事实上，这件事有些过分。如果我现在决定给您写信，那是因为我们之间情况已很明显，为了您的和我的尊严，我们应该维护我们的朋友和同事关系。①

龚古尔回了一封不痛不痒的信，既表白自己无辜，又为左拉不理解自己而表示怨恨。为平息事态，左拉又提笔写信："并不是因为人们说三道四，我们的友谊中有了裂痕。我们这样对立，我们的敌人就会趁机打劫。长期以来，我希望，现在我还是希望我们不应该为此恼怒生气，我知道您从根本来说是个正直和善良的人。"②在接到这封表示和解的信后，龚古尔在《日记》中写道："有人给了我一封左拉的信，一封打退堂鼓的信，这封信拐着弯说好话，都德认为是封懦夫的信……收到这封信，我只好给他写：福尔维尔，我们拥抱吧！"③

几天以后，都德安慰左拉："今天，我要告诉您，如果我知道那个

_____

① 1887年10月13日的信。
② 1887年10月14日的信。
③ 1887年10月15日的笔记。《福尔维尔，我们拥抱吧!》是拉比什和勒弗朗写的喜剧标题。

公开反对您的计划的话,我会恳求那些作者,至少有两个我是有些交情并经常见到他们,叫他们为了他们自己,特别是为了我,不要发表这篇东西。"①于是,在夏庞蒂埃家举行了"言归于好"的宴会,爱德蒙·德·龚古尔和都德夫妇、左拉夫妇都参加了。尽管脸上表现友好,但气氛还是紧张的。左拉对他的同事恨之入骨,浑身透凉。对他们俩,用龚古尔的话来说,左拉总是"意大利赤佬"。左拉表面上装得和和气气,心里却想早点走,回到他自己的小家里去。

《五人宣言》虽然广为转载,新闻界评论也颇多,但很快被公众遗忘。但在左拉的心灵里留下了明显的伤痕。现在,他想,为了戏弄那些诽谤者,他要在《卢贡-马卡尔家族》系列小说里,写一本包含幸福和纯情故事的小说,书里排除肉欲,以表明他在混浊的现实世界和微妙的海市蜃楼幻景中也应用自如。小说取名《梦幻》。

这种在文学上变革的愿望同时也伴随着身体的变革。他太胖了,脖子粗壮,大腹便便,体重达 96 公斤,腰围 114 厘米。1887 年 11 月 11 日,在新落成的自由剧场看戏时,画家让-弗朗索瓦·拉法埃利见左拉难以坐进椅子里,向他建议如果想减肥,吃饭时不要喝酒。第二天,左拉开始节食,取消饮料和淀粉食物,只吃一点烤肉。节食挺难,但效果明显,所以也就坚持下来。他和磅秤合作颇佳。他再也少不了这天赐的工具。几个星期以后,龚古尔见到了左拉,他在《日记》中写道:

---

① 1887 年 11 月 15 日的信。

左拉由于执行了吃饭时不喝酒和不吃面包的计划,3个星期内体重轻了28斤。人越来越瘦,变长了,像瘦高个,这样做非常奏效。最奇怪的是,这些年胖胖的、丰满的脸消失了,又是过去细长的脸,像马奈画的那张外表有点凶相的脸。①

　　由于体重减轻,左拉呼吸自由,腿脚灵便,肠胃清爽。他一照镜子,面前站着的是一位长胡子的细高个。体形奇迹般地又回到当年的样子! 这样一来,他可以好好干一阵! 不仅在桌子上获得新生,还可以到室外多活动活动。多少年来过幽居生活,吃得太多,干活劳累,这回是否返老还童?

---

　　①　1888年3月4日的笔记。

第十八章　让娜

除了有几次勉强出席改编《角逐》(勒内)和《饕餮的巴黎》,以及最后通过的《萌芽》(在夏特莱剧场演出 17 场),左拉全力以赴准备编写《梦幻》这部新小说。1887 年 11 月 14 日,他写信给常驻柏林的荷兰新闻记者范·桑坦·科尔夫:"我未来的小说会叫人大吃一惊,这是我酝酿已久的带有幻想和飞跃式的作品。"他在草稿中写道:

> 我要写一本别人想不到是出于我手的书。首先的条件是人人能读,甚至能到姑娘们的手中。没有强烈的情欲,只有牧歌式的诗情雅意……把《保罗和维尔日妮》重写。此外,既然有人指控我不作心理描写,我要叫他们承认我是心理学家……总之,我要在这本小说里写梦幻,所有那些梦中的一切,陌生的人,不认识的事物。

这部神秘小说的故事发生在一座教堂旁的沉睡的古老的小镇里。这座臆想的小镇的气氛应是人们信仰虔诚,远离现在城市喧嚣,为此,左拉查阅了建筑学书籍,在皮埃尔·拉罗斯字典里找词,委托朋友到卡尔纳瓦莱博物馆找些研究资料,埋头阅读雅克·德·沃拉吉纳的两卷本《金色的传说》,并请求亨利·塞亚尔为他提供刺绣艺术的完整资料……他还写信给经常向他提问的范·桑坦·科尔夫,信中说:"这次,我的小说完全是臆想的,我创造了各幕的环境。波蒙教堂完全是杜撰出来的,是根据古西城堡的部分形象写出来的,但是,它提高到主教派城市……这一切都是仔细研究过,故意安排的……总之,环境是编造出来的,但又是真实的……别人从来也不知道……我为本书所做的研究是如此简单。"①在左拉的脑子里,《梦幻》一书是《穆雷神父的错误》这本书的净化了的同一题材的作品。此书情节梗概大致这样:德奥特古阁下是波蒙教堂的大主教,在他进入神职时,他狂热爱着的妻子死了。他的儿子费利西安是个艺术家,满怀激情地在圣乔治从事彩色玻璃窗装配工作。淳朴的刺绣女工安扎莉克钟情于他,但是,年轻人的父亲反对这桩婚姻。失望之余,她病了。主教最终被说服同意时,她死了。左拉在写这篇神话故事时,自以为他能从"垃圾堆"走上"神坛",读者一定会感到吃惊。

---

① 1888 年 5 月 25 日的信。

小说出版后,公众的意见是众说纷纭。有些新闻记者称赞左拉舍弃暴力,宣扬温柔、童贞和信仰,有些记者则指责他假正经,故事颓废,人物苍白。最尖刻的批评是登在《时代》杂志上的阿纳托尔·法朗士的文章:

> 我承认左拉先生的纯情是值得称赞的——他为此付出了全部的才能。在《梦幻》的300页书中,再也找不到他过去描述的痕迹了……如果对左拉先生来说,长着翅膀不如四脚趴地……如果失去本色,那就不能取悦于人……当他描绘他所看见的事物时,他是个好画家。他的错在于什么都想描绘。在这个巨大的工程中,他累了,精疲力竭了。有人告诫过他,他已耽于幻想和虚假。枉费心机! 他却自以为十分可靠。

在左拉背后,有人窃窃私语,说左拉写这种淡而无味的传奇故事,就是为了赢得上流社会的尊敬,用砸玻璃、搞破坏的人物换取文学界名人。就像是说明这些具有讽刺意味的话有理,他接受荣誉团勋章——1888 年 7 月 14 日官方报纸进行报道——并让人了解他很可能竞选法兰西学院院士。他在给莫泊桑的信中写道:

> 是的,亲爱的朋友,在经过长期考虑后,我接受了……接受勋章本身比领十字勋章更有意义,它将比所有奖赏更有意义,直至接受法兰西学院院士名义。如果法兰西学院有一天向我

敞开大门,给我授勋,即院士们愿意投票选我并要求我提出参加竞选,我就提出申请,但不参加竞选。我认为这样做很好,这也不过是我已经迈出的第一步的必然结果。①

很显然,左拉对这种解释很含糊。他自己也不知道怎么会做出这种解释。突然间,他对自己的光荣,过去虽然觉得很了不起,但还是不完全的。过去是公众认可了,而今天,要得到完满的幸福,他需要官方正式的承认。他不明白,他这个当代头号小说家为什么没有得到这种荣誉,而其他名气不如他的作家们反而得到了。他并不是为自己而斗争,而是为明天的文学。突然,他觉得官方的认可是合法的、也是必要的,就像为了纪念他的父亲,将运河和道路以他的名字命名。当署名为巴黎西的新闻记者布拉韦,就法兰西学院院士的想法,代表《费加罗报》采访左拉时,左拉告诉他,他已决定不再反对这个国家和这个时代定下的等级制度,他说:"我自己为什么不接受这种等级制度,特别是对我自己和我的作品都有好处的时候?"他还说他要等待时机,要站在法兰西学院门口,就像豺狼等待尸体,他之所以参加竞选候补名额,也是与接受十字勋章同样的理由:"我要宣传我的作品,我的思想,要与孩子般的任性一刀两断。"

人们写信给左拉,祝贺他得到红绶带,他都认真地予以回复。报刊赞扬洛克鲁瓦部长的勇气,敢于给自然主义的祖师爷授勋。而

---

① 1888 年 7 月 14 日的信。

龚古尔在向左拉道喜后,在他的《日记》中写道:

　　他不知道在变成了一个骑士勋章得主后,自己已经变得渺
小!但是,这位文学界的革命家将来有一天会成为荣誉团勋章
的第三级获得者,法兰西学院的终身秘书,最终将写出那种有
德行但令人厌烦的书,那时候,人们会后退,不会给他像小姐们
的寄宿费的价格的钱财了![1]

　　左拉做出决定后,就去找阿莱维,向他宣布他今后将目光转向
法兰西学院。如果自然主义与他一起进入法兰西学院,舆论又会有
多大反响!这种胜利等于是礼宾上的卑躬屈膝行为。在他拜访阿
莱维的同一个晚上,他向出版商夏庞蒂埃夫人说:"我有两条道路可
供选择——官方的道路和非官方的道路。过去我并不想走第一条
道路。您已把我引入这条道路。我应该有始有终。像我这样的人
是不会半途而废的。要不就在山前停步,要不就是攀登顶峰。命运
已经做了安排。我将得到荣誉团大十字勋章,只要有参议院,我就
会成为参议员。只要有法兰西学院,我就会是学院院士。"

　　左拉想当法兰西学院院士的奢望使龚古尔越来越感到不快。
他在一次接见《高卢人报》专栏作家时,在谈到凯德孔迪[2]的众多人
物时,情不自禁地说:"我想,那一帮排斥巴尔扎克和米舍莱的人,是

　　[1]　1888年7月14日的《日记》。
　　[2]　凯德孔迪,或译孔迪堤岸,法兰西学院所在地。——译者

一些可笑的和不识时务的人。左拉突然离开我和抛弃我是很难受的,我对左拉过去的信念不会说否定的话。但既得荣誉团十字勋章又得法兰西学院院士,这与他的才能和名声相配吗?他曾说:我认为作为文人,以上这些荣誉使我变得渺小了。"

《高卢人报》记者的谈话记录深深地刺痛了左拉,他向龚古尔抗议:

> 我在《高卢人报》上看到《龚古尔看左拉》一文后,马上给您写信,我要叫您知道,如果这事使我伤心,那并不是文章没有谈及我们之间的已有 20 年的伟大友谊,而仅仅是"我突然离开您"的说法不对,您自己可以回想一下并纠正事实。如果说我们之间的关系日益疏远,今天我终于我行我素,这是我愿意的吗?此外,您为什么指责我接受勋章,我不是和您在同样的条件下接受的吗?洛克鲁瓦深情地将它交给我,而您是玛蒂尔德公主……总之,如果有一天我进入法兰西学院,那我也不会放弃我的自尊心和独立性。这并不会使我俗不可耐,相反,在那些爱我的人的心目中,并不会因此丧失威信,因为他们会明白,我过去要求的,为什么和怎样要求的。

实际上,龚古尔感到最恼火的是,正当他们的朋友都德发表《法兰西学院院士》,激烈地攻击凯德孔迪的"古老机构"时,左拉却雄心勃勃地要加入法兰西学院。此外,龚古尔过去曾把左拉列在他要创立的研究院名单上，以与法兰西学院唱对台戏，他不能原谅他的会员宁可要 40 人而不要 10 人，他在给左拉的信中写道："直到如今，我们干了些傻事、错事，可能双方都有责任，这使我们之间有了距离，我们现在是站在两个极，这是叫人伤心的事，但随着时间、境况的变化，在文学上还可以携起手来一起合作。"左拉回信说："为什么说我们站在两个极？我不愿意把门关死，我总希望，一旦障碍消除，误解融化，使我们产生距离的一切都不存在，我们还可以像过去一样携起手来。"

更猛烈的攻击来自奥克塔夫·米尔博，他在 1888 年 8 月 10 日的《费加罗报》上发表文章，题目是《一个人的末日》，文章指责左拉为了达到进入法兰西学院的目的，不仅出卖了老朋友，而且出卖了自己的原则。米尔博写道："今天，左拉先生为了得到绶带，一块绿色刺绣，变着法地搞诈骗，费尽心机，在那件最叫人悲痛的傻瓜的礼服上缝上这些玩意，这时，他把斗争、老朋友的友谊、独立精神、作品，一切都否定了。"在米尔博看来，左拉渴望坐上法兰西学院的宝座，希望"以院士们的友谊来填补艺术家们、同行们留下的空白……这是最初的希望"。左拉的习惯是把这些无耻的污蔑搁在一边。他只是这样驳斥诽谤者："啊！我亲爱的米尔博，多年来就有人说我已完蛋了，可我都顶住了。"

每当来自四面八方的攻讦袭来，左拉更抖擞精神，挺起腰板儿，他从来没有感到如此精神和年轻。他非常满意地记录下每周减轻的体重。他越老越俏，穿着剪裁得体的衣服，头发留得长长的，往后梳整以掩饰平淡无奇的面容。1888 年夏天,他肚子扁平,髌骨自如,像个棒小伙子,健步如飞。他刮去胡子,认为留胡子显老相,只留一撮山羊胡子。亚历山德里娜并不在乎这种变化。她的食谱与丈夫一样,但她身材臃肿。左拉怀疑她在餐外还吃了食品。为了洗涤衣服,她在 5 月雇了一个女佣。新来的女佣生于 1867 年 4 月 14 日,正好 21 岁。她叫让娜·罗译罗,她母亲已去世,父亲是磨坊主,已再娶。让娜在巴黎当工人,对受雇于忠厚的市民家庭感到满意。亚历山德里娜很快就少不了她。两个女人都喜欢干净的内衣,精心缝补,整理衣柜。左拉含情脉脉地看着这位身材修长、敏捷、诱人的女子,她两颊细嫩,嘴唇像天鹅绒般美丽,她脖子纤细、头发乌黑。这个姑娘生性欢乐,十分听话和朴实。她和亚历山德里娜是多么的不同,亚历山德里娜由于年龄日长,性格生硬、说话武断、心胸狭窄,总希望别人尊重她! 有了让娜,家里有了年轻人的朝气。左拉喜欢听她洗衣服时唱的歌。他和她讲话时就像对孩子讲话一样。而她对主人的垂青感到惊愕。有时候她觉得这位 48 岁的男人的目光既像爸爸又有点含情脉脉。她对他微笑时总是低着头。这种微笑拨动了左拉的心。对这位受生活和工作折磨的作家来说,这么一个窈窕淑女怎能不打动他呢? 如果他早些碰到她,代替亚历山德里娜,那会多么幸福! 他会发狂地爱她,娶她! 她可能会为他生孩子,而亚历山德里娜至今没有生育。当左拉看见她在房间里走动时,他伤心地想,他创作了这么多虚构的人物,自己的血肉之躯却没有生养一个儿子和女儿。他看见让娜的胯部,想入非非。他有意走近她,闻她皮肤散发的香味。他虽觉得有点非礼,但并不负疚。

夏天,当亚历山德里娜决定带让娜到罗扬以便她在身边服务他们时,左拉欣喜万分,真想拥抱妻子。他们去罗扬时,住在离夏庞蒂埃家不远的康乃馨别墅,他们在海滨闲逛、吃饭和度假。他们参加夏庞蒂埃女儿若尔热特和年轻作家阿贝尔·埃尔曼的订婚仪式。人们组织了安得列斯式晚餐,来宾们脸上涂黑色,穿罗马式长袍。有人逗着肩挂柯达照相机到处转、热衷拍照片的左拉。只要他有可能,就给让娜拍照。他眼睛对着取景器,拍她各种各样的姿势,心中幻想着能占有她。让娜对左拉的感情心照不宣,对左拉接近她时的激情也不做拒绝表示。亚历山德里娜常因过于疲劳不陪丈夫散步。左拉和让娜像情侣那样在海滩上漫步。当然,当太太的没看到什么就没什么可指责的,她怎么会怀疑像这把年纪这种体质的男人会有什么坏心眼,长期以来,他不是只知道写作吗? 左拉在饭桌上越来越兴致勃勃,他忘掉工作,不午睡,怕的是身体再度发福。由于与让娜过于亲密,一回到梅当,她就推托因私事缠身,不到亚历山德里娜处干活。左拉瞒着他妻子,将这位当时还不是他情妇的女子安顿在巴黎的圣-拉扎尔街 66 号一套租来的房间里。他们幽会了几个星期后,1888 年 12 月 11 日①,在一阵狂吻和没完没了的抚摸以后,让娜终于投入了埃米尔的怀抱。

在发生这件事以后,左拉回家时心花怒放,但还不敢正视亚历山德里娜。从这天起,他对妻子是怀着亲亲热热的怜悯心,而在让

①　10 年以后,在一张左拉给让娜的贺年片中注明了这个日子。

娜的床上则极尽风流韵事。他从没有享受过这种感官之乐。他年轻时的妻子已老了，而老年时的妻子是年轻的。他玩了这个女人接着找另一个女人，似乎是在进行报复，几十年来，他这个贞洁者，过着既不像生活，也没有爱情的日子。但是，为了当真理的冠军，他只好钻到谎言堆里！这一切怎么结束？真是天晓得！他对谁都不敢讲金屋藏娇的事，然而，在某次聚会时，他向龚古尔承认，他过去的生活是"做了文学的牺牲品"，是"干活的牲口"。龚古尔写道："左拉向我忏悔了，在知天命之年，他享受生活的乐趣，有了物质享受的愿望，他突然打断问，'我妻子不在那里吧……您看，这样年轻的姑娘我可没见过'，并跟我说，'这不比书强吗？'"①左拉越来越不谨慎，时常夸耀他的艳遇。有一次莱昂·埃尼克在埃菲尔铁塔碰到左拉，由一个"戴玫瑰色帽子"的美娇娘陪着。在众目睽睽下，左拉颇为得意。别人还以为这是他的女儿。

但是，这回让娜怀孕了。左拉幸福之余，难以掩饰这个秘密。到49岁才当爸爸，这合适吗？这多么好啊！他是个男人，有性要求的人，也是有生育能力的人。不仅是在纸上创造人物，在实际生活中也能养育孩子。当然，这是婚外情。但是，最重要的是行为而不是环境。现在该怎么办呢？向亚历山德里娜承认一切，还是离婚？尽管她脾气暴躁，这么做等于杀了这位不幸的女人，不应该这么对待她。与让娜一刀两断，这也不可能，因为她怀着他的孩子。这就

---

① 1889年1月22日的《日记》。

迫使他要与两个女人一起生活,有两个家,对两方面都受到良心责备。面对亚历山德里娜他要演戏,而到让娜那里寻找欢乐。幸好,亚历山德里娜不管丈夫的账目。不然她很快就知道其丈夫在外面怎么花了这么多钱。但时间一长,这种收支平衡能瞒多久?左拉总是小心翼翼。

1889 年 9 月 20 日,让娜生了个女孩,取名德尼丝。对左拉来说,这是最高奖赏。面对这个哇哇啼哭的婴孩,他既称心如意又内心受到谴责。这不是《穆雷神父的错误》,而是小说家左拉的错误。他要约束自己,不在亚历山德里娜面前表现出喜悦之情。9 月 22 日,他写信给亨利·塞亚尔:"亲爱的塞亚尔,我写信给您,因为在我的朋友中,您是我最信得过的、最可靠的人,我请您帮个忙。明天,星期一 11 点钟,请您到德卢奥街,第 9 区区政府的院子里去一趟。只不过签一个字而已。"塞亚尔有点困惑,到了约会地点,左拉告诉他请他帮助为让娜孩子填表,但他没透露孩子的父亲的名字。"好塞亚尔"和为年轻女人接生的亨利·德利诺医生在出生证上签了字。12 月 27 日,让娜也签了字,女孩的认定书上证人也相同,父亲一项是"尚未认定"。

3 个月以后,左拉再也沉不住气了,他在位于特里尼达教堂对面的咖啡店里会见塞亚尔,低声坦白他的私情,并向他保证他继续爱亚历山德里娜,但是"为了传宗接代,他要在身边找个可靠和正派的女人"。当然,他知道会有"麻烦",如果亚历山德里娜知道内情的话。不过,这事他会设法"安排妥帖"。在这期间,他要遮掩和拐个弯儿进行。保罗·亚历克西也暗地里被告知此事。这件事使这两位左拉夫妇的常客挺尴尬。他们俩在亚历山德里娜面前不得不掩饰真相。但是,亚历克西嘴不严,他被龚古尔伪装的绅士风度所愚弄,说出了同党。龚古尔写道:

> 今天,亚历克西向我承认,左拉确有个小老婆。他向亚历克西坦白过,他的妻子有很多家庭妇女的优点,但她对很多事很冷淡,这就使他到别处找温情。他谈到了这位老文学家重返青春,渴望各种各样的享受和世俗的虚荣心。左拉最近问塞亚尔,上 12 堂课期间,他能否骑马到树林里转转。啊,骑士左拉,我倒没有见过。①

最近几个月,龚古尔对左拉甚为怨恨,几乎在每篇或每行日记中爆发出来:"现在,左拉是文学界最狡猾的人,比犹太人过之而无不及。""在新闻界,如果没有人愿意承认我是首创者,左拉是剽窃者,如有谁不知道左拉是拿我的作品扩大、漫画化、丑化后发的迹,使我感到安慰的,那就是想到如果亚美利加·韦斯皮斯命名亚美利加洲,那现在所有研究材料和全世界都以为是克里斯托夫·哥伦布。"②

左拉在感情上的偏差使龚古尔很感兴趣,他也希望闹出个丑剧

---

① 1889 年 11 月 21 日的《日记》。
② 1889 年 5 月 2 日、3 日的《日记》。

来。凡是能损害这位文坛对手的事似乎都是他个人的成绩。然而，左拉已堕入九里云雾中不能自拔。他经常离开家庭去照料婴孩。这种双重家庭生活必然干扰他的工作，在摇着婴儿的摇篮时，他没有意识到这已违背了作家的使命了。

第十九章　坐机车旅行

　　左拉一方面从容不迫地过日子,偷偷地谈情说爱,同时也不放弃继续写小说。他脑海里已酝酿《卢贡-马卡尔家族》中的下一部作品。他在写给范·桑坦·科尔夫的信中说:"在铁路领域里,我可能写一些骇人听闻的悲剧作品,通过行政官员的失职来研究犯罪。但是,我再说一遍,这事至今还没有明确提纲。"①多少年来,关于铁路方面的题材一直萦绕在左拉的脑子里。在梅当,沿着斜坡上的花园,在篱笆后面,有一条通往诺曼底的铁路线。保罗·亚历克西写道:"这里每天有上百趟火车来来往往,弄得他工作室门窗的玻璃微微震动,令人炫目的快车冲入桥上,桥上一排漂亮的树木沿着塞纳河生长;慢车缓慢地从远处开来,其声响直入山谷;而运货车速度更慢,甚至能数出轮子的转动圈数。"在傍晚,左拉喜欢看顶上冒着烟

---

　　①　1888 年 11 月 16 日的信。

雾的火车头向他开来。他眼睛盯着最后一节车厢的红灯。他想着那些被夜幕带走的陌生的旅客的生活,还有被奔跑的火车带来的风吹着的火车司机、机械修理工的面容,在小房子门口站着的道口看守员晃着小绿旗让列车通过。当保罗·亚历克西到梅当拜访左拉时,左拉站在他工作室的阳台上说:

> 我想写一篇情节简单、富于人情味的书,两列火车自动相撞,造成巨大灾难,这是个人报复引起的……或是别的什么原因! 虚构一部作品对我来说算不了什么,也不困难……重要的是要生动活泼,使人能直接感受到,一条大铁路线上,两个大车站之间,铁路线曲折蜿蜒,中间还有小车站。我想使铁路上的形形色色的人物活跃起来! [1]

左拉在这个计划指导下,初步积累了一些资料,从报上剪下一些有关铁路事故的资料,还有一些激动人心的社会新闻。他读了《罪与罚》以后,印象颇深,干脆从陀思妥耶夫斯基书中的主人公拉斯科尔尼科夫的理论中借用了过来,此人为证明自己是属于强者的种族而杀了人。而左拉书中主人公雅克·朗捷完成这一行为,不是服从于某种意识形态,而是在"原罪"的指使下,出于病态的、祖先传下来的冲动完成的。前者是个患神经官能症的知识分子,脑子里

---

[1] 保罗·亚历克西引用的话。

萦绕着罪恶和赎罪,而后者是遗传病的牺牲品。前者在头脑里提出形而上学的疑问,后者在血统上是凶杀者。左拉得出了这种结论,在下段时间里就收集铁路工人的生活状况资料。他希望他的小说里由于电话铃声、机车汽笛声、火车奔驰声、车站嘈杂声、蒸汽嘘嘘声,以及钟声等而震撼人心。为了表现这个世界,他要有一个称职的向导,再次地全身投入。他与西线铁路的董事波尔·勒费弗和公司经理联系。在他的要求下,他被允许进入东场,并乘机车从巴黎到芒特。他阅读了波尔·勒费弗的《铁路》一书,为这次旅行做准备。他从书中了解了一些技术资料,诸如这个神秘领域里的劳动组织、机器的作用、线路业务、人员的生活条件……一旦熟悉了铁路专有名词后,他就到勒阿弗尔去找了一位铁路老员工,他向左拉讲述了铁路工人的每天工作情况,他们要求预发工资而进行的斗争,为了在车站争取一处较好住房而发生的对立,以及他们生活的艰辛和欢乐。后来他到鲁昂,在那里他参观了法院、审判厅。如同在安津和波施一样,他把这些观察中得到的资料记在专用笔记本里。

接着就是坐机车旅行。1889 年 4 月 15 日,他到巴黎,身穿司机的工作服,在工程师克莱罗的陪伴下,踏上机车平台。克莱罗负责讲解各种操作性能。在运行途中,他把所见所闻牢记在心里:那种腿骨折断似的颤动,令人眩晕的狂风,灼人脸面的交替的冷风和热风,列车像雷鸣般的声音与狂风怒吼交叉相应,黑夜里穿过隧道,在扳动道岔时的晃动,打开炉门时可怕的熊熊燃烧的火焰……他已经考虑过了,把他乘坐的这辆火车写到自己的小说里,把它描写成一个喜怒无常的铁怪物,这样一来,比他带着的可怜侏儒更生动。如同《小酒店》里的蒸馏器,《妇女乐园》里的百货商场,以及《萌芽》中的矿井,火车是他书的中心人物。他给火车起了一个女人名字:"拉莉松号",以表明它不是一种普通的机械,而是命运的象征。书名是《人面兽心》。

在巴黎到芒特这一趟来回折磨人的旅行后,他一下火车就到自由剧场观看在这里重演他青年时期写的一个剧本《玛德莱娜》,他倒在椅子上,由于颤动太厉害,膝关节像散架似的。很多报纸都对作家的坐机车旅行发表评论。龚古尔在一边嘲笑他。但是,左拉知道这次旅行已将他带入幻境,对写小说是很有用处的。

在《人面兽心》一书中,左拉扩大和深化了《泰雷兹·拉甘》一书的主题。"拉莉松号"上的机械工雅克·朗捷,对副站长卢波的妻子塞芙丽娜产生兴趣,她和其丈夫合谋参与一件凶杀案,朗捷也常有杀人的念头,他的先祖也犯有类似毛病,如果不想在交欢中杀死她,他就不可能占有另一个女人。他在脑子发昏的时刻杀了塞芙丽娜,由于有这种岁月日久产生的阴暗思想支使,他并无负疚感,而是精神和肉体都感到放松,这是那些没有受杀人念头纠缠的人所无法理解的。但是,天生就有杀人愿望的人产生了杀人愿望,在飞奔的火车出轨时,一切都结束了。《人面兽心》一书是描写世俗社会由于欲望导致犯罪的古老故事,不过是发生在工业发展的社会里。在这本充满噩梦的作品里,肉欲和钢铁、黑色的煤和白色的女人皮肤交相呼应。

然而,这位描写心理大灾难的作家,这位残酷和冷冰冰的观察家,却突然为爱犬方方的死而伤心。对宠物的爱心涌上心间。如果没有这只充满信任眼光和使他平静的爱犬在身边,他的生活就失去了幸福。他在给塞亚尔的信中写道:

> 我的小狗方方星期天死了,它得了可怕的病。6个月以来,我给它吃,给它喝,像照顾孩子那样照顾它。它不只是一条狗,它的死使我痛心。我一直感到战战兢兢。①

将爱犬埋葬后,他仍很快地投入写作。《人面兽心》在《人民生活报》上连载,然后在夏庞蒂埃出版社汇集成书出版,并获得了巨大的成功。朱尔·勒迈特在《费加罗报》上撰文,认为左拉是"人间的阴曹地府的诗人",他描绘的人物"不是一些有性格的人",而是具有"会说话、会行走、会活动本能的人","简洁的描绘具有妙不可言和非凡的效果",这是一部"以现代历史形式表现的史前的史诗"。阿纳托尔·法朗士过去对左拉作品的态度是严厉的,这回说:"此人是个诗人。他的才华既伟大又简练,他创造了象征性人物。他制造了新的神话。希腊人过去创造了山林仙女,而他创造了拉莉松,这两个创造都是不朽的。他是这个时代的抒情诗人。"只有几个爱挑剔的评论家指责作者编造了一个难以置信的故事,里面碰到很多阴

---

① 1889年6月5日的信。

阳怪气的家伙。龚古尔在他的《日记》里极其恶毒地写道："像《人面兽心》那种小说，左拉今天制造出来的那种小说，那是胡编乱造虚构出来的，纯粹是他脑子里肮脏的分泌物，这本小说对研究真正的人类无任何研究价值，对我来说，在这种时候，也毫无兴趣可言。在印出来的小说中，我感兴趣的仅是有血有肉的人物，在这种作品里，多多少少还有过去人们生活的回忆。"①这种猛烈的指责也不妨碍同一个龚古尔在第二天给左拉写的一封动人的信："我仅仅是重复人们对您的祝贺，大家都认为您创造的人物很有力量，环境奇特，描写事物富有诗意，想象丰富，这就使您这位作者成为读者最喜爱的作家。"②

　　读者如饥似渴地争相购买这部有血有肉的小说。销售量立即直线上升。亚历山德里娜和让娜都欣喜万分，各有各的欢欣。他的妻子和情人都向他祝贺，左拉心中对这双份的祝贺颇感羞愧。他是优秀丈夫、模范情人，他脚踏两只船，享受男子汉的幸福。但是，这种感情上的舒服日子还能安静地过几天？

　　由于这本书销售情况很好，预计会有一大笔收入，亚历山德里娜决定离开巴黎寓所搬到布鲁塞尔路乙 15 号一座四层楼宅邸。这幢新的寓所，左拉想该是他的名副其实的圣地。为了装修房子，购置什么都在所不惜。进门大厅的门和墙装饰就花费 3300 法郎，其中包括 26 块镶金的哥特式的表现新约故事的护墙板。他还购买了一扇华丽的铸铁栅栏门（1615 法郎）安装在卧室；一个木雕屏风，上

---

① 1890 年 4 月 17 日的《日记》。
② 1890 年 4 月 18 日的信。

面画有宗教内容的画,屏风两侧有两座手拿福音书的雕像(1330 法郎);一条胡桃木雕、上面雕有小花、哥特式的 3 人长凳(670 法郎);古老彩画玻璃窗(405 法郎);一个红色天鹅绒壁炉罩(245 法郎),上面刺有圣像;此外还有一把扶手椅,中世纪式地毯,印度和缅甸的佛像,圣餐杯,圣体盒,一个象牙耶稣十字架,一个圣体饼盒,一长串念珠……左拉虽然是个不可知论者,却喜欢在身边摆些表示虔诚的小摆设。在这些面目可憎却耗资巨大的旧货中,他这个相信科学的作家,却感受到虔敬的不可抵挡的吸引力,这本是他所谴责的事。他自认为是个唯物主义者,却注意听取冥国的声音。他在梦中惊醒后,死亡的念头一直萦绕着他。有人说法兰西学院院士自称是"不朽者"!这是多么自高自大!

于是,埃米尔·奥吉耶的逝世又使左拉对进入法兰西学院雄心勃发。有 13 位作家被列在名单上。左拉一下子抓住机会。1890 年 5 月 1 日,经过 7 轮投票,他最多得 4 票。选举延期,没有一个候选人得到绝对多数。12 月 11 日,左拉也没有通过,因为夏尔·弗雷西内坐上了他所垂涎已久的交椅。

屡次的失败并没有动摇左拉的决心。他还经常提出申请,他是成就卓著的自然主义头头,必须要挤进这个神圣组织的大门。碰巧,又有新的空缺。他在给保罗·亚历克西的信中说:"弗耶的死将使我能进入法兰西学院,这一回可能不是没有希望。"①但是,在这

---

① 1890 年 12 月 30 日的信。

次毫不留情的竞争中,皮埃尔·绿蒂取胜了。作为对受院士们侮辱的补偿,左拉立即被选为文学家协会主席。他把这看成是角逐官方祝圣活动的邀请书。然而,尽管一帮年轻人坚持,他仍不到议员团就任。他在给诺埃尔·克莱芒-雅南的信中说:"我认为,当议员可是最吃力的差使,我可不愿意当这种吃力不讨好的议员。我是个有责任心和干事业的人,我首先要完成我的作品。"①

确实,他的书销售量与日俱增,这就促使他继续在文学界埋头写作。这样就有足够的收入维持两个家庭。他有丰富的物质收益,并向往进入法兰西学院,在作品获得官方认可情况下,又可以吸引更多读者。"我们就是这样一个民族,巴黎永远是个弥撒!"②他早就这样宣布过,以证明对穿上绿袍的热衷。此外,他也不着急。他相信,总会轮到他,只要他的小说生产不减少。

《人面兽心》是《卢贡-马卡尔家族》系列小说的第 17 本。根据他当初的计划,还有 3 本书要写。他不愿意超过 20 本,因为他很疲劳,累得喘不过气来。他的书写得很快。有时候,他文笔有点松弛,不怎么精巧,他也没有耐心进行修改。怎么能在写得太多时,不重复句子,不表现同样思想呢? 1889 年 3 月 6 日,他告诉于斯曼,他很厌烦,信中说:"我懒于动笔!我只好再做点努力以便以后不再动笔。这是一种惰性,一种无所谓的感觉!"后来,他在给朱尔·勒迈特的信中说:"是的,确实,我对写这系列书有点厌倦了,这是跟您说

---

① 1891 年 5 月 27 日的信。
② 1890 年 3 月 9 日的信。

的悄悄话。但是,我要完成它,不改变我的进程。然后,我认为我还不太老,我不怕别人指责我突然改变主意。"①

左拉虽然从来没有承认过,但他自认为只有他才能与巴尔扎克平起平坐。为了完成《卢贡-马卡尔家族》这部巨著,他应该以他的先驱者为榜样,在系列书中对金融界进行深刻研究。他刚从《人面兽心》中脱身,又全身投入《金钱》的写作。工作一开始,他就加紧阅读"有用"资料,向股份有限公司的专家们咨询工业发展、增加资金、大胆投机、银行运作等问题。他拜访经纪人,参观交易所,做了一些笔记并写在草稿上:"我不想在这本小说里做出厌恶生活的结论(悲观主义)。生活就是这样,不管怎样,要接受它,全身心地去爱它。总之,我还要把《卢贡-马卡尔家族》系列书中所有的书写出来。"这种对"生活就是这样"的承诺体现了不管发生什么事都要生活得幸福的愿望。应用到感情方面,这种生活就用到与让娜的关系上去,不管有负疚感或者怕此事露馅,他认为这种关系是有好处的。由于有了年轻的情人,他又返老还童,尽管这可能是生活中的苦果。他甚至可能为她少写些文章,把时间贡献出来? 可是他还没做到这点。

他一动笔,《金钱》一书就使他充满激情。在这本小说里,他将不动产的、固定的、以土地、宝石为基础的产业财富,与流动的、很快转移的、不稳定的投机性的财富对立起来。这种从这个人转到另一

① 1890 年 3 月 9 日的信。

223   左拉传

个人的流通确实促成了工业和商业的发展,同时也促使那些冒失鬼破产。而可能在后来,就像书中空想主义者西日蒙·布什所期望的那样,老百姓能得到正义和社会幸福,那时没有工资、没有利润、没有富人,也没有穷人,而是友好相处,享受天堂里纯真的友情。《金钱》的主人公——金融家萨卡尔创立了世界银行,与犹太银行家根德曼发生冲突,此人最终使他走投无路,陷于破产,而一批小储户也遭了殃。然而,这个机灵的、自命不凡的冒险家勾引了诱人的卡洛琳·阿默兰,并成了他的情妇。这个女人爱萨卡尔青春年少、斗争激情和对生活的信心,尽管他给别人带来毁灭性灾难。她在沮丧之余,在小说中表示了富有哲理性的话。左拉写道:

> 确实他已不存在任何幻想,就像大自然一样,生活总是不公正和肮脏的。为什么要毫无理智地爱它,接受它? ……啊!有了它才有欢乐,但是否还有另一种生活?

萨卡尔的银行是家天主教银行,是保守的和反动的;而根德曼的银行是犹太教和新教派的银行,并带有共和色彩。为了描写这两个金融巨子的斗争,左拉从联合银行的银行家邦图和洛特希尔德家族的秘密斗争中得到启发,这场斗争是以 1882 年的金融崩溃和小客户的破产告终的。简而言之,这是一本以实事为基础的小说。这一切都是读者所喜爱的。但是,左拉也有点不安,他在给范·桑坦·科尔夫的信中说:"在我看来,金钱问题在艺术上已不再是可抗拒的题材。在这个问题上，我已经陷得很深。您问我是否满意——在一本书中，我从来也没有满意过，这一次我费了很大的劲儿，有些日子，我简直真的直不起腰。总之，等着瞧吧！"①那一段时间，他有时在夏庞蒂埃家碰到龚古尔，龚古尔写道：

> 左拉又有点长胖了，脸色有些发黄，皱纹不多，气色令人毛骨悚然。说话友好，假装有同事之谊。他对他写的书并不是完全满意，但不要太公开了，这可能有损于……最后谈《金钱》一书，这也是行动的动力，但在《金钱》一书中是作为研究题材……那本书里谈钱谈得太多了。②

1890 年 11 月 30 日，小说《金钱》开始在《吉尔·布拉斯报》上发表，朋友们祝贺左拉，说在这样抽象的主题中颇有人道主义味道，赞扬金融崩溃的场面，但是，总的来说，语气比较节制。新闻记者经常谈到左拉的书，想方设法找词儿恭维或损它。然而，朱迪特·戈蒂埃在《召唤报》上撰文，指出左拉似乎接受了卡尔·马克思的理论，他书中的人物西日蒙·布什就鼓吹这种理论。阿纳托尔·法朗士在《时代》杂志上撰文评论："文风越来越简单、笨拙、不被重视。但是有一种特殊的力量在推动这部沉重的机器。"很久以来，读者们就习惯于购买左拉的小说，都迫不及待地到书店购买他的书。这样

---

① 1890 年 9 月 12 日的信。
② 1890 年 10 月 16 日的《日记》。

一来,左拉放心了。左拉的作品还是很流行,尽管某些同事对他的作品挑三剔四。

左拉被邀请到鲁昂参加福楼拜纪念碑的揭幕典礼时,与龚古尔一同乘火车前往,龚古尔神色十分欣快,而莫泊桑面容憔悴,神色不安,精神不振。仪式在博物馆公园举行,在风雨交加中,龚古尔发表了演说,颂扬了《包法利夫人》的作者的文学天才、生活简朴、为人善良。他说了些瞎扯的话。暴雨打断了他的话,还不时刮风。在这场暴风雨中,由沙皮雕刻的纪念碑就像一方块熬出来的猪油。参加集会的有省里名人、忙忙碌碌的记者、表情冷漠的市民,左拉想,真叫人伤心,是这么一帮人在纪念一位伟人!人们以为是农村漫画。他在翻领的大衣内哆嗦。他脑子还涌现了福楼拜的形象,看见这位克鲁瓦塞的隐士在发火,听见他辛辣的话语,以及开怀大笑的情景。他不由自主地比较他们俩的命运:他们同样对工作满腔热情,把生命投入文学,但是不是写得更少一点,像福楼拜那样,以便将作品传给后代?

第二十章　家长

　　《卢贡-马卡尔家族》系列小说接近完成,左拉的心情是满怀希望又有苦恼。当他完成最后一本最后一页时,他突然感到他的生活空空如也!当他将《第二帝国时期一个家族的自然和社会历史》脱手时,他的劲儿往何处使?保罗·亚历克西问他:"写完这部书后,您准备做什么?"左拉想了一会儿,含糊其词地回答:"我的朋友,您说以后干什么?干别的事,干其他的事……比如说,写历史,像法国文学史之类……或童话……或可能什么也不干……我已经老了!……我要休息一下……"①

　　目前,他想的只是即将动笔的小说《崩溃》,这本书讲的是1870年那场疯狂的战争,法国在骄横的德国人面前丢尽脸面,吃了败仗。左拉本人没有被动员参战,他只好到参加过这场可怕的屠杀的那些

---

　　① 保罗·亚历克西的信件引文。

人那里收集资料。他满怀激情查阅参战士兵按日子记下的战争印象,翻当年的报刊,研究参谋部的地图,他在兰斯雇了一辆篷车,沿着库塞尔第 7 军团的路线直到色当。他的妻子陪着他参加了这次研究性旅行。车夫是个退伍兵,1870 年时走过这条路线。左拉和亚历山德里娜舒舒服服地坐在车上,左拉注视着窗外的景色,脑子里浮现出当年的情景,众多士兵麇集队伍,冒着枪林弹雨,被打得溃不成军,死的死,伤的伤。有些士兵倒下了,有些士兵冲上阵地,伤兵员在队伍中呻吟,一队惊慌失措的士兵在被枪弹打得凹凸不平的道路上艰难地行进着……在这平静的旷野里,左拉见到的是上述情景。当亚历山德里娜由于马儿奔跑而摇头晃脑时,左拉想的、记的、写的是国家遭受不幸的历史。

1891 年 4 月 19 日,星期天,左拉夫妇到达斯通,然后去勒伊利,那里的客栈老板跟他们大讲特讲打仗时的新闻和趣闻。在色当,前市长夏尔·菲利波托给作家当向导,带着他参观了周围的旧战场。参观中,往事联翩,文思泉涌。左拉手拿笔记本,到了伊日岛,在那里普鲁士人关押过战俘,在贝勒维别墅,法国军队签署了投降书。在拿破仑三世的宅邸,打了败仗,身患疾病和精疲力竭的皇帝会见了俾斯麦。在比利时的布莱,皇帝投降后曾下榻于此……他当时是与部队和将军们在一起。一个星期的采访,使他体验到打仗时的生活。他在给《小高登人报》编辑的信中说:"您瞧,获得资料有两种办法:第一种是生活在居民中间,逐步了解情况;第二种是到那里走马观花,取得合乎逻辑和丰富的资料。后一种也就是我采用的方法。"4月26日星期天,左拉夫妇乘火车回到巴黎。行李袋里装了110页《崩溃》的笔记。

左拉回到首都后,将资料分类,迅速处理一些日常事务,与文艺家协会讨论让罗丹雕塑巴尔扎克像的可能性,参加了为欢迎由他的小说《梦幻》改编成喜剧的剧作者和演员而举行的宴会,一直抽不出空着手编写《崩溃》一书。有两件事使他未能腾出手来写书:一是亚历山德里娜打算与他一起到比利牛斯山去旅行,二是让娜又怀孕了。在晚年当两个孩子的爸爸,真难以想象!好运接踵而来,使他受宠若惊。他对让娜的健康有些担心。在这种突如其来的怀孕期间,他能不在她身边吗?亚历山德里娜对此毫不知情,坚持要做这次旅行。左拉只好答应了。他对妻子有负疚感,难以拒绝其要求。然而,在出发以前,他要倍加小心,他把让娜托付给亨利·塞亚尔,请他多加关照。1891年9月8日,他在给塞亚尔的信中说:"找个下午去看看我可怜的让娜,她可能做事不大周全。但有您这样实在和小心的人在她身边,那我就放心多了。我将把您的地址告诉医生,一旦她要分娩,他就会打电报告诉您。请您和医生一起给孩子申报个名字。要是男孩,就取名雅克·埃米尔·让;要是女孩,就取名热尔梅娜·埃米莉·让娜。至于第二个证明人,您可请亚历克西或者让娜,让您选一个人就行。如遇到不测,您可以代替我,但要设法尽快告诉我。我想我会设法告诉您地址。我们明天出发到波尔多市比利牛斯山。老朋友,衷心地感谢您,我并不交运,您所干的都是积德的事。"同一天,他写了一封信给德利诺大夫,他负责照料让娜:"我的朋友亨利·塞亚尔住在珍宝街10号。他已知道,如果您碰到难产,请立刻打电报找他。我的意思是怕发生不测。别到事情结束了再告诉他,他和您一起去申报……全托付给您了……不管发生什么事,别给我写信……塞亚尔什么都知道。"

9月9日,左拉怀着胆战心惊和内疚的心情,将即将分娩的情人留在巴黎,陪同想见识一下比利牛斯风光的妻子去旅行。他们俩从波尔多到达克斯、波市、科特雷和卢尔德。卢尔德市自然条件贫穷,迷信盛行。左拉印象至深。他本来打算只待一天,结果在街上逛了4天,他为还在脑子里酝酿的书做笔记。他后来对龚古尔说:

> 站在神像前的那些满面病容、穷极潦倒的人和奄奄一息的孩子,趴在地上祈祷的善男信女,这个从14岁小姑娘的幻觉中产生的笃信宗教的城市,在这个对宗教怀疑的世纪中的这个城市,他们的外形使他感到蛊惑。①

左拉夫妇冒着倾盆大雨继续旅行,他们到西班牙欣赏异域风光。亚历山德里娜对这个热情的国度的秀丽风光十分满意,但是,左拉却苦于得不到情人的消息。怀孕的让娜快到分娩期。他无法守在她身边,却在圣-塞巴斯蒂安闲逛。怎么能得到有关消息而不惊动亚历山德里娜?1891年9月20日,他想到一个计策,通知其挚

---

① 1892年7月26日《日记》。

友亨利·塞亚尔：

　　如果您有什么特别事情要告诉我,可写信给比亚里兹 M.
A.B.,留局自取信箱 70 号。我在那里待到 25 日。如果让娜分
娩,医生告诉您消息,那就在《费加罗报》私人通讯栏里写一符
号,署名杜瓦尔,您可以用暗语告诉我。用公雉鸡表示男孩,雌
雉鸡表示女孩,总之,这就像是一个鸡笼问题。

　　左拉想出这个秘密通信办法,心里就像孩子们搞捉迷藏游戏那
样高兴。《费加罗报》从没有像左拉这么热心的读者。他等不及
了。9 月 27 日,他一打开报纸,看见有一则启事:"A.B.70,25 日,漂
亮的公雉鸡已到。杜瓦尔。①"左拉兴高采烈,给亨利·塞亚尔写了
一封回信:"老朋友,谢谢您,您的启事告诉了我情况,这次探险性旅
行本使我挺伤心,我为此事心挂悬念。在我这个年龄,这是件影响
深远的事。谢谢您的帮助。"现在,他有一个小雉鸡在"鸡笼"里,对
亚历山德里娜,他感到有点对不起她。他本该大声告诉她这件幸福
的事,由于谨慎和怜悯,他抑制自己的冲动。为了自我宽恕,他对亚
历山德里娜更为体贴。
　　10 月 12 日,左拉一回到巴黎,就急忙跑去拥抱刚从产褥期里
恢复过来的让娜,小德尼丝刚两岁,正在吃奶的婴儿雅克迷迷糊糊

―――――――――
　　① 左拉的儿子雅克-埃米尔-让·罗泽罗生于 1891 年 9 月 25 日。

地睡在摇篮里。他真正的家庭是在这里。当他来这个家时,他好像觉得才 35 岁。他晚年的妻子在等着他。啊!当他返回这个安乐窝时,他才找到自己真正的年龄。她是一面镜子。虽然他对晚年的妻子不再有什么期望,但对她的爱情是始终不渝的,这种爱是人的习性,也充满了对逝去年华的回忆。

突然平地起波浪。亚历山德里娜接到一封匿名信,信里讲的是她丈夫和让娜·罗译罗的私情,她要求左拉做出解释。左拉背靠着墙,磕磕巴巴、含糊其词地说些表示歉意的话:肉欲的驱使和想传宗接代……他面前站着一个悍妇,面色难堪,满怀羞辱和妒忌。她要求他与之一刀两断。他四肢发抖,拒绝了她的要求。她会不会一气之下,迁怒于让娜和孩子们?这一次,他又向善良的亨利·塞亚尔求救。11 月 10 日,他向塞亚尔发了一封信:"老朋友,我老婆发疯了,我怕出什么事。明天上午请您去一趟圣拉塞尔街 66 号,办些必要的事情。劳驾了。"可是为时已晚!亚历山德里娜急忙到圣拉塞尔街 66 号让娜的住处,辱骂了她并砸了写字台,抢走了埃米尔给情人的信,她怒气冲冲地带着战利品走了。左拉惊愕异常,只好用快信告诉年轻的妻子并做解释:"我千方百计不让她到你那里去。我倒霉透了。别灰心丧气。"

亚历山德里娜烧了丈夫的信件后才稍为消气。总之,她和埃米尔之间只不过是友谊关系。让他到别处去找她所拒绝的那种低级的性满足吧!最主要的是表面上要平安无事。在别人眼里,她还是著名的左拉的引人注目和受尊重的夫人。她接受既成事实,但并不因此减轻她的怨恨与受到的羞辱。由于怕人说三道四，她只好忍气吞声。他们早就计划 11 月 11 日到比利时旅游。也好，那就动身出发吧！好像什么事也没有发生一样！尽管这事打扰了左拉的计划，他也只好同意这个妥协方案。他听其自然，就像一个受惩罚的孩子不知道该采取什么态度以求得宽恕。两口子就这么草草收场，他们游览了布鲁塞尔、安特卫普，回到巴黎时虽气氛缓和，但关系冷淡，心情忧郁。

左拉立刻投入工作。尽管生活中千头万绪，他抽出时间撰写《崩溃》一书的主要部分。此书的最后几章尚未写完，《人民生活报》却已开始连载。此书真实地描写了普法战争最后几仗、巴黎之围、巴黎公社等事件，谴责了拿破仑三世、王后及无能的将军们如何使法国蒙受灾难的罪行。小说紧紧围绕着两个士兵——农民的儿子让·马卡尔和城市知识分子莫里斯·勒瓦索尔——之间的友谊而展开。读者从对这两个士兵的描写中了解到：军队向色当进军，士兵疲劳不堪，新兵胆战心惊，战场上瞎指挥，号令不一，刚穿上军装的成千上万的小青年冤死沙场，被普鲁士人关在伊日岛的俘虏备受折磨，平民百姓逃难，巴黎之围，法国投降，以及法国人在街头巷尾互相厮杀。让·马卡尔是个沉着、稳重和务实的人，他站在正规军这一边力图恢复首都秩序，而莫里斯·勒瓦索尔是个狂热分子，在街头巷尾与公社社员作战。在激烈的战斗中，让·马卡尔未能认出他来，用刺刀将他刺成重伤。莫里斯到奄奄一息时，渴望得到赎罪的一枪，把巴黎和资本主义社会埋葬，让兄弟友谊天长地久。让

左拉传

·马卡尔因杀了他最好的朋友而感到绝望,他离开了是非之地,"他迈向前方,走向重新改造法兰西的伟大和艰巨的事业"。

此书情节简单,比起人物众多、命运各异的托尔斯泰的《战争与和平》来确实是差远了。托尔斯泰的作品是浩瀚巨著,情节复杂,有浓厚的人情味,好像每个细节都是作者亲身经历的。而《崩溃》却相反,资料很丰富,但书中主人公唯一存在的理由是作为证人出现在适当场合。这使人们觉得,左拉不是描绘参加过战争的人物,而是通过人物来描写战争。然而,这部小说在描写失败方面,含有一种色彩,一种暴力报道,弥补本身情节的不足。

在发表这本书的前几章时,左拉估计了自己的勇气。法国在经历了德国所强加的灾难后,需要遗忘它,并要承认现实。法国正激起复仇精神。法国人喜欢穿军服,列队操练,并为失去阿尔萨斯-洛林而哭泣,非常爱唱德鲁莱德的爱国歌曲。在他们看来,将军们是神圣不可侵犯的。法国又要步麦克马洪和布朗热的后尘。一旦刀光闪现,它就得顶礼膜拜,挺起胸膛。左拉这位老古董式迂腐作家,这回又在他的书里重提倒霉的往事。法国要往前迈步,左拉却要它往后看,但是,这难道不是为了阻止它再犯先前犯过的同样错误吗?左拉在写给范·桑坦·科尔夫的信中说:

您不是问我有关《崩溃》的详情吗?我可以向您扼要地介绍一下。首先是讲几乎使法兰西濒临死亡的可怕的灾难的真相。我可以告诉您,开始时这对我来讲也不容易,因为其中有些惨状有损于我们的自尊心。但是,越是深入了解那些可憎事物,我觉得该是讲清其真相的时候了,我们现在可以讲那是我们做了巨大努力,以使我们能重新站立起来。我想我的书真实、正确表达这种情况,坦诚相告,这对法国是有好处的。①

　　新闻报刊对该书首先是赞扬,阿纳托尔·法朗士在《时代》杂志上发表的文章就是一篇有力的文章。文章祝贺左拉"对战争的丑恶、愚蠢、残酷"毫不掩饰,在《崩溃》一书中又找到"史诗般的意义",这与《萌芽》一书有同样价值:"尽管军官们无知,士兵乱窜,尽管犯有错误和疏漏,溃败时士气极度不振,但是在左拉的书中,这支良好和勇敢的军队所缺少的只是领导人。"《百科杂志》则认为:"左拉是个大天才,具有联想力,笔调强健有力,具有一种给广大群众鼓士气、鼓干劲的天才,而《萌芽》作者从未显示出这样的才能。"《辩论报》又添油加醋地说:"这部浩瀚巨著,生活气息浓郁,人物众多,人们在一个奄奄一息的世界中,蠢蠢欲动着,在流血和呻吟。当人们合上书时,总被一种可憎的、去不掉的幻觉和焦虑心情所搅扰。"而埃米尔·法盖也拜服了:"埃米尔·左拉先生的《崩溃》是一本巨著,最伟大的巨著,我相信是左拉所写的著作中最了不起的。"至于爱德蒙·德·龚古尔,他还和往常一样咒骂和嘟囔:

---

① 　1891 年 9 月 4 日的信。

整本书中,没有一页是大作家手笔,所描绘的看到的或经受的事物均不感人,是根据一些无稽之谈瞎编乱造的文学作品……我相信,如果是我或左拉,我们在过去看到了战争……我们有意在一本书中描写战争,那我们会写出富有特色、全新的书。但是,如果没有见过战争,那就只能搞出那种前人在同一个主题写过的那种使人感兴趣的作品。①

当然,还有一些读者,大部分是退伍军人,在作品中挑出一些描写得不怎么精确的地方,左拉都礼貌地回了信。但是,对该书的普遍看法,持批评意见越来越多。王党分子、天主教徒、民族主义者、军国主义者,还有一些思想精英都怒气冲天,咒骂作者。在公众舆论方面,头一个揭发《崩溃》一书的有害影响的是欧仁-梅尔舒瓦·德·沃居埃,他在《两个世界杂志》上发表文章,在向左拉的天才表示敬意的同时,指责左拉对德国在 1870 年的战争负有责任方面未加评论,相反,对法兰西军队和民族进行了"贬低"。左拉在《高卢人报》发表的谈话辩解道:"德·沃居埃先生会问,在我的书中哪里写了德国? 但是,德国在我们国家转来转去,这是命运注定的……我写这本书时,完全出于道德和爱国……这是一本表现勇气和复兴精神的书,现在这本书需要的是报复。"

尽管左拉做了这样的辩解,但诽谤的浪潮仍在继续。在报纸

---

① 1892 年 7 月 4 日的《日记》。

上,越来越多的人指责左拉在所谓写真实的幌子下,干的是暗中破坏国家斗志的勾当。有些将军混杂其中,大喊大叫法兰西荣誉受辱,他们感到痛苦。在《天主教大学报》中,泰奥多尔·德尔蒙修道院长说《崩溃》一书是"噩梦,一场羞辱的噩梦,既有害,又是反爱国主义的"。他诋毁作者在最后两章里故意把我们的军队看成是一伙散兵游勇、懦夫和酒鬼,一旦"赦免",成为公社的"恶棍"和"闹事者"。其他一些教士也跟着起哄。左拉读到这些文章和抗议信时,就猜到是由保卫军衔和旗帜的狂妄的军人和主张不惜代价维护公共秩序、反对言论自由的一小撮教士组成的联盟暗地里写的,来阻挡他前进的道路。那伙人不再指责他书中的暴力,而是它的政治意义。这些人都宣称他们比左拉更具有法国人的良心。在仇视真理的道路上,他们还将走到哪里?

左拉力排众议,出席了法兰西学院的一次公开集会。会上,皮埃尔·绿蒂发表颂词,赞扬前任奥克塔夫·弗耶。在这个会上,他从新上任的院士的嘴里听到粗暴攻击,说自然主义满足于代表"大城市里的渣滓",绿蒂说:"极端地粗野和恬不知耻,把不健康的现象,巴黎市肆上的乱七八糟东西全凑在一起了。尽管自然主义的某些作家有了不起的才华,但是在今天,就像人们知道的那样,当支撑它的不健康的好奇心令人厌倦,这个学派也就完结了。相反,理想是不朽的。"

尽管在法兰西学院受到这种教训,左拉第三次竞选法兰西学院院士。在第二轮投票时只得了 3 票,眼睁睁地看着埃内斯特·拉维斯抢走了交椅。他关心的还有另一个仪式,他儿子雅克的洗礼,他的密友是他的证明人。他写信给亨利·塞亚尔:"老朋友,明天3点半,我们在特立尼特教堂为小雅克举行洗礼,如果您能出席,并在登记簿上作为列席者签名,那会使我很高兴。"①但是,在6月1日,亨利·塞亚尔没有赴约。左拉认为,也许他已经求塞亚尔帮了很多忙了,考虑到与亚历山德里娜的关系,他应该与这对非正式的夫妻保持一定距离。左拉想不到塞亚尔会不来,很是伤心。让娜强忍住眼泪,把留给塞亚尔的水果盒扔到一边,叹息说:"他不可能永远不来!"②确实,她对塞亚尔的态度感到遗憾,她明白她该作为佣人退缩,待在一边。即使在左拉怀中,她也不能忘记亚历山德里娜是她的前主人。她应该尊重亚历山德里娜,这是个社会等级问题。在这样的情况下,不应想到离婚的事。她应该在谦让中找到幸福:保持关系但不会被承认,什么也不缺,但又不能期望什么。

左拉意识到让娜不会让他牵挂,想法平息亚历山德里娜的妒忌心。当他得知亚历山德里娜曾告诉过夏庞蒂埃的女儿若尔热特·埃尔曼,她想有一天会与丈夫分手,于是他写信给埃尔曼:"亲爱的若尔热特,请相信,我不会当坏男人。除非是我的妻子觉得离开我是幸福的事,我是不会离开她的,这是不会的。"③为了劝说脾气暴躁的亚历山德里娜,他建议做一次和解妥协的诺曼底之行。亚历山

---

① 1892年5月31日的信。
② 德尼丝·勒勃龙-左拉:《女儿叙述埃米尔·左拉》。
③ 1892年7月的信。

德里娜同意了。于是到了勒阿弗尔、翁弗莱、特鲁维尔、埃特尔达、费康。回到梅当后，左拉告诉让娜："我对我们的情爱不会有什么悔恨。"在与情妇说明情况以后，第三天，他与妻子动身出发到卢尔德。在那里，为了未来写书的需要，他在车站月台上参加了朝圣者下车仪式，参观了洞穴，到了圣母临产医院诊疗所，咨询了圣迹历史学家亨利·拉塞尔，并会见了很多新闻记者。他还继续游览了卢松、图卢兹、卡尔卡松、尼姆、阿莱城、艾克斯、马赛、土伦、戛纳、昂蒂布、尼斯，最后到热那亚，在那里参加了克里斯托夫·哥仑布展览委员会举行的宴会。他在夫人陪同下，到处以贵宾身份、以夫妇身份出席，亚历山德里娜内心的隐痛得以慰藉。而左拉背着她，偷偷地给让娜写了一封简短的信："告诉我的小德尼丝，她爸爸因为在别处很忙，所以没去看她，爸爸还是很爱她。爸爸每天早晨和晚上都想她和你们其他人。我为你们祈祷。"①10 月 1 日，左拉在蒙特卡洛收到了出版商的通知，《崩溃》一书销售量已达 15 万册。这个消息激励他准备《卢贡-马卡尔家族》系列小说的最后一部书《帕斯卡尔医生》。

左拉满载计划回到巴黎。在此期间，3 位法兰西学院院士去世，他可以作为 3 个空缺位子的候选人。他向《晨报》编辑表示："即使有 10 个或 20 个空缺位子，我也永远这么干。让别人知道或重复说我是终身候选人。"这事以 3 个职位一个也没指望到而告终。这不必惊奇也不必难受。他一有机会，就又进行礼节性活动。他要

---

① 1892 年 8 月 30 日的信。

向世人表示,他的作品不仅在法国受到热烈欢迎,而且在欧洲,甚至在美国都受到欢迎,而法兰西学院却顽固地拒绝选他做院士,这是多么可笑! 他想,这是孤独的巨人对一伙侏儒的斗争,如果这帮老爷请他与他们坐在一起,也许会使他败兴。现在使他满意的是,他们拒绝了他。忠于无产阶级事业、性格暴躁的女记者塞芙里娜嘲笑左拉对加入法兰西学院是那么执着,她还指责《萌芽》的作者谴责了无政府主义者近几个月来勇敢的谋杀。她是影射左拉在一次文学聚餐会上的讲话,她在《巴黎回声报》中声明:"您大概不再会当无政府主义者了吧? 总之,再对法兰西学院焕发热情,肯定不是为了 39 个从不改变立场的反动分子,而是为了一个悔过的无政府主义者。"然而,左拉过去从来没有觉得接近过那些放炸弹者。在他看来,拉瓦舍尔那伙人是一些政治上的堕落分子。作为对塞芙里娜的回答,左拉于 1892 年 11 月 13 日,也在同一张报纸上发表了他的政治主张声明:"我赞成社会变革,我主张非暴力改革,我也相信,用炸弹或炸药包不会加速社会进步,也不可能解决严重的社会问题。"龚古尔像塞芙里娜一样,但只不过为了别的理由,他对左拉沽名钓誉搞的那套花样也很恼火。左拉跟他谈过卢尔德市印象,并宣布要写一部这个虔诚之都的书,他在《日记》中写道:"我在听他说话时,想的是这个文坛滑头感到自然主义在走下坡路,找块好跳板通到神秘主义,搞本大销售量的书,借此反学院派,他渴望当法兰西学院院士已经很久了。"①不久,他对左拉当着

---

① 1892 年 3 月 6 日的《日记》。

大家的面,叫他的妻子为"宝贝""小乖乖"感到愤怒,而周围的人谁都知道他在骗她。① 后来,他想起左拉是布罗-塞卡尔医生的病人,并在那里接受注射以"恢复爱情力量"使他成为"继左拉夫人的年轻女人身边的 25 岁的男人"②。

尽管左拉小心翼翼,在窄小的文学界领域里,谁都知道这位大人物的隐私和人格差距。如果左拉为了亚历山德里娜的荣誉对此感到惋惜的话,他不禁会表现出几分自豪,并希望到 52 岁,还为健壮的身体成为公众舆论的话题。此外,他打算在即将写的书中利用这种返老还童的感情和肉体经验。他为《帕斯卡尔医生》一书积累了许多笔记资料,表明爱情战胜了年龄。在这本小说的心理描写部分,他只需自己的经验就行了,由于接近了非常年轻的女郎,一个人返老还童了。对一个寻找内心世界和包罗万象的宇宙主题作家来说,哪有比严寒中的春天更为动人心弦的呢?

---

① 1892 年 3 月 20 日的《日记》。
② 1892 年 7 月 13 日的《日记》。

左拉传

第二十一章　卢贡家族的结局

　　当《帕斯卡尔医生》一书在书店发行后,左拉就把一本用优质日本纸印刷的样书送给了情人,此时她25岁,和书中女主人公克洛蒂尔德同岁。他满怀激情地在扉页上亲笔题词:"献给我最亲爱的让娜,献给我的克洛蒂尔德,她的年轻美丽使我大饱眼福,她给我送来了礼品——我的德尼丝和我的雅克,并使我成为30岁的年轻人。我为我两个亲爱的孩子写作此书。他们将来读此书时,让他们知道我是多么喜爱他们的母亲,他们以后应该尊重和爱护她,使她幸福,因为她在我极度悲伤中给了我幸福。"事实上,左拉在叙述年轻的克洛蒂尔德和著名的、快60岁的生物学家帕斯卡尔医生的爱情时,是想赞扬他和让娜的艳史。他将两位人物理想化,使之各不相像。老年的帕斯卡尔外表漂亮,内心善良,头脑清晰,体魄健壮。他是作者的翻版,体现了纯科学。整个人都散发着正直和智慧。在整个卢贡-马卡尔家族中,只有他没有受那种致命的遗传,他热衷于研究该家族的过去,收集家族的资料,续他们的家谱。克洛蒂尔德是个纯情少女,缺的就是天使背上的双翼,她受祖母指使,怕人们知道家族近亲中的丑闻,想毁掉她叔叔帕斯卡尔收集的资料。帕斯卡尔偶然发现此事,向她解释研究的意义:揭露人类的弊病,为的是治愈其疾患。这个论点使克洛蒂尔德豁然开窍,她摆脱了教会靠近科学。她愿意在工作上帮助帕斯卡尔,改变了神秘主义观点,并在"失去童贞的叫喊中"成为他的情人。男人的搂抱代替了醉心的祈祷。这对男女在肉体的相会中感受到了人间的幸福。帕斯卡尔对在克洛蒂尔德身上表现的欲望感到吃惊。与她的结合,他感到变得年轻了,而对克洛蒂尔德来说,投入他的怀抱,会更加成熟:"啊!青春,他有难熬的如饥似渴的欲望!这种青春的热烈欲望在垂暮之年是一种反抗,是向往过去、重新开始青年时代难以冀求的愿望。""要了解生活,热爱生活,就要想怎么生活就怎么生活。"他这样对克洛蒂尔德说。但是,为了制止流言蜚语,再则他已经病重,他要求她马上离开他。他临死时还不知道她有了他的孩子。小说的最后几行话感人至深,叙述了克洛蒂尔德在给婴儿喂奶。吃奶的婴儿向空中举起小手,就像是一面"向生活举起召唤的旗帜"。

左拉描写两个主人公的爱情,笔调优美。他喜欢他们就像他与让娜所生的一对私生男女。在《帕斯卡尔医生》一书中,没有污泥浊水、褴褛衣衫,内容纯洁、具有芳香,富于理想主义色彩。《人面兽心》《萌芽》中的暴力以甜美的诗情雅意代之。自然主义学派的领袖已皈依平民艺术。但他希望《卢贡-马卡尔家族》系列小说的最后一部既是对前 19 部书的说明，又是对生活的颂歌，用左拉的话来说，是"对健康的呼唤"。

评论界非常赞赏左拉这本书的情节生动感人，同时不大相信年轻姑娘会对老头子这么着迷。有人还指责作者过分"强调内容戏剧化"和"将卢贡-马卡尔家族的家谱进行添油加醋"。也有人指出描写男女主人公缺乏条理性。男主人公对自己的情人爱得死去活来，后来又随便放弃了，而女主人公同意离开是为了让年届花甲的情人安静地在故纸堆上咬文嚼字。这种写法前后不连贯。至于读者，则都很放心地购买了《卢贡-马卡尔家族》这套巨著。

左拉感到如释重负。他做出了自己的最后一份贡献。如果他的父亲过去没能完成运河的工程建设，那么今天他可以安息了，因为在他身后已用 20 本书建立了一座丰碑。但是，他并不想去死。他脑子里还有不少计划。再说，他心里还有让娜，那是生活中快乐的源泉。

1893 年 6 月 21 日，出版商夏庞蒂埃和法斯凯勒为庆祝《卢贡-马卡尔家族》一书的完成举行文学宴会。宴会在布洛涅森林的列岛别墅举行，在容光焕发的左拉和亚历山德里娜周围，来了 200 位作家和艺术家，公共教育和艺术部长雷蒙·普安卡雷主持了宴会。左拉注意到，出席者里没有龚古尔、都德、于斯曼、埃尼克，甚至没有塞亚尔，确实感到有些寒心。这是否标志着梅当集团最终解体，多少个战友在半路中离散了！实际上，塞亚尔无法宽恕左拉那种脚踩两只船的态度。他觉得这个不和睦家庭状况不对头，而他们夫妇俩都要他帮忙,都有友谊来往。法兰西学院院士们也生气,不参加聚会。确实,在两个星期以前,他们选举了布吕内蒂埃而排斥了左拉。"自然主义派候选人"一旦有名额空缺就跳出来提出加入竞选行列,这使院士们很恼火。左拉越坚持,他得的票数就越少。反之,那些年轻作者都参加了宴会,而且对这位"大师"表现了异常热烈的爱戴。在吃饭结束时,卡蒂勒·孟戴斯代表诗人发言,爱德华·罗德代表外国作家致词,阿道夫·塔巴朗代表左翼知识分子发言,他说:"人们经常谈到您,您过去曾是伟大的社会主义者。这是千真万确的。因此,在《卢贡-马卡尔家族》这部巨著完成时,我举杯祝贺,亲爱的老师,我也为您的全部作品、为人类的正义和和平、为《萌芽》的红色的明天而干杯!"当发言人都沉默不言时,伊夫特·吉尔贝唱起美妙的歌,演员们朗诵了诗,大家围在桌子旁说话,气氛又活跃起来。当然,大家谈起了巴拿马事件,肮脏的政治旋涡,对暹罗的军事干涉,以及得了神经病的莫泊桑,他住在布朗什医生的诊疗所,身体情况日趋恶化。左拉很关心莫泊桑的病情。如果莫泊桑在几个月内死去,他作为文学家协会主席,要在他的墓前发表讲话。然而,发表公开讲话,他觉得很困难,每次都是话到喉咙就说不上来。

在宴会后15天,一件不可避免的事发生了。莫泊桑在1893年7月6日去世了,7月8日,在圣皮埃尔-德-夏约教堂举行宗教仪式后,被安葬在南蒙帕纳斯公墓。左拉光着脑袋,犹豫不决、结结巴巴地发表了讲话。他怀着激动的心情,讲述着已故的莫泊桑那短暂而光辉的一生和在各个方面所取得的成就,他不放弃生活中的乐趣,又醉心于写作,他劳累过度,终于在神经错乱中倒下。讲到这里,他突然真心实意地说:"我有时对现时大量创作有一种焦虑和不安。不错,创作是需要花时间和精力的工作,要看很多书,坚持不懈。不过,这样超负荷工作也是为了荣誉,作家是不愿意承受这么重的负担……谁知道不朽的作品只是一本300行字的短篇小说、寓言或是故事书,今后的小学生们会不会以此作为古典作品流传于世呢?"

左拉就拿《卢贡-马卡尔家族》这20本书作例子,心事重重地提出这个问题。他明白这个问题永远也解决不了。一时的成功不能证明什么,也不能保证什么,说不定不过是个圈套,是过边境时的一张假证明。不,谁也不知道后人对他的作品会说什么。最聪明的办法就是高兴地接受现时的名声,而不是想入非非。

因此,他对得到荣誉团奖章十分得意。他觉得,经过这几个月工作,他要和亚历山德里娜到布列塔尼海滨休假。他还可以偷偷地到圣奥班絮尔梅尔看望让娜和他的孩子们。但因为亚历山德里娜得感冒病倒了,所以左拉夫妇只好待在梅当。由于这个意外情况,他写信给他情妇:

　　我本想使你青春时期充满欢乐愉快,不想逼你过与世隔绝的生活;要是我年轻时和你结合,我会多幸福啊,我若能变年轻那多好,可是我却使你变老了,使你伤心……真的,最叫人难过的是不能到海滨去,不能跟孩子们在一起,当一个好爸爸。我要是能把他们抱在怀里那多开心,跟我亲爱的女儿呼吸海滨新鲜空气,跟她逗乐! 我会教雅克用海浪冲来的沙子修城堡。①

    让娜回到圣奥班絮尔梅尔后,和孩子们住在梅当对面的施韦尔施蒙的一座别墅里,这是左拉专为他们租用的。左拉靠在阳台上,用望远镜看他的儿子和女儿在玩耍。当他听见门后有亚历山德里娜的脚步声,就赶紧把望远镜放到抽屉里。不久以前,他开始骑起自行车,一方面为的是到乡下时单独活动方便,另一方面为的是使他的大肚子瘦下去。他蹬几下自行车,不一会儿就能到他亲爱的人身边。亚历山德里娜并没有被骗过,对他偷偷摸摸外出大发雷霆。而这时,他正抚摸着他的孩子,给让娜讲述他所做的工作、取得的成绩,与大人物的会面情况和"在家里"举行茶会。然后,骑上车子,扶好车把,又回到板着面孔的亚历山德里娜那里。这么穿梭似的往来于合法家庭和秘密家庭之间,他也觉得可笑,但只有维持两个女人关系,没有别的解决办法,一个是为了爱情,另一个是为了装门面。为了让亚历山德里娜少发脾气,他带她外出旅行。1893 年 7月 20 日他带着她到英国。伦敦的欢迎仪式很隆重。他出席新闻学院会议,受到三呼"乌拉"的欢迎,在林肯大厅发表演说。他在市政厅受到列队欢迎和市长接见,当接待员宣布左拉先生和夫人名字时,号角齐鸣,掌声震耳。亚历山德里娜喝了乳水,她几乎忘了还有一个情敌存在。左拉在写给欧仁·法斯凯拉的信中说:"我们在欢

---

① 1893 年 7 月 29 日的信。

呼声中前进，我们以为是在做梦呢。"而在给让娜的信中说：

是的，我在法兰西的某个小地方有了个亲爱的人，如果他们过着隐居生活，就无法分享我的光荣。我希望你和我的两个孩子也都有份。有一天，他们应该被大家承认是我的孩子，这里发生的一切也是他们该享受到的。我希望他们能得到父亲的姓氏。①

在一片过分的赞扬声中，左拉考虑他打算写作的三部小说：《卢尔德》《罗马》《巴黎》。这套"三个城市"系列小说主要围绕一个主人公，名叫皮埃尔·弗罗芒教士，描写他如何进行精神搏斗的情况。他父亲是个化学家，母亲是位十分虔诚的教徒。皮埃尔·弗罗芒教士丧失了信仰后，在一个科学和神秘主义相对立的世纪中犹豫不决、悲观失望。在第一部书中，教士在卢尔德市陪伴着他童年的女友玛丽·德·盖尔桑，她由于骑马摔下后瘫痪。通过这次朝圣活动，他发现那些不择手段的商人和那伙教士在利用人们的贫困从中牟利。玛丽在洞窟里进行祈祷后，腿脚又能活动了，但皮埃尔不觉得这是圣迹所恩赐，因为他知道那是在心理冲击效果下产生的难以解释的药物治疗。皮埃尔爱玛丽，然而，她却发誓要感谢圣迹，永不委身于人。这两位年轻人唯一感到安慰的是愿上帝保佑他们的思

---

① 1893 年 9 月 24 日的信。

想永远一致。

　　这部小说一到书店,就被列为禁书。所有的天主教读者大呼亵渎圣物。左拉无所畏惧,仍决定写"三个城市"系列的第二部《罗马》,讲述皮埃尔·弗罗芒说服宗教最高法院不要依靠有产阶级,举办慈善活动救济穷人。他对梵蒂冈的阴谋诡计感到失望,断定它要垮台。第三部《巴黎》,皮埃尔面对无政府主义者的暴力、集产主义者的乌托邦思想、政客们的卑劣阴谋,得出结论只有科学才能通往正义的社会。他脱下道袍,终于与玛丽结合,并在她身边,在友好和平的无神论中找到幸福。

　　这种天真的、废话连篇的信条,左拉把它当成现代人的圣经。他相信,他在"三个城市"系列小说中写的事会澄清和证实一些事实。考虑到还有些资料要补充,他打算到罗马去一趟。让娜和他自己都有隐痛,他在给情妇的信中表明:

　　　　我生活并不幸福。这种迫使我过的双重生活和命运使我感到沮丧。因此,我求你对我要谅解,不要怨恨我,事情不按我的愿望来进行。我曾梦想使我周围的人幸福,但我看出这是办不到的,我是第一个受到打击的。①

　　1894 年 10 月 30 日,左拉与亚历山德里娜动身赴意大利,她将

　　————————

　　① 1894 年 7 月 13 日的信。

此次旅行看作是对失意的夫妻生活的补偿和迟到的蜜月旅行。在罗马受到的接待也和伦敦一样,是自发的、十分热烈的。左拉发现他在国外享有崇高威望。一个作家在国内受到诋毁,而在国外受到崇敬,可能这是没有先例的。两盏明灯照耀着世界:在俄国是托尔斯泰,在法国是左拉。在奎里那尔宫,翁贝托国王亲切地接见了左拉,玛格丽特王后与亚历山德里娜点头微笑并说了话。在宫中宴会上,客人惊得目瞪口呆。他们从来没有受到如此高规格的礼遇。

法国大使勒费布尔·德·贝艾纳为左拉夫妇要求会见莱昂十三世教皇。但是,左拉身上火药味太重了,教皇躲避三舍。由于没有这次重要的会见,左拉会见了议长克里斯皮,还有高级神职人员、部长、教皇侍从、议员、教授,还游览了城市,并到米兰、那不勒斯、威尼斯访问,拍了数百张照片。左拉走到哪里都说他的父亲是意大利人,他的血管里流着意大利人的血。无论是在沙龙或者在名胜古迹,他都享受到最高荣誉,尽管非常愉快,他还是急忙地回到梅当。

在法国大使的宴会上,有人在他面前谈起有一位名叫阿尔弗莱德·德雷福斯的上尉被逮捕,他被指控为间谍。这名字他不知道,案子也与他无关。

第二十二章　两个家庭

　　1894 年 12 月，龚古尔看到左拉夫妇回到巴黎后，对他们迷恋意大利觉得可笑。他们在意大利受到热情接待。亚历山德里娜特别高兴，说在那里"受到接待贵妇人的礼节"。左拉因为他的夫人情绪极好，在两个家庭间来往更为频繁。但是，亚历山德里娜不时起来反对。于是，就像他对都德说的那样，害怕牵连到孩子和他的情妇，怕被他妻子暗害，也害怕自己因这种事而弄得声名狼藉。[①]实际上，亚历山德里娜发脾气越来越少。与这种丢人现眼的事斗来斗去，她也觉得很累，只好接受丈夫哄骗她的事实，但必须谨慎行事。左拉在梅当旁边的维尔纳伊为让娜和孩子们租了一座别墅。每天他都骑自行车到情妇那里去，坐在花园里衬绿色里子的灰色阳伞下与她一起喝茶。回到家里，亚历山德里娜也不再因为他不在家

---

　　① 　1895 年 2 月 10 日的《日记》中，龚古尔摘录的话。

左拉传

而指责他。以前，她从不知道母爱的欢乐，现在慢慢懂得了她丈夫与另一个女人生的孩子那种令人陶醉的魅力。一想到那些孩子是丈夫的一部分，能传宗接代，是他的亲骨肉，她也就认可了。她甚至想接近伟大左拉的这些私生子女。

初秋时分，天气转凉了，大家都回到巴黎，亚历山德里娜要求去看看德尼丝和雅克。星期四，她经常在埃米尔的陪同下，带着孩子们到杜伊勒利宫、王宫、香榭里舍大街或布洛涅森林去玩。孩子一边玩，一边胆怯地看着这位陌生的、苦笑着的夫人和既窘迫又高兴的父亲。以前散步时，他们的母亲挽着左拉的胳臂。不久后，左拉教让娜骑自行车，而他们在林荫道上漫步。亚历山德里娜对此也没有再说什么。左拉对妻子这种友善的做法颇为感动，并动情地向她表示感谢。1895 年 10 月 31 日，他在给她的信中写道："亲爱的妻子，我们之间并非只有回忆，还有未来。告诉你，我是你唯一的朋友，只有我爱你，我要使你尽可能幸福地生活。"然而，流言蜚语四起。龚古尔在《日记》中记下了这个笑话的反应。

《女郎爱里沙》的作者对同事出版了这么多书、销售量如此大、老是走运越来越抱有敌意，他心事重重，无法容忍《罗马》一书取得成功："过去我就感觉到，左拉在这本书中是用好心肠的人的怜悯心来抓住销路的，这种作者是会变着法去干这种事！"①但是，这本反教会的书在那些法兰西学院院士面前会起坏作用吗？他们正在拉

---

① 1895 年 12 月 21 日的《日记》。

选票,找小仲马的继任者。① 这种可能性刺激了回忆录作者的兴趣。《卢贡-马卡尔家族》的作者为了当选院士所进行的活动,在他看来是可笑和丢人现眼的。他揭露了"永远的候补者"在《费加罗报》专栏上塞进去的《论政治精英》那篇文章。他写道:

> 唉,这个左拉,8 天以来,他找了所有他颂扬过的现任的和卸任的部长们。今天,他颂扬犹太人,为的是得到阿莱维的票!不,我相信在文学家历史上,从没有过这种朝三暮四的人物。②

确实,左拉在《费加罗报》发表过一篇题为《为了犹太人》的文章,那是因为长期以来,他感到那些教权派、保守分子、黩武主义者、正统派集合在一起,制造阴谋,煽起仇恨,反对"当选人",要他来承担一切罪责。但是,在他的分析中,不应该走得太远。他把争论停留在一般的论述,还仅限于否认排犹主义在民众中有基础,并批评《犹太人的法兰西》一书的作者爱德华·德吕蒙一贯坚持的不妥协精神。他思想上并不认为那个在 1894 年 12 月以叛国罪被判刑、后来被贬和送去服劳役的德雷福斯上尉可能是爱国者集团的牺牲品。此外,他不愿意卷入政治旋涡中去。

这是因为他认为自己只是一位作家,对图卢兹大夫的奇怪的建

---

① 1896 年 5 月 30 日的选举中,左拉被安德烈·特里耶击败。
② 1896 年 5 月 18 日的《日记》。

议,听了以后也不觉得可笑。这位大夫是巴黎医学院精神病诊疗所长,圣-安娜医院精神病科医生。大夫要对这位天才的作家做一次医学心理调查,目的是证明高智力与神经系统疾病的关系。这个计划颇诱惑了科学小说大师。这位自然主义学派、遗传学理论的倡导者很兴奋地接受了这个计划。于是,研究工作开始了,是由图卢兹大夫主持,若干优秀工作人员进行。报告的结果:左拉身高 1.75 米,掉了 8 颗牙,其他牙齿也受到威胁,手有轻微颤动,发音上有缺陷,肩宽有力,易产生神经系统疾病。据当事人说,他的性要求正常,但长期以来有些胆怯。克制欲望"对精神生活有反应"。至于性格方面,他深居简出,不喜欢"任何冒险、赌钱或其他,不玩牌、不玩刀剑、不玩台球"。他曾是胖子,患有胃病,但严格的食谱使他变瘦。晚上做梦"很少是愉快的"。由于各种障碍造成"他的腿很沉重,没法支撑身体"。记忆力极好,文思敏捷,嗅觉灵敏。害怕突然死亡。憎恨黑暗,怒对社会不公正。图卢兹医生的结论是:"我承认,我没有见过那种着魔的人或爱冲动的神经质的人像他那样冷静沉着,我也很少见过某个有心理玄学疵点的人能表现出如此完美的心理平衡。然而,不可否认,左拉先生是个神经质的人,这也就是说,是一位神经系统有疾患的人。"

这位认真的精神病科医生没有在报告中写明的,就是这个憨直的,既焦躁又谨慎的人在写作中表现出来的出奇的发泄方法,他的肉欲没有在生活中表现出来,都在书里爆发。他素质是懦怯的,但主张正义的精神使他采取铤而走险的立场。当他拿起笔杆儿,他天性中的幼稚天真就变成带有预见性的伟大精神。看来存在着两个左拉：一个是闭门不出的市民，不愿被世俗事务打扰；另一个是一旦为理想所驱使，敢于面对最可恶的敌人。一个在日常生活中害怕打击的左拉，一个在白纸前找寻打击的左拉，一个在办公室内的左拉，一个爱吵架的左拉，这就像处在两个家庭中的生活一样。

保罗·亚历克西在分析左拉性格时说，在日常生活中，他喜欢宁静，表现出来的是随和精神，但是当文学界或世俗社会发生丑闻，人们会突然发现他由于当英雄的愿望所驱使而异常勇敢。在他身上有还俗的教士那种可爱的精神，当他的信仰受到危险侵犯时，会一跃而起奋争。只要有两天没有写作，他就心中不安。8天不干工作，他以为是病了。过去，他曾笑着说："天哪，这不是我的妻子！……正因为这个原因使我浪费了时间！"自从让娜闯入他的生活后，他变了。但是，在肉体关系上，亚历山德里娜是不包括在内的。既然在他的生活中只有一个真实的妻子，他以他自己的方式表现其忠诚。他的胆怯变成了沙龙里的狗熊。他是人民的歌手，但他也怕群众。他对保罗·亚历克西说："我只要在书房里，单独坐在书桌前，就能感到自我，身心健康。"这种孤独并不妨碍他的自豪感。他想成为头名状元。然而，他也怀疑自己。每当他重读以前写的书时，他总想重新写。一部作品出版后，在他看来，就意味着结束。唯有考虑下一部作品，他才有希望大显身手。有时他叹息道："我觉得自己总是个初学写作的人。我忘了我已写了20本书，我不知道我将要写的小说会怎样,总有点担心。"①尽管他已获得很大成功,心中总是忐忑不安,不敢躺在荣誉上高枕无忧。众多的读者、报刊的赞扬,以及滚滚而来的财源,这些只能使他获得暂时的快乐。他时刻都预感到他会碰到倒霉的事。虽然他已很知名,每天早晨坐在写字桌前,他已写不出什么文章。他要时刻保持警惕,他信心不足,情绪不稳,难以自慰。他成天忙碌,什么也享受不了。别人在娱乐、看戏剧,或寻欢作乐,而他似乎与这支笔结上姻缘。所有不是来自这支笔的东西,对他来说都是无缘的。他是一个怪物吗? 亚历山德里娜说他是个怪物。但是让娜说不是。

现在,他精心写作他的《巴黎》。龚古尔说这本书与其是小说,还不如说是历史。但是对龚古尔,他是了解的,他不喜欢这个人。

---

① 保罗·亚历克西的文章。

第二十三章 《我控诉》

1897 年 10 月的一天,音乐家阿尔弗莱德·布吕诺请左拉共进午餐。这位音乐家先后将左拉的小说《梦幻》《磨坊之役》①和《梅西多尔》三部小说改编成歌剧,其中第三部《梅西多尔》是左拉亲自编写的。在吃饭时,左拉面带怒色、焦躁不安,因抑制着怒火而生病了。布吕诺作为左拉的朋友,对他气色不佳而感到不安。左拉用低沉的声音说:"您还记得因叛国罪被军事法庭判处终身流放,被贬到香德马斯的炮兵中尉吗?"布吕诺答道:"不记得,真不记得。"左拉坚持说:"记得,他是德雷福斯上尉。是这样,我的朋友,他是无辜的……他们把他弄到圭亚那的魔鬼岛去了。从 1894 年起,他在这种噩运中挣扎……只有一个名叫皮卡尔的中校希望为他平反。他会说什么?……我不知道我将做什么,但我肯定要干点事……如何

---

① 编入《梅当之夜》中的中篇小说。

能够阻止这种不公平的事呢?"

左拉脑子里总装着这件事。起初在罗马时,他还没有留意。回到巴黎后,他也像克列蒙梭、饶勒斯以及其他一些人一样,认为德雷福斯是有罪的。报纸上透露的消息都是官方的正式消息。说这个背叛国家的上尉向德国提供了非常重要的军事情报。确实,在德国大使馆的字纸篓里发现了一份有关我方机密的详细情况的文件。从字迹分析,专家们肯定了是德雷福斯的手迹。因为在参谋部里,大家都知道德雷福斯是唯一的犹太人,而以色列"民族"是个无荣誉感的"种族"。杜帕蒂·德·克朗少校被任命为治安官员后,曾传讯过德雷福斯,并向他口授一封信,结论是两份材料笔迹一致,他指控德雷福斯出卖高级情报。然而,物证还不够。杜帕蒂·德·克朗对是否起诉犹豫不决。于是,那位亨利少校,就是上面提到发现机密文件的那个人,会晤了德吕蒙的《自由言论报》。该报在1894年10月29日曾公布"逮捕犹太人德雷福斯"的消息。在个人尊严会受到影响的情况下,国防部长梅西耶骑虎难下,要不支持逮捕,要不释放德雷福斯。12月,德雷福斯被判刑、贬职、终身流放。但是在1896年,新的情报处负责人皮卡尔中校告诉他的上级,他认为道德败坏和债台高筑的匈牙利血统的法国军官埃斯特拉齐是交给德国人那份文件的责任者。但是,别人迫使他沉默,并把他派往突尼斯。国防部办公室也不想收回这件已判决的案子。重新审理这桩官司就会暴露出调查中的专横武断。与其损害军队威信,还不如把无辜者送到魔鬼岛去服苦役。

德雷福斯的朋友将这些情况透露给左拉。他们是小说家马塞尔·普雷沃、律师路易·勒布卢瓦、参议院副议长舍雷-凯斯特奈、犹太政论家贝尔纳·拉萨尔——他是《诉讼错误:德雷福斯案真相》小册子的作者,以及历史学家约瑟夫·雷纳克,最后还有受害者的兄弟马蒂厄·德雷福斯。这些人都义愤填膺。他们都知道左拉疾恶如仇、性格刚烈,希望他在新闻界当发言人。开始时,左拉装聋作哑,因为他沉湎于写作无暇顾及。他担心这件棘手的案子会添乱。1897 年 11 月 6 日,他在给亚历山德里娜的信中甚至说:"我不想管这事,伤脑筋的事已够多、够烦人的了。"但是,别人给他看那些德雷福斯从魔鬼岛的来信,既叫人失望,又令人崇敬。从信中人们可以看出他是一个有强烈的民族主义精神的军官,他狂热地崇拜军队,希望用军队摆脱德国,即使在他表示忠诚的抗议中也显得很感人。总之,与卖国贼完全是两码事。德雷福斯的伙伴们给左拉看的其他一些材料更使他相信这是一件错案,是参谋部里反犹太分子搞的圈套,同时,他也为参议员舍雷-凯斯特奈的热忱所感动,这是一位为判罪的德雷福斯伸冤的无可指责的正直之士。

1897 年 11 月 8 日,左拉的态度完全改变了,他告诉亚历山德里娜:"有一件很吓人的错案,国防部的所有要人都有责任,这件冤案太可怕了,是军事上的巴拿马公司案①。如果我应该做什么时,我要挺身而出……这种悲剧很触动人,我很感兴趣,因为我觉得没有

① 指巴拿马公司发生的贿赂案,1888 年,该公司因债券问题宣布破产,调查达 3 年之久,丑闻终于公布于世。——译者

比这样做更好的了。"再说,当时他能腾出手来,参加到这场辩论中去。他刚出版"三个城市"系列小说中的最后一本《巴黎》,还没决定再写什么,有空闲时间。他生性不能什么都不干。他承认:"要是我沉湎于写作,我就不知道会干出什么事来。"既然在书桌上没有臆想的人物,他就对现实中有血有肉的人物感兴趣了。在他的一生中,他喜欢跟那些外表比他更厉害的对手战斗。他疾恶如仇,反对不正义,正是这点,推动他毫无保留地勇往直前。

但是,有一位银行家在报上看到登载这张清单的复制品后,认出是他一位顾客埃斯特拉齐少校的笔迹。这件事又闹得热火起来。于是马蒂厄·德雷福斯和舍雷-凯斯特奈这些人狂喜。左拉对形势发展也很高兴。1897 年 11 月 20 日,他给参议院副议长写信:"我觉得应该紧握您的手。在威胁和可耻的咒骂声中,您的令人赞赏的态度真使我钦佩。您起的作用太好了,不管发生什么事,我都敬慕您。我不知道我该干什么,但人间悲剧从没有像这件事激动我的心。这是为真理而斗争,是正义的、伟大的斗争。这场斗争表面上看来是失败了,但最终一定会获胜。"1897 年 11 月 29 日,他对亚历山德里娜承认:"德雷福斯案使我十分愤怒,气得我发抖。我要把事情扩大,变成一件强大的人道和正义的案件。"

正当反犹太人报刊指责德雷福斯派企图玷污法兰西来挽救一个犹太人,左拉仍处于犹豫不决时,克列蒙梭却站在魔鬼岛的苦役犯一边。左拉此时也坐不住了,他的笔要说话了。1897 年 12 月一个寒冷的日子,他在巴黎街上散步时碰到了《费加罗报》社长费尔南·德·罗代。他们讨论了德雷福斯案件,一致认为德雷福斯是阴谋的牺牲品。费尔南·德·罗代将报纸的一个栏目交给左拉,开展一个声援无辜的运动。左拉的第一篇文章赞扬了舍雷-凯斯特奈的勇气,指出他有一颗"纯洁的心"。第二篇文章尖锐地回答那些指控德雷福斯的朋友在犹太人资助下组成秘密集团的人。第三篇文章顺理成章地攻击爱德蒙·德吕蒙那一伙反犹太分子:

> 对反犹太分子,我们绝不能轻饶,巴拿马丑剧也在我们这里发生。可悲的德雷福斯案件就是他们的杰作。反犹太分子今天把群众搞得神魂颠倒,他们阻止这件冤案能安静地、光明磊落地解决,那是为了我们国家的健康发展和有一个好名声……这副毒药,那就是对犹太人强烈的仇恨,几年来,他们每天早晨向人民灌输,他们是一伙职业的下毒犯,而最冠冕堂皇的是他们假借道德和耶稣的名义,说是为了复仇,为了正义。

全法国都沸腾了。有的人同情,有的人反对德雷福斯。善良的亨利·塞亚尔也宣称自己是反德雷福斯者。左拉只好很扫兴地与这位老朋友断绝来往。1897 年 10 月 27 日,左拉在给亚历山德里娜的信中说:"与他断交,我感到无限惆怅。"朋友们在争吵,家里人反目,报纸相互咒骂。一伙狂徒在巴黎街上大唱反犹太进行曲:

> 处死犹太人! 处死犹太人! 毫不迟疑地/吊死犹太人!

处死犹太人！处死犹太人！勾着他们的大鼻子/把他们吊死。

12 月 7 日，舍雷-凯斯特奈在参议院演讲时间接提及了左拉，讲话被仇恨的呼叫声打断："左拉可耻，左拉是意大利佬，讨厌的家伙！"《费加罗报》的不少读者，由于对左拉改变立场不满，退订了报纸。在费尔南·德·罗代的要求下，左拉停止与该报合作。但是，他出了一本小册子《青年，青年们！》，为的是鼓动青年人跟他一起为真理而斗争："青年，青年们！要人道，要勇敢……谁该这么做，如果没有你们，谁会为这种崇高的目的去冒险，去投身于一项既危险又崇高的事业，为了正义的理想去抗击一个民族呢？本来年长者、老人们为你们的行动非常感动，今天却干起你们的工作，难道你们不觉得羞耻吗？"

当所有的报纸上的调门都在鼓吹暴力时，温和善良的阿尔封斯·都德咽气了。1897 年 12 月 20 日举行了葬礼，两个互相憎恨的人，一个是德雷福斯派的埃米尔·左拉，一个是反犹太主义者爱德蒙·德吕蒙，他们一起牵着引棺索。天下着倾盆大雨。在挖开的墓穴前，左拉发表了例行的演说："我们怀着沉痛的心情。"他想的是怎样的沉痛？是由于他死了，停止了人类间争吵而感到沉痛，还是由于法国人相互仇恨带来的沉痛？几分钟前，当他在柩车旁行走时，他还听到路旁那些熙熙攘攘的人群嘈杂的吼叫。

1898 年 1 月 7 日，他出版了一本新的小册子：《致函法兰西》，号召同胞们从精神反常中清醒过来。这已经够受的了,那些反德雷福斯分子认定左拉是他们的主要对手,集中火力攻击他。莱昂·布卢瓦、巴尔贝·多勒维利、罗什福尔、恩斯特·朱代、德吕蒙、巴雷斯、莫拉斯等把左拉当作指控和讥讽挖苦的靶子。卑鄙小人与新闻界流言蜚语沆瀣一气。左派人士对支持左拉犹豫不决,而右派人士则与参谋部、教会同流合污,十分卖劲。

在这种咄咄逼人的气氛中,1月10日,埃斯特拉齐在军事法庭上出庭。那些人又把清单的字迹问题端了上来,他的辩护人说,尽管被告字迹与清单有相似之处,但这也不能证明什么。卖国贼德雷福斯完全可以仿效,把怀疑引向别人。政府督察员认为证据不足,宣告埃斯特拉齐无罪。公众鼓掌叫好,狂呼:"军队万岁!法兰西万岁!处死犹太人!"在大厅中的军人们想把洗清冤情的军官当作胜利者,而皮卡尔却因为将秘密案卷材料捅到平民老百姓那里而被捕,被送到瓦莱里安山监狱里坐60天禁闭。同时,舍雷-凯斯特奈被解除副议长职务。主管此案的亨利上校兴高采烈。军队的荣誉被保住了。

左拉的某些支持者此时已认输,他感到如坐针毡,难以承受这种不公正。他怒不可遏,在揭发参谋部的阴谋诡计时不知如何是好。他写的文字会受法律的追究。如果他同行政当局或军方作对,就有可能被送上法庭。但是,这不正是使真理取得胜利的最好解决办法吗?这会是他反对落后的、资产阶级的、教士的和同胞们的复仇思想的斗争结论。这可能是他的杰作。总之,这是精神上的遗嘱。他又想起伏尔泰为不幸的卡拉斯平反而斗争的事①。他也像伏尔泰一样,置个人荣誉与安危不顾,为的是证明一个他们不认识的人清白无辜。伏尔泰因为他在卡拉斯事件中表现的勇气和《老实人》这本书中所表现的才华而流芳百世。他也不应该犹豫不决。

1898 年 1 月 11 日夜里至 12 日,左拉开始了工作。文思如泉涌,下笔如有神。他一直工作到第二天。成果是整整 40 页,文章题目暂时定为《致共和国总统费利克斯·富尔的信》。他打算先印成小册子,然后在报纸上发表以扩大影响。到什么报纸上去发表呢?《震旦报》,当然,这是克列蒙梭的报纸! 1 月 12 日晚上,文章写作就绪,立即召集贝尔纳·拉扎尔、克列蒙梭、雷纳克、出版部主任恩斯特·沃冈和作者在震旦报社开会。左拉开始念信:这是强烈的焰火。听众肃然起敬。公开信的结尾词句漂亮:

> 我控诉杜帕蒂·德·克朗中校,他是这件错案子的主谋,我敢肯定,他也是不得已的,但是 3 年来,他绞尽脑汁,使出各种阴谋诡计来为他所做的糟糕透顶的恶作剧辩护。
>
> 我控诉梅西耶将军成为这个世纪最不公正事件之一的帮凶,至少是由于思想上软弱所致。
>
> 我控诉比约将军,他掌握了德雷福斯是无辜的确实证据,但是他把它扼杀了,于是为了某种政治目的,使参谋部免于牵

---

① 指 1765 年伏尔泰为图卢兹商人卡拉斯申冤平反事。卡拉斯被指控因阻止儿子放弃信仰新教而杀了其子,并于 1762 年被处决。——译者

连,而成为违反人道和正义的罪行的责任者。

我控诉布瓦代弗尔将军和贡斯将军成为这件罪行的同谋犯,其中前一位是由于宗教热情,另一位是由于维护部队的军人精神,让国际部办公室成为不受攻击的神圣方舟。

我控诉德·佩利厄将军和拉瓦利少校,他们做了存心不良的调查,这是个偏袒的不公正的调查,后者的报告是肆无忌惮的杰作。

我控诉检验字迹的贝洛姆、瓦里纳尔、库阿尔等专家,他们搞了一个骗人的和虚假的报告,他们除非是在视觉和判断方面有毛病。

我提出上述控诉,并不是不知道1881年7月29日的新闻法中30条和31条,这两条是惩罚诽谤罪的。我甘愿承受……我的怒不可遏的抗议是发自内心的。让他们把我带上法庭,但调查要公开。我等着呢。

当左拉念完信时,掌声响起了。但是,克列蒙梭认为题目有点公式化,苍白无力,他建议删去,改成《我控诉》,这个题目比较响亮。

手稿很快交到排字工人手里。左拉对他的控诉词中没有提到卑鄙无耻的亨利感到遗憾。这是由于仓促造成的疏忽。算了,来不及了。报纸已经在印。几个编辑在报社里有些担忧,左拉是不是写得太过分了?

左拉回家后精疲力竭,神经紧张,连觉也睡不着。现在炮弹已经打出去了,他对这一行动的后果有些担忧:他的生活会带来动乱,成千上万的读者会离他而去,法兰西学院会对他永远关上门,会招来咒骂,会打官司,可能会讲他、亚历山德里娜、让娜的流言蜚语……当然,要镇静些,他"以前"就很镇静……他心里有些预感,然而他感到幸福,异样,难以捉摸。这就像是凭良心干事。再说好听点,就像是写了一本最好的小说。

第二十四章　审判左拉

街上叫卖《震旦报》的报贩子，几小时就销掉 30 万份报纸。在巴黎，人人都看过《我控诉》或谈论着这篇文章。人们排着队在街上大叫大喊："打死左拉！处死左拉！打死他！"有些人在街上唱着寻开心的小曲：

> 这真是太了不起，
> 左拉老爹
> 没有把鼻子伸进去
> 拿出一块小薄饼！

有人叫游手好闲的小瘪三在街上贴标语："善良的法国人对意大利佬左拉的唯一回答是：'去你妈的！'"漫画家福兰画了一张漫画，画面上有一个德国人藏在戴着左拉面具的犹太人身后。另一幅画画着左拉快淹死了，手里向普鲁士人递过《我控诉》这封信。卡朗·达施责怪德雷福斯在魔鬼岛发胖，他正松开裤子，布吕昂哼着《鲁塞尔弟弟》小调：

> 亲爱的主人，
>
> 很久以来您已劳累过度，
>
> 您把手纸当餐巾，
>
> 把坛子当碟子。
>
> 啊！请镇静一会儿，
>
> 图鲁兹大夫说得很对。①

在阿尔及利亚，以色列公墓被毁。爱德蒙·德吕蒙受到辱骂，不能自拔。左拉被认为是"翁贝托国王的忠实奴仆"、"娜娜的追随者"、《崩溃》作者左拉、"埃米利奥·左拉先生"……有人造谣说，犹太人从正直的法国人那里偷来的钱用来支持卖国贼的示威游行。面对这种由仇恨萌发的联合行动，作家、艺术家、学者们与左拉聚集在一起，要求复核案情。这些人是阿纳托尔·法朗士、克洛德·莫奈、欧仁·卡里埃、维克多·玛格丽特、奥克塔夫·米尔博、让·阿雅贝尔、马塞尔·普雷沃、马塞尔·普鲁斯特……他们冒天下之大不韪，立即决定加入左拉行列，扮演了为法兰西的伟大崇高思想当

---

① 参见阿尔芒·拉努编选的歌集。

掘墓人的角色。巴雷斯针对左拉,在一篇文章中写道:"在您和我之间,已经有一道鸿沟。"

作为国家的首脑机关,政府在这个问题上犹豫不决:要继续起诉还是平息事态?不可否认,作家是想强加于政府,并通过左拉诉讼案件挑动舆论,用鬼蜮伎俩再产生类似埃斯特拉齐、德雷福斯案件那样的效果。不应该陷入这种圈套里。但是,右翼已经发难了。在波旁宫,它的发言人阿尔贝·德曼伯爵大喊大叫:"军队不能等待太久……军队首脑决定这家伙该得到什么样的回答!"新任国防部长比约将军十分尴尬,登上讲坛感谢德曼伯爵,结结巴巴地把军队比作太阳,在与会议员的掌声中,他答应要下令追查。这一天,只有饶勒斯强烈抗议。

比约没有退路,只好在法律专家们建议下,在部长会议的同意下,决定控告左拉"犯了公开开脱罪犯的司法罪"。这个阴谋目的是要左拉缴械投降,显然左拉不可能拿出证据。他们耍了个花招,把德雷福斯事件与这次辩论分开,只是抓住左拉指责国防部是"授意",而不是"有意识"这样做。

尽管左拉的诉讼"缩小"了范围,他还是小心翼翼地准备出庭的事。他有杰出的律师费尔南·拉博里和律师周围的特拉里厄、雷纳克、马蒂厄·德雷福斯等辩护团的帮助。拉博里还有约瑟夫·伊尔德和莫尼亚两位律师做助手。《震旦报》经纪人佩兰克斯的律师是阿尔贝·克列蒙梭,他是乔治的兄弟。在接到传讯时,左拉非常高兴地喊道:"朋友们,起诉了,我被起诉了!……"然后,他写信给国防部长,说他没有上这种雕虫小技的当:"由于没有别的办法,有人强加于我一种不平等的斗争手法,先把我捆住,通过司法手段,我可以向您保证,在自由辩论中,您别期望会得到胜利。"

1898年2月7日,一个面色苍白、神情果断的人登上一辆两匹马拉套的四轮马车,前往巴黎法院。陪同去的有拉博里律师、阿尔贝·克列蒙梭和乔治·克列蒙梭,还有出版商法斯凯勒。他们在多菲内广场下车,碰到了一批吼叫着的群众,他们大叫:"打倒左拉!打倒淫棍! 杀死犹太人!"他首先就像巨浪冲到胸部似的透不过气来,但很快稳定下来。这个孱弱的、多愁善感的、老钻到图书馆啃书的书呆子,奇迹般地镇定自若,那不是为了荣誉而控制住神经了吗?他坚定地迈着步伐,爬上楼梯,他自己也感到奇怪会如此镇静。他好像不是去受审,而是去加冕。

大厅里声音嘈杂。左拉坐在被告席上,通过他的夹鼻眼镜,他看见饶勒斯、罗什福尔、贡斯、埃斯特拉齐、雷蒙·普安卡雷,还有一些穿着制服的军人,律师们坐在地上,双腿交叉,记者、喜剧演员……妇女们穿戴时髦,好像是第一次上剧场看戏。男人们好像都有张伸张正义的面孔。还有一些充满好奇扒在窗户上看热闹的人。当穿着镶白鼬皮饰带的红袍子、大腹便便的老好人、庭长德尔戈格出现时,大家都起立。12位陪审员在抽签。这是一些商人、职员、工人和退休人员,他们担负的职责会使这帮小人望而生畏,把他们压垮。图勒蒙特先生被指定来解决光荣的法兰西军队和寂寞的作家之间的纠纷。首先,代理检察长范·卡塞尔检举了左拉丑恶的策略,他想通过程序,强迫法庭收回已审判的案子。拉博里起来反对检察署这种破坏议事的方式。法庭对此不接受。人们只要求拿出来自上级的"命令"以答辩,证明国防部服从的证据。

证人出庭了。"守活寡的"露西·德雷福斯来到证人席上,她穿着黑衣服,脸色苍白。当拉博里问她:"您对埃米尔·左拉的善意是怎么想的?"庭长以粗暴的口吻下命令:"这个问题不能提!"他多次阻止这种有利于当事人辩护的意见。左拉坐在被告席上,很不安地看着辩论。《自由言论报》的法律专栏作家加斯东·梅里描写左拉咬着手杖上的球,把手放在脖子上,手指像弹钢琴似的摆弄着,皱着鼻子,擦着夹鼻眼镜,脑袋一会儿看左边,一会儿看右边……在第一次开庭的晚上,群情激昂,左拉要走出法庭得求警察总监保护。在街上,激动的人群举着拳头,大叫大喊:"杀死卖国贼!淹死犹太人!"闹事者到处在砸犹太人商店的玻璃窗。

接下来几天,是情报部门的将军和军官们出庭。参谋长布瓦代弗尔将军穿着笔挺的制服,胸前挂着一块荣誉团奖牌。他表情平静、神气十足。他断定"德雷福斯的案子是永远翻不了的",并以国家机密为由拒绝回答拉博里的问题。贡斯将军和梅西耶将军也一样,态度冷漠,辩解傲慢。梅西耶将军还说:"既然有人要我以军人的身份起誓,我就说德雷福斯是个卖国贼,他罪有应得。"杜帕蒂·德·克朗司令官戴着单片眼镜,向法庭行了个军人礼,直挺挺地站着,以不屑一顾的神情对待律师对他的提问。亨利上校说是病了,拿出医疗证明,两腿发颤,在贡斯将军的请求下,得到法庭允许退下,什么证词也没有。专家贝蒂荣在黑板前拿着一支粉笔,糊里糊涂地做了论证,在听众的哄笑中退下。大家迫不及待地等着埃斯特拉齐出庭。他终于到了,他双手交叉地放在胸前,向法庭致意,十分神气活现。他面色苍白,一副懒洋洋和悲天悯人的样子,他对拉博里和阿尔贝·克列蒙梭要求解释的提问尽可能避重就轻。在对手的追问下直打哆嗦,是个不堪一击的稻草人。当阿尔贝·克列蒙梭问及他和德国武官冯·斯瓦尔斯科庞少校的关系时,庭长过来为证人撑腰:"克列蒙梭律师,不要谈外国军官的事。""庭长先生,为什么?""因为这牵涉到国家的荣誉和安全,这是高于一切的。""庭长先生,我认为,国家的荣誉让一个军官去做这样的事,但是却不许讲。"埃斯特拉齐在军官们的喝彩声中又坐在群众的位子上。

皮卡尔上校来了,左拉把身子往前靠了靠,生怕漏掉证词中的一个字。皮卡尔急步来到证人席上,抬着头,挺着胸,身穿饰着金丝带的蓝制服。他用平静的口吻讲了一小时,他讲到他如何发现埃斯特拉齐的叛国行径,而他倒成为牺牲品并在军队中被排挤。修正派对他大喝其彩。这么一来,他和过去的老部下都对立了,都起来攻击他,那些人都是亨利的同伙。这时,塞纳军区司令佩利厄将军,埃斯特拉齐就是归他管辖的,为了取得辩论的成功,他转身向陪审团嚷嚷:

你们要干什么?这支军队面临危险时,你们是无法想象的。这些不幸的士兵在军官们带领下赴汤蹈火,你们想毁掉他们吗？陪审团先生们，有人想把你们的儿子引向屠场！可是左拉先生本来可以打一场胜仗，他写了一部新作《崩溃》，他把法兰西语言传到全欧洲、全世界去，而那一天法国又该倒霉了。

陪审团动摇了。让·饶勒斯要他们正视现实，阿纳托尔·法郎士描述了左拉的公正，在国际上的光彩夺目的地位，但都没有用。这12位陪审团成员冷若冰霜。然而，当德佩利厄将军攻击左拉，指责左拉在打仗期间什么也没干时，招来了作家尖锐的反击：

> 为法兰西服务，各有各的方式。可以用武器，也可以用笔。德佩利厄将军先生可能是打了大胜仗！而我也有我的胜仗。我通过我的作品，把法兰西语言传播到全世界。我有我的胜利。我把德佩利厄将军的名字和埃米尔·左拉的名字留传到后代，它们会做出选择！

1898年2月21日，总检察官范·卡塞尔穿着红袍宣布起诉状。整个大厅坐满了军官和德鲁莱德和德吕蒙的朋友。范·卡塞尔肯定地说：

> 不，要找一个军官来对审判官施加影响，那是不可能的；要找7个军官昧着良心来判决，那也是不可能的；只有刑事被告才敢说这是卑鄙行径。判决书才会揭穿谎言。全国人民有信

心等待这种判决。你们可以毫不迟疑地进行宣判。

2月22日,左拉终于发言了。他读了为陪审团准备的讲话稿。他神情紧张,脸色苍白、发青,嗓子里吐出这些字句:"你们是巴黎的良心和理智,伟大的巴黎是我出生的地方,我为她歌唱快40年了。我看见你们在自己的家里,晚上,大家坐在灯下……你们打击我,只能使我变得更伟大……谁为真理和正义受苦谁就会变得令人敬畏和神圣……我发誓,德雷福斯是无辜的……根据我40年工作的经验,我发誓德雷福斯是无辜的!……"嘘声不时地打断他的讲话。在嘘声和笑声中他结束了讲话。在他讲话以后,还有3次审讯,拉博里充满激情,以纯熟的技巧进行辩护,证明德雷福斯是无辜的。然后,《震旦报》经理佩兰克斯的辩护人阿尔贝·克列蒙梭冲着陪审团狂呼:"你们要我们出庭受审,而你们将在历史面前受审。"

陪审团退下讨论。讨论进行了35分钟。终于在晚上7点,他们又出现在煤气灯照耀的、人群拥挤、充满狂热的审判厅里。一些狂热分子站在凳子上,向左拉伸着拳头并破口大骂。当陪审团长将手放在胸前宣布决定时大厅才安静下来:"在上帝和众人面前,凭我的名誉和良心,陪审团的答复是:关于佩兰克斯先生裁决,多数赞成;关于左拉先生裁决,多数赞成。"

并没有因辩护而减轻罪行,左拉被判一年监禁,这是最高的刑罚,佩兰克斯4个月,两人都是3000法郎罚金。大厅里一片欢腾,叫喊声又起:"处死左拉!处死犹太人!"军官们用剑套敲着地板。

皮卡尔第一次走到左拉身边,眼睛直盯着他,只说了这么一句话:"现在是紧握您的手的时候了。"在他们周围,有的喊叫着,有的跳起舞,有的唱起《马赛曲》。警察建议左拉等围着法院的群众散去后再离开。最后,在熙熙攘攘的人群中,作家的朋友帮助他离开了法院。他拄着拐杖,盲目地向前走着。由于叫声太厉害,左拉喃喃自语道:"这是一群残酷的人!"乔治·克列蒙梭是位哲学家,他做出结论:"如果对左拉宣告无罪,我们谁也甭想活着出去!"

2月26日,国防部长比约将军令皮卡尔上校退役,并取消其退休金,理由是"在服役时犯了严重错误"。格里莫教授因为在诉讼时做了证,被撤销了在综合工科学校的教授职位。内政部长巴尔图撤销了勒布卢瓦先生的巴黎第七区副区长的职务。

在整个诉讼期间,左拉觉得有密探监视他的朋友,对他盯梢,当他到情妇那里去时,有人跟踪。侮辱信件在桌子上堆积如山。他甚至连看都不看。新闻记者朱代在纪念弗朗索瓦·左拉时责怪这位工程师,否定他为人正直。这位"卑鄙的掏粪工"写的书在公共广场上被烧毁。亚历山德里娜和让娜收到威胁的匿名信。甚至只有9岁的小德尼丝也在信中收到一张她父亲的照片,照片上被挖去双眼。左拉觉得对他们娘儿仨这种惶恐的日子要负责任,本来他想避开生活的冲击过安静的日子。他想,为了维护德雷福斯,他可能将自己的两个家都毁了。但是,尽管他疲惫不堪、有反感也有悔恨,他仍不松劲儿。他过去不是写过,"真理在前进,什么也不能阻挡"?

在律师们的建议下,左拉向最高法院上诉。亨利·莫纳尔律师帮助他上诉。这位优秀的法学家认为,对左拉的控告不会来自国防部长,而是《震旦报》文章诽谤的军事法庭。这种形式上的缺点是很明显的。1898 年 4 月 2 日,判决被取消。对政府来说,一切要从头开始。国防部的军官们决定他们自己对左拉提出控告。为了使他们更有把握,他们只抓住《我控诉》一文中的 3 行文字。案子被送到塞纳-瓦兹重罪法庭。第二次诉讼将于 5 月 23 日在凡尔赛开庭。拉博里律师提出不属管辖的问题。他说,为什么指定凡尔赛?左拉住在巴黎,文章不也是在巴黎的报刊上发表的吗? 他的意见被驳回,再次上诉最高法院。但是,案子再次送到凡尔赛。左拉被这种程序问题搞得疲惫不堪,自问他还算是个作家吗?

第二十五章　侮辱与威胁

　　左拉的诉讼案件在公众舆论中掀起了一阵旋涡,事情不仅未能平息,反而愈演愈烈。在报纸的编辑室里、在家庭里、在议会里、在各部的办公室里、在街道、学校里,到处都有骨肉相残的仇恨。如果说左拉过去是格调较高的作家,大家都读他的书,但是为犹太间谍德雷福斯辩护,那就陷入了泥坑,成为鼓吹暴力和色情的作家了!而他还向法兰西作道德说教!在这个好色的意大利人和荣誉受损的法国军队之间,一个爱国者怎能犹豫不决呢?乔治·克列蒙梭向德吕蒙挑战,要求一对一决斗,各发3颗子弹,但均未击中。皮卡尔派自己人到亨利处做证,在打第二枪时击中了亨利的胳膊。但在同一天,埃斯特拉齐提出决斗,皮卡尔却拒绝前往决斗场,他说,对付这种混蛋是"国家司法部门的事"。

　　当法国的漫画家不怀好意地精心丑化左拉,把他比成掏阴沟的、扫垃圾的、骄傲的孔雀时,在欧洲和美国,他却被当成有天地良心的英雄。外国报纸一致抨击法国政府起诉左拉,对他进行迫害。在比利时,诗人韦尔哈伦写道:"在这个今后有历史意义的德雷福斯事件中,整个欧洲都在维护法国,也在反对法国。"美国作家马克·吐温也指出:"这种军事和宗教法庭是由懦夫、伪善者和马屁精组成的,这种人每年可产生百万个,今后还会这样。但是像圣女贞德和左拉这样的人物,5个世纪才能产生一个。"托尔斯泰补充道:"在他的行为中,有崇高和美好的思想,那就是向沙文主义、反犹太主义斗争。"①心地善良的契诃夫满怀激情地说:"左拉有崇高的灵魂……我对他的冲劲感到兴奋。"他还说:"大多数有教养的人是站在左拉一边的,并相信德雷福斯是无辜的。自从左拉写了抗议信后,他的形象陡然上升了3阿尔申②,好像春风又吹到这里,感谢上帝,每个法国人已感到正义还存在这个世界上,如果控告无辜者,还有人出来为他辩护。"最后,他说:"我与左拉素昧平生,但要反对法庭上审判他的人,那些出身高贵的将军和证人。"③

反德雷福斯派报纸对来自国外的对左拉值得骄傲的态度所表示的尊敬无动于衷,他们叫那些善良的法国人用脚踩"另一个"左拉,这个卑鄙小人用他的笔"刺痛祖国母亲的心脏","用他肮脏的手掴军队的耳光"。巴雷斯充当这些狂热分子的发言人。他写道:"在我们古老的法兰西花园里,德雷福斯只是个待得难受的异乡

---

① 参见阿尔芒·拉努选集。
② 俄国长度单位(1阿尔申合0.71米)。
③ 1898年1月4日、1月23日、2月2日的信。

人……""我们要维护祖宗的祠堂,而外乡人想动摇它……""德雷福斯是另一个不同种族的代表人物……"他的案情属于"比较种族学"所引发的。应该"重振法兰西","贬黜卖国贼",消除"在我们这个值得尊重的种族里的腐朽因素"。①

随着立法选举不久将举行,这种气氛更浓了。1898 年 5 月,议会向左转。6 月 15 日,议长朱尔·梅利纳这个反德雷福斯派人士辞去职务,由亨利·布里松接替,他试图纠正德雷福斯案。但是国防部长戈德弗鲁瓦·卡芬雅克与他持对立态度。1898 年 7 月 7 日,卡芬雅克在议会质询时,他确信罪犯确实有罪,并列举他所找到的"证据",这些证据是从亨利的"秘密档案"中找到的,他说,这些证据是确凿的。在这些所谓的证据中,有德雷福斯的"口供",它是从当时做记录的勒布兰-雷诺上尉本子里收集来的。在讲完这些证据后,卡芬雅克在掌声中发表讲话:"明天,所有的法国人应该团结起来,宣布这支军队是值得骄傲的,不仅是赢得国家的信任,也是因为它的行为是正义的。"

德雷福斯派对这篇讲话感到沮丧。饶勒斯为他们鼓气,告诉他们卡芬雅克所依据的文件纯系伪造。在列举这些文件时,国防部长无意地为对手帮了个忙,议会兴致勃勃地决定将卡芬雅克的讲话公布于众。很快,这份"秘密档案"张贴在法国的所有市政府墙上。饶勒斯十分满意,在《震旦报》上发表了一篇致冒失鬼卡芬雅克的

① 莫里斯·巴雷斯:民族主义的理论和景象。让-德尼丝·布勒丹引自《案件》。

信:"欢呼声将消逝,真理会永存。"

在此期间,有几个好心的人士在参议员特拉里厄的推动下,创办了人权同盟,其目的是想通过德雷福斯事件,来维护遭受专横威胁的自由权利。预审员贝尔蒂吕斯负责对皮卡尔进行指控,接见了该案主要证人,夏尔·埃斯特拉齐少校的侄儿克里斯蒂安·埃斯特拉齐,他参与了他叔叔安排的所有阴谋活动,因为他叔叔曾诈骗过皮卡尔,昧着良心报复,搞假口供。根据他的说法,亨利提供的假材料是由夏尔·埃斯特拉齐的情妇,一个名叫玛格丽特·佩伊的半上流社会妇女编写的。贝尔蒂吕斯法官通知共和国检察官弗约莱要对埃斯特拉齐少校和佩伊这个女人发拘票,弗约莱是个铁杆反德雷福斯派,他表示反对,但司法部长费迪南·萨里安允许搜查住宅。贝尔蒂吕斯在这个高级妓女家里找到不少资料。正在这个时候,她的情人来找她,带她到饭店吃饭。人们逮捕了他。他精神崩溃并号啕大哭,然后,又抬起了头,用沮丧的声音威胁说:"我会讲的,我会说出至今还藏着的东西!"玛格丽特·佩伊在半夜时分被送到圣-拉萨尔监狱,夏尔·埃斯特拉齐被送到桑台监狱。但卡芬雅克并不就此罢休。他因感到受骗而恼火,叫人逮捕了皮卡尔,他和埃斯特拉齐都坐了班房。

日复一日,时复一时,左拉看到这些曲折离奇的事,心里不是个滋味,觉得难以掌握自己的命运。第二次诉讼于 7 月 18 日在凡尔赛开庭。他和忠实的朋友拉博里一起坐汽车前往。从维罗弗来开始,骑着自行车的警察护送着他们。

法庭在中午开庭,审判厅里坐得满满的,但很安静。拉博里对"3 行受指责的文字"又附加了一些事实。法庭不予采纳。在那里等待的律师立刻向最高法院提起上诉。于是法院决定继续提出上诉。于是左拉从被告席上站起来,缓缓地穿过人群走到大门口,这时在他周围,有人大叫:"滚出法国! 意大利人滚回威尼斯去! 胆小鬼! 卖国贼! 回到犹太人那里去!"德鲁莱德神气活现,比谁都叫骂得厉害。庭长摇着铃。拉博里跟着左拉匆忙地走出来。在那群举着拳头、死命叫喊的人群中,警察帮助他们坐上了车子。在被告和律师缺席的情况下,法庭缺席判决左拉最高刑罚:一年徒刑,3000法郎罚款,而且有可能为此被撤销荣誉团勋章。

　　左拉因为情绪激动而疲惫不堪,心里很伤心,肚子又饿,他想起口袋里还有一块面包,他与律师分着吃。车子颠簸前进,发出噼啪声响。在吃面包时,律师向他透露了他的策略。事情到了这个地步,作家应该离开法国。比如,到外国,到英国去躲避,将来选择时机再回法国伺机复仇。左拉拒绝说:"宁可坐牢也不逃跑!"他说要投入战斗,承担任何后果。他的荣誉感不让他拔腿溜走。为了伟大的事业,他要和德雷福斯一样忍受不公正待遇。巴黎的监狱不也靠近魔鬼岛的囚室吗?

　　晚上,在布洛涅森林大街夏庞蒂埃的家里,左拉和律师又与乔治和阿尔贝·克列蒙梭碰头作最后商议。兄弟俩同意拉博里的劝告。他们认为,如果左拉被投入监狱,他也不可能再写《我控诉》这样的新文章,也不能用法律程序置敌手于尴尬境地。只有到别的国家去,他还可以左右局面。对他来说,在尊严和实际效果之间要做选择。但是,要快点做出抉择。确实,如果法院的逮捕证明天给他,判决也就马上执行,无法抗拒逮捕。开始,左拉想以身试法,后来慢慢地让步了,同意去国外。

在做出这个决定后,他想到他的妻子、让娜、孩子们,他的办公室、正在做的工作,以及离不了他的小狗平平,他心痛欲裂,十分难过。在他的拜托下,他的朋友、雕塑家德莫兰负责去找亚历山德里娜。晚上,她带着一盒梳洗用品和一件用报纸裹着的衬衣来了。由于怕暗探盯梢,她没有带手提箱。此外,她是怕丈夫坐牢,所以同意出走流亡。当人们得知他跑到英国躲避法国司法时,可能会骂得更厉害? 出点子的人耐心地陈述这次秘密出走的理由。亚历山德里娜紧紧地靠在左拉胸前并掉下了眼泪。他摆脱了妻子的拥抱,写了一张条子给让娜:"巴黎,星期一晚上。亲爱的,事情到了这个地步,我不得不今晚动身到英国去。别担心,等着我的消息。等我事情有眉目时,我会通知你的。我会找个地方,你和孩子们来与我相聚。但是,事情还有些困难,需要等些日子。另外,我告诉你,我在国外会给你写信的。不要告诉别人我到哪里去了。拥抱你们仨。"德莫兰拿着这封信到维尔纳伊-絮尔-塞纳,他的小家庭正在那里避暑。

晚上9点钟,左拉只带了几件盥洗用品、乔治·夏庞蒂埃预付的一点钱,连手提箱都没带,离开了布洛涅森林大街往北站去。在车上,他用颤动的手握着亚历山德里娜的手。她看起来很坚强。让娜是否也能这样?

在煤气灯光的照耀下，北站显得有点凄凉。左拉靠在车厢窗户旁，向月台上的妻子、朋友告别，脸上强作笑容。当列车开动时，他好像是得了疯狂症，生怕在列车行进中掉下来，要挺住。在包厢里只有他一个人，里面闷热异常。他打开玻璃窗，让外面的空气吹一下发烫的面孔。在亚眠，他买了面包和鸡腿。在加莱到多佛尔的船上，他靠在船舷旁，眼睛充满泪水，看着万家灯火的法兰西逐渐远远离去。

碧波荡漾，拉芒什海峡似乎无边无际，海风吹来了带咸味的芳香，甲板上人来人往不断。清晨，他到达维多利亚站，他叫人带他到格罗斯弗诺尔旅馆，这是克列蒙梭兄弟介绍的。他一句英语也不会讲，谢天谢地，旅馆人员法语讲得还不错。然而，人们对他有点怀疑，因为他没有带行李。为了迷惑旅馆人员，他在登记册上写了个假名字"帕斯卡尔先生"，他想这就叫人猜不透他是谁。

他离开法国的第二天，巴黎的新闻记者大肆宣传。报刊上的标题就像是宣战那样醒目："左拉跑了！"乔治·克列蒙梭在没有征求左拉本人意见的情况下，起草了一篇辩解声明，庄严署名"埃米尔·左拉"，并声明："10 月，我将在法官面前出庭。"7 月 20 日，在《震旦报》上发表该文时，贝尔纳·拉扎尔到伦敦给左拉看这段文章，里面一句话也不是他写的。左拉恼怒了，但终于同意这样做，克列蒙梭这样做是为了共同事业的利益。但是，他受不了有人把这篇文章寄到外国，发表时在他的名字下发表一个声明，说他并未写此文，有人借口为了他的利益违反本人意志写的……在那几天里，他觉得他

45 年的工作和威信全完了,现在自己只不过是个流放者,没有房子,也没有家庭,承受各种打击,靠少数留在法国的朋友接济过日子。是的,躲在英国,过着寒冷、孤独的日子,倒不如去坐牢更好!

第二十六章　流放

左拉待在一个语言不通的外国城市里,只好求助于出版他作品的英国出版商和翻译家欧内斯特·维齐特利①:"别告诉任何人或任何报纸说我在伦敦。明天,星期三,11点到格罗斯弗诺尔旅馆来看我,您找帕斯卡尔先生。要特别保密,因为这关系到严重的后果。"欧内斯特·维齐特利去找他,帮他在伦敦商店里买些衣服,并帮他与法律事务所的法律代理人韦勒姆联系上。韦勒姆安慰他并保证,法院拘票不会通过外交途径送达这里,英国司法人员也不会将法国法庭的判决书交到他手里。但是,为了谨慎起见,法律界人士劝他小心,并继续匿名。左拉马上搬家,并在韦桥的奥特兰公园旅馆定了一个房间。"帕斯卡尔先生"这个名字太招人,因为这会叫人想起他的一本小说的名字,他选择用"博尚先生"的名字来登

---

① 他是曾组织左拉到英国进行体面旅行的亨利·维齐特利(逝于1894年)的儿子。

左拉传

记。他通知让娜,今后写信时写给 J.W.韦勒姆先生,用双重信封,第二个信封写"博尚先生",这是韦勒姆先生叮嘱的。他在给情妇、妻子和朋友的信中改换字体。但签名都用博尚。但是,他没有搞阴谋诡计的本事:有时,习惯地写上"左"字,接着马上笨手笨脚地写上"博"字。同样,当他托德莫兰为亚历山德里娜和让娜办事时,他天真地用亚历山大和让等男性名字来搅乱线索。他想,她们收到的信,警察局肯定是复制和细看了。

然而,尽管警察局挖空心思,在巴黎,谁也不知道左拉到哪里去了。有些人认为他化了装躲在维尔纳伊,有些人说在日内瓦、斯帕、安特卫普的街上看到过他……但是,报纸上透露了他在伦敦的消息。这就有危险了。左拉又搬家。1898 年 8 月 1 日,他安顿在奥特兰夏市(萨里郡)风景迷人的彭村,1848 年革命后,路易-菲利普曾躲在那里。维齐特利 16 岁的长女维奥莱特跟他一起住在这所房子里,当他的翻译家和管家。

在这个乡间隐蔽所里,他通过报刊了解到德雷福斯案件和左拉案件的最新发展情况。在他遭难时还忠实于他的那些人使他更为珍贵。1898 年 8 月 6 日,他在写给亚历山德里娜的信中说:"在这种令人伤心的环境里,你要相信,我不会忘记你的令人赞美的心。如果过去我没有像今天那样爱你的话,你今天的态度会使我负疚。"从拉博里的信中得知,厚颜无耻的朱代又对他父亲的失职提出非难,他不禁大怒。他非常痛心,也很疲劳,他几乎不想再斗争了。1898 年 10 月,亚历山德里娜收到了他充满忧伤的信:"没有再比这件事更使我痛苦的了……一个父亲受到如此卑鄙的攻击……我甚至不再希望取胜，我为此付出沉重的代价。"然而，在德莫兰经过伦敦时，左拉托他转给拉博里一个以诽谤罪起诉的计划。他为了恢复体形，租了一辆自行车，在英国乡村里转悠，试图什么也不想。但他总是难以从思念中摆脱出来。如果他要再得到心理平衡，就要和亚历山德里娜、让娜和孩子们相聚。如果可能的话，两个女人轮着来，这样可以享受多种快乐！唉！亚历山德里娜经常被密探、新闻记者甚至纯粹出于好奇的人盯着。她已不敢再迈出家门一步。左拉写信给他的医生拉腊大夫："告诉亚历山德里娜我的消息……我等着她应该做出的决定……如果我不直接给她写信，那是我怕好心的大夫收到的沉重信封最终会引人注目。"

德莫兰终于又回到英国，带了一些日常用品和衬衫。左拉在他的《流放纪事》中写道："看到这些日常使用的物品，心里非常高兴，就像是在自己家里。显然，突然离开家，突然与亲人分开，最使我痛心的是只身在外，只有身上穿的几件衣服，没有行李，几乎身无分文。"他又有了希望，安排了一下对着窗户的办公桌，窗户朝向花园。他打开了手稿。但是，他是否还有力量拿起笔来？他还写道："我的生活中经历了冲击，尽管是平静的、有条理的，但已经把我搅乱了，人就像是崩溃了似的。"他的妻子给他写信，说几个星期内不可能动身。他心情沉重，走到洒满月光的花园，"花园里郁郁葱葱，洒满银色月光"。他深深地呼了一口气，但他没有和这种宁静的大自然相协调的心情："真奇怪，忧思如潮涌，心情茫然。"德莫兰又回到巴

左拉传

黎。他托他为亚历山德里娜和让娜办点棘手的事。她们俩都知道左拉希望她来这里。但他不愿意伤害她们中的任何一个。这就看德莫兰的外交手腕了！

德莫兰很快并且很有分寸地办完了这件事。他向亚历山德里娜描述了她丈夫的孤独、不安和伤心，他触动她的内心感情，使她愿做出牺牲：埃米尔需要孩子，而她没有给他生养。作为合法配偶，这是不该被忘掉的事。出于对丈夫的怜悯，出于对另一个女人生育的儿子和女儿的疼爱，她也在等着该怎样干，就是这么回事！8月6日，左拉给不久前告诉他消息的德莫兰回了信，信中写道："我刚收到了您的信，我很高兴也很伤心。我将看到我的孩子，但是当我想到我可怜的妻子，心中是多么难受。您是不是都对她说了，我尤其不想使她为难，如果她不幸福，我也不会快乐。总之，这一切都是让人难受的，不管我睡在哪边，我都如睡针毡，我再翻身也没用……如果孩子来到这里，也许会使我安心一些。但是他们不是我挂念的全部，我可怜的妻子不在！"

左拉担心他情妇的旅行情况，在给德莫兰的回信中还附上"对让的注意事项"：

> 如果可能，不要到巴黎搭车，在维尔纳伊打点行装。带些保暖的衣服。把我骑自行车的服装带来。别带女裤，要裙子。别带侍女或女厨师，给她们放假，告诉她们9月末会接她们，别让她们跟我们作对。特别是女佣们不知道我们到哪里去了。

别告诉她们，让她们想我们是到比利时或瑞士……对让要把旅行注意事项讲清楚。我想，让和两个孩子将坐早上 6 点 40 分的火车离开维尔纳伊。到巴黎后，坐车到北站，在那里吃早点和咖啡。到车站里去伦敦的售票窗口等着与德莫兰见面。带上旅行中需要的食品……别给任何人地址。悄悄地走……别带照相机。我有自己的相机……在船上，如果海浪不大，可以待在甲板上。如果海浪太大，到中舱里去。如果孩子们病了，躲到座舱里。行李只是在伦敦海关要检查……到多佛尔，火车靠近船。别弄错了，向检查人员出示车票，并跟他说：维多利亚站，让他来订座。火车不到终点伦敦站别下车！①

在等待让娜和孩子们来伦敦时，左拉已开始工作。他构思"三个城市"系列小说的续篇，编写长篇套书《四福音书》：《繁殖》《劳动》《真理》和《正义》。《三个城市》的主人公弗罗芒和玛丽有了 4 个儿子，他们在旅途中像是一个公正、和平的新宗教的 4 个信徒。《繁殖》一书中，马蒂厄有 12 个孩子，还有很多后代，他们宣讲善行一直到非洲。《劳动》一书中的吕克要建立一个模范城市，那里的人们安居乐业，劳动愉快。在《真理》一书中，马克攻击教会一成不变的教条，它使信徒头脑模糊，并鼓吹通过教育和科学解放人民。在《正义》一书中，让将使世界能和睦相处。左拉在从事这件既系

① 1898 年 8 月 6 日的信。

左拉传

统又天真的工作时,确信这件工作将是他至今已完成的所有小说中最好的结局。他宣称:"这是我所有作品的理所当然的结论,经过对现实的长期的观察,这种结论将合乎逻辑地延长到将来,热爱劳动和健康,丰衣足食,劳动愉快,最后正义发扬光大。这一切都是以科学为基础,这是科学赋予的理想。"

确实,从《繁殖》写作一开始,他的笔就像过去那样得心应手。但是,写出来的文章苍白无力,啰里啰唆,没有味道。好像从《卢贡-马卡尔家族》最后一本小说发表后,他的文思已枯竭。难道已没有什么可说的了?他不相信元气已耗尽,并与雨果在流放时的情况相比较。此外,他操心于司法事务,这也破坏了灵感。突然,他得知笔迹专家贝洛姆、瓦里纳尔、库阿尔,他过去在《我控诉》一文中曾宣布他们是"得了视力和判断的疾病",法院刚判罚他 32000 法郎的赔偿金和利息。左拉立刻慌作一团。是不是立刻将这笔钱存入"财政部"?他委托拉博里帮他催朋友的欠款以支付赔偿损失费,他非常失望地写道:"啊!他们把我的一切都拿走了,他们把我家里的东西都卖了,在法国什么也没有了,什么也不属于我。别人以为我是富翁,而我并没有 10 万法郎。当他们把我弄得穷困潦倒,看到我被流放,欠债累累,靠写作度日,他们会感到不好意思而保持沉默吗?只要我还活着,我还能提笔撰文,我总可以养活自己。我是以一个穷光蛋起家的,如今又落到贫困境地,我并不害怕这个。"[①]他

① 1898 年 9 月 23 日、29 日,左拉的动产被抄,在拍卖时,由出版商法斯凯拉以 32000 法郎购得,这也就是说,这笔赔偿和利息归 3 个专家。

还说:"我什么也不后悔,我将重新开始为真理和正义而斗争。但是,话说回来,到我这个年龄,干了一辈子作家,循规蹈矩,深居简出,这未免太惨了吧!我的价值所在是在于这支笔,还是用一支笔在进行斗争。昔日,我是追求真理。现在,我是追求正义。唉,那些笨蛋和恶棍,他们不了解我,他们既无感觉也不了解。"

当左拉等待让娜和孩子们的抵达电报时,日子显得很长。他希望英国人能审慎从事,这时他已不能按日常生活方式过日子。他喜欢这个国家的是老百姓殷勤好客,喜欢骑自行车,喜爱鲜花和呼吸新鲜空气。女士们风度翩翩,身材苗条,不像法国女人那样膀大腰圆。英国青年人迷恋体育:网球、划船,甚至那种叫人莫明其妙的板球!但是,他不喜欢英国式的拉窗,它没法完全打开。英国人很善于安排星期天,环境幽静,商店和小酒店都关门。他觉得,比起法国的雨,英国下的雨比较轻快,不怎么叫人舒服。最后,英国的菜肴倒胃口。他把英国面包与海绵相比较,青菜煮沸后不放盐,排骨"水洗后小火煮",他说,布丁还不如"我们一个苏就能买到的单色面包"。由于英国低沉灰暗的天空使人窒息,他向往法国的太阳。

1898 年 8 月 11 日,让娜和孩子们带着行李在欧内斯特·维齐特利的陪伴下来到彭村,维齐特利是在伦敦车站接他们的。重逢是幸福和欢乐的。德尼丝和雅克晕船,此时也忘了疲劳扑到父亲的怀里。在英国的土地上,他们也像在维尔纳伊那样过日子。孩子们由母亲看着,在院子里玩耍,母亲坐在阳伞下,有时刺绣或看书。左拉通过办公室窗户看这幕情景,享受着天伦之乐。但是为什么他们周围,整个国家的人都讲英语？这实在叫人受不了！而德莫兰知道让娜来到左拉身边,有点担心。他怕的是别人发现他们躲藏之地。左拉在给他的回信中写道：

> 所有您所想到的,我自己都想到了,早就想到了。您不知道我为什么跑得这么远,那是因为我不在乎！我已经受够了,受够了,实在受够了！我的职责已经完成,我要求别人别打扰我……为了使我的家人和我能尽可能幸福,我会做该做的事,这个世界有一天会完蛋,除非我昏了头。告诉您,只有当法国有了正义,我才会回去。最近的事件证明,要做到这点不是明天就能办到的。我认为我在公众场合的角色已经完成了。[①]

在写了这封信后的几天,左拉和家属离开了彭村的住宅,房东要收回这所房子,他们搬到萨默尔菲特的一所宽敞和地理位置更好的房子里,那里有大花园、花坛、网球场。左拉靠在柳条编的长椅上,借助字典翻看着英国报纸。在这种死气沉沉的报纸上,法国的消息不占什么位置。但是,维齐特利刚收到一份未指明出处的电报,只有这么几个字："等着,有大好事。"左拉得到这个消息后,不知道这匿名的来信者指的什么事,找来找去也弄不清楚。正在这个时候,维齐特利来到萨默尔菲特,他容光焕发,宣布说："亨利上校自

---

① 1898 年 8 月 13 日的信。

杀了!"

左拉高兴得不得了,摇晃着身体。噩梦是否要结束了?维齐特利向他翻译英国报刊的新闻。像埃斯特拉齐一样受到预审法官贝尔蒂吕斯追捕的亨利上校招供了。他承认制造了假证,被解送到瓦列里山,在那里他用剃刀割断喉管。拉博里在给左拉的信中证实了上述事实。左拉在回信中说:

> 我相信这样一来我们是向胜利迈进了。但是,我并不是没有担心,我求您和我的朋友们要特别谨慎小心。只有德案宣告无罪,获得自由,斗争才算胜利。到重新宣判那天,我的心才能平静,因为这是真正危险的日子……至于返回的日子,我自然同意您的意见。但是,现在还不能确定日期。我觉得只有看再审的结果后才能定,为的是凡尔赛的官司有个圆满的结局。我将等待着,我不能静下心来,因为我为此事被搅得心神不安,但至少是有希望的,我等待着能重新过平静的劳动者生活的一天,我要做的事很多。我身体很好,我还在工作,难受的只是远离故乡,离开妻子,待在一个连语言都不通的异国他乡。①

然而与左拉的希望正相反,亨利上校的自杀并不能说服公众舆论和使政府认为德雷福斯是无罪的。罗什福尔认为,亨利上校是出

---

① 1898 年 9 月 8 日的信。

于爱国心而自杀，为的是避免提供会危及国家安全的真正资料。《祖国报》又搬出这种荒谬的说法："亨利上校发表这样的声明是不谨慎的：'由于不能将德雷福斯犯罪的不可辩驳的材料公布于众，我一直感到困扰。公布这种材料会把外国人牵涉进去，对法国来说，后果会很严重。除非起诉提出相反意见，来证明卖国贼无罪。在这种紧迫的情况下，我编造了一个材料，提供了伪造文书。我做这事是凭良心和良知，为的是司法的利益，这是由于不可能向公众提供秘密材料所迫的。'""爱国的伪造文书"这个论点被扩散，莫拉在保王党报纸《法兰西新闻报》上赞扬了亨利上校的勇气和崇高精神，说他是正义事业的殉道者。右派报刊重复了他的话，《自由言论报》头版文章写道："要是再审就意味着开战。对此我们毫无准备。是的，马上就要开战了，随之就是失败，这正是犹太人的计划和希望。"

左拉在读到这几行文字时，过去的斗劲又上来了。他被困在英国乡村之一隅，不能到第一线去为真理而斗争，他简直恼火透了。露西·德雷福斯夫人要求司法当局根据新的事实重审此案。这个要求转交给卡芬雅克，他辞职后，亨利·布里松议长任命聚尔朗丹将军接替，聚尔朗丹是赞成重审的。不久，民族主义报刊指责他将自己出卖给犹太人。在这种不得人心的浪潮冲击下，考虑到军队的威信，他后退了。在 1898 年 9 月 17 日，内阁与他意见相左，通过了再审的决定，聚尔朗丹将军本人也辞职了。沙努瓦纳将军接任后表示，重审吓不倒他。但他刚就职，就把皮卡尔送上轻罪法庭。法庭审理程序搞得乱七八糟,因为共和国检察官要求并得到许可延期审理。皮卡尔被送回监狱。沙努瓦纳将军辞职。最后,内阁委托掌玺部长将露西·德雷福斯夫人的重审要求提交最高法院。德鲁莱德和爱国阵线宣布:"如果德雷福斯回到法国,他将被碎尸万段。"左拉在给德莫兰的信中说:"很可能有望取得胜利。但我觉得要取得这场胜利还非常遥远,道路曲折,困难重重,直到现在,我要取得胜利,只能强忍着……我要在这里待到 12 月,可能要到 1 月,这也就不足为奇。我在这里等待消息,以便做过冬准备。"①

　　随着寒冬季节即将到来,左拉有点丧气了。他留在法国的小狗平平死了,这使他十分难过,他没有心思写作,甚至连门也不愿出了。他在给《宠物之友》的女编辑的信中说:"我告诉您,我经历了可怕的、最严酷的时刻,我得知现在在远离我的、陪伴我 9 年、与我寸步不离的忠实伙伴突然死了,这真是晴天霹雳。我觉得是因为我不在使它死了。我像孩子似的哭它。我十分难过,一想起它就要掉眼泪!"②除了爱犬之死引起的悲伤,现在还加上不安全感。自从马尔尚在尼罗河地区调停失败,发生了法绍达事件以来,面对着基施奈远征兵团,法国与英国关系恶化,对旅居英国的法国侨民来说,处境不就更艰难了吗?过去人们不知道这点,现在,有人不是竟对他冷淡吗?

　　左拉又搬家了,他搬到萨里郡的亚特尔斯顿村。10 月初,让娜

---

　　①　1898 年 9 月 21 日的信。
　　②　1899 年 7 月的信。

与孩子们回法国去了,分离使他老泪纵横。亚历山德里娜在 10 月底来到这位著名的流放者身边,取代让娜。她鼓励他、爱抚他。但是让娜青春焕发,孩子们笑声朗朗,这是谁也无法替代的。此外,几个星期以后,亚历山德里娜觉得受不了英国又潮又冷的气候,返回巴黎。冬天来了,左拉既孤独又凄凉。他在写给女儿德尼丝的信中说:"动物园里的猴子跟你和雅克说过吗,如果人们懒惰和说谎,不是也会变得跟它们一样丑陋?因为你们知道,在猴子的国度里,它们也是小男孩和小女孩,他们什么也不干,还说谎。于是,有人把它们关到笼子里送到我们这里。不久我就要回来并将热烈地亲你们,特别是如果妈妈很喜欢你们。"①他在给让娜的信中写道:"你知道我只好当和尚了。这样我可以躲在角落里安静地放心地写作。我既没什么娱乐也没有什么消遣。总之,我难受的是你不在我身边。如果你在这里,我耐心地待几年也无妨。"②

左拉现在住在上诺沃的皇后旅馆,两个房间能望见庭院。侍候他的服务员不会说法语。左拉只学了几句英语,要让他懂他的意思很难。他潜心研究斯汤达,写《繁殖》,从英国报纸里看法国新闻,拍拍照片,心里憋闷得要死。一些朋友从很远的地方到这个避难所来看他,其中有法斯凯拉、奥克塔夫·米尔博、拉博里……亚历山德里娜年底又来了,让娜在第二年春天来了……但是,她们一走,他又吃不饱饭。他已经等得不耐烦了。重审调查翻来覆去,曲折离奇。

---

① 1898 年 11 月 10 日的信。
② 1898 年 12 月 1 日的信。

法官们在公文堆里泡着。埃斯特拉齐承认是他制造了那张单子，而后又翻供。左拉想不等法院撤销 1894 年对德雷福斯的判决就回法国。拉博里和克列蒙梭劝阻他。他很不乐意，但经讲明利害关系，只好同意了。

左拉在给拉博里的信中说："平平安安的生活我已厌倦了，这是我的精神状态。您难以想象，我每天早晨读报时是多么难过。我觉得我是个没用的人，别人在斗争，而我像死人一样。远离我所爱的人们，干不了我通常要干的事，这种状况还要延续几个月……胜利我看是肯定的，但我相信，那伙恶棍会破坏正义……德雷福斯宣布无罪的头一天，您还看到有人还在干愚蠢和触目惊心的勾当。啊！我可怜的国家！每当想起她我就不安。在胜利的前夕，还有多少破砖烂瓦要收拾？今后重建家园，难道用这些破烂货？……我远离祖国、默默无言，多少日子以来，销声匿迹，就像是一个死去了的人一样。终于，我能工作了，这是我唯一的安慰。"① 在给奥克塔夫·米尔博夫人的信中说：

> 我是一个爱激动和充满热情的人，生来就不宜远居他乡，不懂得逆来顺受或保持沉默。您可以猜得出来，躲在这里对我来说是一种酷刑，当别人在战斗，而我却无所事事。有些日子，我觉得自己没有尽责，我有点自卑……别人写信给我叫我待在

---

① 1898 年 12 月 15 日的信。

这里,否则会带来灾难。①

他在房间里打转转,好像是系在一根柱子上。这是一间没有栅栏的监狱。没有人跟他说话,掉了纽扣,只好自己缝,"没有顶针,缝得很好",他拿这事作消遣。在他工作时,一只老鼠围着字纸篓转圈。左拉怜悯地看着这只小耗子。

1899 年 2 月 16 日,共和国总统费利克斯·富尔死在情妇的怀中。这位风流的国家元首的葬礼排场很大,葬礼后,德鲁莱德带着部队到爱丽舍宫向死者致敬。② 捣乱分子们被罗热将军逮捕。两天以后,左派人士埃米尔·鲁贝被选为共和国总统。有人说他是主张重审德雷福斯案件的,但是还要当心那些狭隘民族主义的垂死挣扎的阴谋。德鲁莱德这个疯子并不是唯一一想推翻政权的人。不管怎么说,左拉觉得事情将结束了。要赶快写,他已经快完成居住到英国后专心致志写的小说。如果没有这项工作来打发日子,他更要成为无所事事的疯子了。1899 年 3 月 16 日,他通知亚历山德里娜说:"从早到晚我一言不发,这样下去我会生病的。比起流放来,我还是喜欢生活在这种无所事事的生活中,很多令人厌恶的事使我反感。"

1899 年 5 月 27 日,左拉写完了《繁殖》一书的最后几行,这是

---

① 同一天发出的信。
② 德鲁莱德被刑事法庭宣布无罪。

一首动人的歌曲,是男人传种女人生育的一段可笑的故事。5月28日,他在给让娜的信中说:"我认为所有正派的女人,所有的妻子和母亲都会赞成我。"第二天,5月29日,最高法院第三联合庭庄严开庭,巴罗-博普雷庭长宣读了一篇调查情况报告,并提出了文件的来源这个主要问题:"它是不是出自德雷福斯的手笔?"在一片沉默之后,他自己做了回答:"先生们,经过深入的审查,我已得到物证,这不是德雷福斯写的,而是埃斯特拉齐写的。"再审的道路打开了。1899年6月3日,最高法院一致取消了对德雷福斯的审判,并将被告送到雷恩的军事法庭。左拉喜出望外,决定立即返回法国。他在写给拉博里的信中说:"什么人也留不住我在这里多待一小时了。有人威胁我说要在边境逮捕我,但我还是要回去。"①

6月5日,法斯凯勒偕夫人到英国带回凯旋的流亡者。左拉在英国流亡了近一年。他怀着开始新生活的感情登上了车厢。德雷福斯在魔鬼岛也接到了通知。他马上登船回法国。当他们获得自由后见面该是多么激动!当火车开动时,左拉草拟了一篇给《友好报刊》的文章:"既然真相大白、正义昭然,我就回来了。我想静悄悄地、在胜利的宁静气氛中返回,不让我的返回引起街上的骚乱……我是在家里。总检察长先生如果高兴的话,应该通知我解除凡尔赛法庭的逮捕令。"在写了几句话之后,他抬起了头,看见英国可爱的乡村在他面前飞驰而过。当他再回到阴谋诡

---

① 1899年7月3日的信。

计的大旋涡里，见到那些虚伪面孔，巴黎人的狂怒和挑衅时，会不
会对这种美景感到惋惜？

第二十七章　赦免

　　左拉回到法国以后,他的生活围绕着 3 个名字转:让娜、亚历山德里娜、德雷福斯。他在巴黎作短暂停留后,就急忙赶到梅当,让娜夏天住在维尔纳伊。他在妻子和情妇之间,又找到了感情的平衡。他不是对一个女人是丈夫,对另一个女人则是情人,而是对她俩都是丈夫:一个没有孩子的丈夫,一个当了父亲的丈夫。他心地宽阔,能对双方都温柔体贴。他在合法妻子处吃早饭,而在富于吸引力的情妇那里喝茶,与孩子们嬉戏,跟着孩子和他们的母亲骑自行车,兴高采烈地给他们拍人物照和风景照。他每天工作和跟心爱的人在一起没有感到疲倦过。让娜平时披着长围巾,披着长发或戴一顶紫色帽子,绣花、摆弄鲜花、读书、弹曼陀林。在各种场合,他的儿子和女儿也对他摆姿拍照。他汇集了一本照相册,题名《德尼丝和雅克,真实的历史,埃米尔·左拉编》,并做了漂亮的装订。为了洗底片,他在家里设了个洗片室,为了方便起见,在让娜家里也设了一个。

亚历山德里娜已经放下武器，两个女人之间关系比较和谐。她们之间互不来往，但互相容忍，互相尊敬。在长久的分离以后，两个女人对伟人的失而复得都感到幸福。

在英国流亡期间，希望与失望相互交错，咒骂如排山倒海似的袭来，左拉的脑袋都快炸了。虽然胜利已临近，他感到自己老了，对事物也看透了。德雷福斯从魔鬼岛一回到法国，就被带到雷恩军事监狱，左拉没有见到他。1899 年 7 月 6 日，左拉给他写了一封欢迎信：

> 上尉，从您回到法国后，我恐怕不是满怀同情和友爱最早给您写信的人之一。对您来说，我怕的是我的信会使您不理解。我想您的可钦佩的兄弟已见到您了，与您谈到过我们的长期战斗。他刚告诉我您的好消息，您身体很好，有勇气，有信心，我衷心祝贺您，我知道您现在理解我的心情……事情并没有结束，必须公开承认您无罪，才能把法兰西从无道义可言的灾难中解救出来。只要无辜者被囚禁，我们就不能列入高尚和有正义的民族……这也是您要拯救的军队荣誉，这个军队是您热爱，并寄予全部理想的……我的心正在沸腾，我只能对您承受的痛苦表示友好的慰问，对您勇敢的妻子承受的痛苦表示友好的慰问……热烈地拥抱您。

1899 年 8 月 7 日，再审诉讼在被改成法庭的雷恩中学礼堂开庭。为了不使法官们感到不快，德雷福斯的辩护律师德芒热要求左拉、克列蒙梭、雷纳克别参加庭讯。拉博里律师出席了庭讯，对排斥上述人员颇有微词，但没有坚持己见。新任总理瓦尔德克-卢梭不掩饰对德雷福斯的同情。但由于反德雷福斯派的头头梅西耶将军干涉，本来宣告无罪的案子又变成有罪了。军事法官都是他的部下，他们冒着得罪政府的危险，服从他的意愿。巴雷斯扬言，如果德雷福斯被宣告无罪，他将进行报复。他写道："德雷福斯和领导人之间，你们选择吧！"民族主义报刊认为，德雷福斯的朋友都是祖国的敌人。

辩论在仇恨和混乱的气氛中进展缓慢。从 8 月 12 日开始，德鲁莱德伙同朱尔·齐朗组织了抗议活动，被警察赶到"沙布罗尔堡"①并被暴乱分子赶走。8 月 14 日星期一那天，一个陌生人在街上跟随拉博里，突然挥动手枪向他开了一枪，一颗子弹伤了背部，这名歹徒逃走了。还好，子弹没伤及脊梁骨。拉博里很快恢复健康，重返战斗岗位。左拉在给他的信中写道："啊，我亲爱的、伟大的、勇敢的朋友，今天早晨，当我们得知您已脱离危险，我是多么的高兴！您将在全世界人民的掌声中，作为英雄、卫道者、崇高的法律的辩护人，重新出现在军事法庭的辩护席上。"②人们等待着德雷福斯和埃斯特拉齐的对质，但后者正在英国，避开法庭。他只是在远方发表

① 这是人们给反犹太人同盟所在地沙布罗尔街取的外号。反叛分子与警卫部队对峙了 38 天。
② 1899 年 8 月 16 日的信。

声明,说他确是写了单子,但内容是德雷福斯口授他写的。军事法庭感到为难。法庭意识到,如果宣判德雷福斯无罪,整个军队都会起来反对,只有少数拥护德雷福斯的人和国外的新闻记者满意。这种事应尽量避免。因此,法庭选择了折中办法。1899 年 9 月 9 日,以 5 票对 2 票,德雷福斯被认为有罪,但是从轻处理,因为他只写了单子的一半! 因此,他要坐 10 年监禁! 这种荒谬的判决给德雷福斯派人士带来很大压力。左拉怒不可遏。外国报纸认为法国烂透了。某些报纸要求孤立法国,要求旅游者不要参加明年在巴黎举行的万国博览会。安特卫普、米兰、伦敦、纽约都爆发了反法游行示威……警察进行了干预,以保护被群众冲击的法国大使馆。左拉在《震旦报》上写了一篇尖锐的文章,名为《第五次行动》:"人们已看到反对真理和正义的最奇特的勾当。有一伙证人在出谋划策,每天晚上商议第二天的混淆是非的证词,用谎言代表检察院起诉,威胁和侮辱反驳者,他们以军人头衔来压人……这样一个检察院,竟被愚蠢的行为所左右,令人哭笑不得……我简直是惊骇万分,这种惊恐,是人们的神圣的恐怖,这是颠倒黑白,河水会倒流到源头,太阳从地球西边升起。"同一天,左拉还写信给拉博里:"这一切会可悲地以某种特赦或可耻的赦免来结束。"①

　　左拉确实没有弄错。为了走出这种混乱局面,政府决定特赦和赦免。就德雷福斯的情况,用这种方法来解决,那就是间接地承认

_____

① 1899 年 9 月 12 日的信。

有罪。对用这种省事和羞耻的办法来解决德雷福斯案件,饶勒斯、皮卡尔、拉博里、左拉都反对。但是,由于德雷福斯已疲惫不堪,他的兄弟马蒂厄、贝尔纳·拉萨尔、约瑟夫·雷纳克建议接受。在军界,不时有人在窃窃私语,如果德雷福斯与德国没有秘密关系,他是否可能与俄国有关系?最好是以最低的代价了结此事。德雷福斯不想对军事法庭的怪诞的审判进行上诉,告诉人他准备接受特赦,但不放弃将来进行合法重审的权利。1899 年 9 月 19 日,共和国总统埃米尔·鲁贝签署特赦令,德雷福斯作为自由人出狱,但不是平反。

左拉立即将一篇新的文章,以"致阿尔弗莱德·德雷福斯夫人信"的形式交给《震旦报》:

夫人,这种特赦可能是痛心的……一想到本该得到的是正义,而给的只是怜悯,真叫人恼火透了!判决无罪对各国人民的友谊、对团结和正义思想来说,比哲学上讨论、大讲人道主义理论要胜过百倍!……夫人,他可以安心地在温暖的家庭避难所睡觉,您也可以恭敬地服侍他。他的事迹由我们来颂扬……由我们这些诗人将罪犯永远钉在耻辱柱上。那些被我们谴责的人,我们的子孙后代会鄙视和嘲骂他们。那些被我们咒骂的罪人,在岁月的流逝中只不过是些渣滓。

左拉终于会见了两年来为之针锋相对做斗争的人物。德雷福斯上尉和夫人露西·德雷福斯到左拉家吃午饭。音乐家阿尔弗莱德·布吕诺也在座。当他看见德雷福斯从前厅的昏暗灯光中走来时，以为是幽灵出现了。他写道："他脸色如红砖，说话声音低沉，动作迟缓。而在他身边的是阿尔弗莱德·德雷福斯夫人，她高大、挺直、冷静，衣着简朴但庄严和神气，她走起路来充满信心和恭敬，有所向披靡的勇气。在这个难忘和感人的夜晚，德雷福斯带着令人敬畏的淡漠的口气叙述在魔鬼岛的生活。他很平静地谈起在魔鬼岛与蜘蛛蟹以及其他可怕肮脏动物的斗争，在讲述肉体和精神所受可怕的折磨时，毫无怒色。"德雷福斯身穿便衣，直挺挺站着，讲起话来声音单调，戴一副夹鼻眼镜，好像总是遥视远方。左拉看着他，抑制不住内心的失望。德雷福斯表情平静冷淡，真让人想不到他是一个受害者。他的表达方式如同一个虔诚的职员。他是尊重军队、尊重政府、也尊重司法当局的。他的诉讼案件中最坏的辩护者就是他自己。当德雷福斯夫妇离开后，左拉觉得自己做了一件该做的事，他确实该为这个经受了不公正待遇的军人辩护。

左拉已经把这件事情遗忘。然而，1900 年 12 月 14 日，议会通过了一项特赦令，正式废除对这个案件的诉讼。这是臭名昭著的对过去的事一笔勾销。有罪的、无罪的都彼此彼此。德雷福斯为这两种人都付出了代价。左拉只是稍喘了一口气，再一次勃然大怒。他受到某些人的尊敬，也受到另一些人的仇恨，他又当起老造反派的角色。他再一次站在第一线，当一个坚持伟大原则，热烈维护真理，资产阶级无政府主义者，为了美好的情感，他手里举着火把，把舒服的家庭生活也置之脑后。12 月 22 日，他在《震旦报》上发表《致共和国总统埃尔米·鲁贝先生信》："这桩可恶的案子，把历届政府都牵涉进去了，而且威信扫地，最高法院经过一小时审理，宣布拒不受理而告终。议会在威逼下通过了赦免决定，这种决定在历史上会蒙上罪恶的名声……我只不过是个诗人，一个离群索居的小说家，已全身心地投入其中。我承认做一个好公民应为国家效力，并要尽力尽职去完成。这也就是我闭门写书的原因，既然我的任务已经结束，我也重返书斋。"这是反抗和痛苦的美好的呼声，可是谁还能听他的意见呢？群众的脑子里只有刚在秋天结束的万国博览会的喧闹声和张灯结彩的场面。左拉在痛斥的同时，对自己单纯地只关心新小说《繁殖》感到轻松，小说刚在书店与读者见面，受到欢迎，销路很好，但还未达到《小酒店》和《娜娜》的最高销售额。使读者高兴的是，左拉已不宣扬自然主义，而是赞扬群众能愉快接受的生育、劳动和社会友爱等伟大主题。

在编写《四福音书》的第二本书《劳动》前，左拉想参观卢瓦尔省的于尼厄钢铁厂，他也阅读论述工业技术和工厂里社会问题的书以积累资料。他在为这本书详细做笔记时，参考了夏尔·傅立叶的著作，鼓吹集体精神的神圣道德品质，全世界各族人民联合起来，热爱和平。他满怀天真的豪情写道："我创造了人道精神。"他通过自己的夹鼻眼镜，发现了玫瑰式的美好幻境，并对此十分高兴。科学自然主义见鬼去吧！今天应该用沸沸扬扬的社会主义来使人们安居乐业。过去他露骨地描写人民的不幸和缺点时，贫民阶级的读者

　　　　　　　　　　　　左拉传

不理睬他,而今天,当他歌唱劳动者辉煌的明天时,都争先恐后地向他庆贺。对他们来说,拿着他最不显眼的小说,他也会成为民主左翼的最伟大的思想家。那些怀着浪漫主义想法的工会和工人联合会把左拉看成是世俗社会的救世主,乘风破浪勇往直前,走向初升太阳的黎明。傅立叶派信徒设宴庆贺《劳动》一书出版,左拉没有出席,但给他们写了一封信,信中说:

> 如果说我没有去,那是在我看来更为谦虚和更合乎情理,有的人不是这样干的。我个人无关紧要,我的书也算不了什么——你们庆贺的,是争取更多正义的努力,是为了人类幸福的正当的斗争,我和你们大家站在一起。我的思想和你们的思想是一致的,这不就够了吗?……未来的社会要重新组织劳动,这种重新组织劳动最终会导致财富的正确分配。[1]

他回想过去,他觉得作为多产的作家和受到普遍尊敬的作家该满足了;迫于形势,他成为投入阶级斗争的战士,无辜受迫害人士的捍卫者。因此,虽然不是出于自愿,但他却承担了坐办公室写作的人和公众所熟悉的知名人士这双重命运,他是故事编写者,又是辩护士,他自称是现实主义者的空想家,又是在正义的空想中失落的现实主义者。他一会儿是写《我控诉》的左拉,一会儿又是《小酒

---

[1] 1901 年 6 月 5 日的信。

店》中的左拉。他有两种职责,两种生活,在一顶帽子下有两个脑袋。子孙后代在一个有双重思想的作家中是否会找到相互矛盾的形象。这并没有什么了不起。大家有时间进行思考。左拉才61岁。

1901年8月6日,保罗·亚历克西去世了。失去这位忠实的老朋友使左拉极度悲伤,甚至失去了写作的兴趣。他满怀愁思,想到自己的死也会来临。他过去曾写过一本独幕抒情剧展现拉萨尔的起死回生。由于基督的意志,他从安睡的坟墓中走出来,他叫道:"主啊,为什么要将我唤醒,为什么残酷地使一个可怜的死者不能享受长眠的欢乐?……复活,哦! 不,不! 是不是还没有偿清一个活人的沉重的债务,没有受够痛苦? 我不知道为什么来到这个世界上,我也不知道为什么活着。您要我付出双重代价,在这种痛苦的土地上重新受苦!"左拉在辗转失眠时刻,拉萨尔的这些怨言在头脑里萦绕。世上没有什么事能再叫他回到过去那种颠沛流离的生活。他向往晚上,然而,就像精疲力竭的耕牛还要拉犁和耕地,他还要写作。他竭力地编写《四福音书》的第三本《真理》。故事讲的是犹太小学教员西蒙的故事,他被指控强暴和杀害了一个学生,而凶手是一位嘉布遣会修士,总之,他把德雷福斯事件小说般地搬过来了。面对教会那种局限狭隘的观念,这是一个很好的赞扬世俗学校品德的机会。他在草稿中写道:

　　我是从这样的思想出发的:如果说人类社会进步缓慢,那

　　　　　　　左拉传

是大多数人不懂教育是基础;懂得这一道理,特别是懂得真理就能很快实现人类进步,保证全人类的幸福。最近的德雷福斯事件就是很好的事例。

这本小说以连载形式在《震旦报》上发表,引起小学教师们的很大兴趣。左拉在小说中称颂了他们。受到赞扬的鼓舞,左拉又由于成功重振精神,他脑子里有许多计划。为莎拉·贝纳尔写一个剧本;写一两首"诗"以供阿尔弗莱德·布吕诺谱曲;编写《四福音书》第四本《正义》。关于这本书,他在笔记中写道:"我可能完全是乌托邦式空想。是的,可能是美好和善良的梦,正在前进中的人类的诗情雅意的向往……充满光明和甜情蜜意的一首散文诗。"他还写道:"法国要有前途,那就应该以民主、真理、正义来反对旧的教权主义和专制体制。"在这些雄心勃勃的计划中,消磨时间的最好办法就是摄影和冲洗胶卷。1901 年 10 月 13 日,他告诉亚历山德里娜:

今天下午,我和孩子们试用了莫谢牌镜头,晚上 8 点半回家冲洗胶卷。现在 10 点半,我又到暗室,我给你写信时是在洗胶卷。我到午夜来取。那时一定很好。我相信镜头一定比我的更灵敏、更清楚。它更有甜蜜的味道。

1902 年夏天,左拉住在梅当,他为《正义》一书准备资料,找评注、注释,阅读报纸,更热心于摄影,每天都到维尔纳伊那个小家庭去看望让娜和孩子们。他们满怀喜悦接待他。他们一起喝茶,到林子里骑自行车,采集植物标本。雅克要爸爸讲故事。左拉把他放在膝盖上,低声给他讲故事,全家人都不出声,聚精会神地听他讲话。德尼丝已经 12 岁了,左拉让她初领圣体,穿着白色衣服。有时候,左拉觉得与其说是当爸爸,还不如说是当爷爷。让娜像是他女儿。他给予她的爱是非常美好的、小心翼翼的,还带有感激之情。确实,他感到随着岁月的流逝,他将离她越来越远,而她总是年轻和精力充沛。而在亚历山德里娜身边,他觉得有些疲劳、不适,由于年龄不饶人,他俩都未老先衰。他一躺下睡觉,就感到牙疼。1902 年 9 月底,阴雨天很快来临,他该回到巴黎。9 月 27 日,让娜和孩子们已离开维尔纳伊。他决定第二天星期天动身。亚历山德里娜打算不久后单独到意大利旅行,去看望她的女友。

　　左拉回到布鲁塞尔路的公馆时,发现房子又冷又潮,他叫佣人朱尔将室内壁炉用煤球烧着。朱尔烧着后还检查了炭火已发红,撤去了围着炉灶的铁皮挡板。夫妇俩吃完饭、洗完澡,躺在安放在平台上的四柱的文艺复兴式大床上。清晨 3 点,亚历山德里娜醒来了,觉得有点不舒服,上厕所时有点恶心,在盥洗盆里吐了。当她回来睡觉时已感到轻松一些,她向已醒来的左拉建议去叫朱尔。但是左拉说不要因为一点小事,半夜三更去打扰佣人。他安慰妻子,可能是吃了什么"脏东西"使胃里不舒服,呼吸点新鲜空气也许会好些。他刚清醒一点,就走向窗户想开窗户,没走几步,就倒在地板上,连窗户上的插销也没够着。亚历山德里娜也十分慌乱,她想去

　　　　　　　　　　　　　　　　　　左拉传

救他,但因头晕,也没抓住门铃,自己也失去知觉。

第二天早晨,过了 9 点钟,佣人们因为主人没叫他们,心里有点不安,往常,主人是起床很早的。他们敲着反锁了的门,里面没有人答应,于是去找锁匠打开门。亚历山德里娜躺在床上,脸色苍白,发出嘶哑的喘气声。左拉直躺在地上,脑袋靠在床台上。他身体还有点微温。人们用冷水泼在他脸上,用镜子放在嘴边,镜子上什么气也没沾,又用人工呼吸,但也不管用。人们匆忙地叫来了贝尔曼大夫,派人去找氧气。使用舌节律性牵引法也毫无用处。警察局医生也来到现场。这位医生也想使左拉清醒过来。经过了一段时间努力,方法用尽,无济于事,没有什么希望救活了。警察察看了壁炉,发现通风管道被瓦砾所堵塞。毫无疑问,问题出在通风,一氧化碳倒回室内。1902 年 9 月 29 日,左拉死于窒息,享年 62 岁。但亚历山德里娜还活着,人们把她送到纳伊区的一个诊所里。下午,她恢复知觉。为了不让她受到刺激,别人没告诉她她丈夫的悲惨结局。

但是,这个消息很快传开。有人说是死于意外事故,有人说是自杀,也有人说是政治谋杀。有一点是肯定的:壁炉管道被瓦砾所堵塞。但是,这是谁干的? 是麻痹大意的工人还是受害者的敌人?于是开始了调查。经鉴定,房主没有责任,维修由租户负责,烟囱管道工头已最后通刷一遍,也不负什么责任,而且通刷工作是 1901 年10 月干的,为时还不太久。是不是夏天修房顶工程造成这种致命的阻塞情况? 又或者,是不是自杀? 那太荒谬了! 他为什么要这么干? 而且为什么拖着妻子去死? 剩下的假设是罪恶的行动。左拉的对手并未中邪,感到无地自容。他们继续写匿名信骚扰他:"谁会用你那一套乱糟糟的玩意儿去整顿法兰西?你的脑袋正在开价拍卖。""投靠犹太人的臭猪猡。我们刚开完会要敲碎你的脑袋……""左拉先生,记住,由于你的下流勾当,从今晚起,你已被判刑……此事已交给我,你将被炸,炸弹会将你这个无耻小人炸得血肉横飞,并血染我们亲爱的法兰西。""在证人中,你为什么不把德国皇帝列入,他和全世界的犹太人一起给你钱。"①门房,甚至亚历山德里娜都收到骂人的条子。这些威胁是很厉害的。拉博里律师不就是受到一个不知名的反德雷福斯分子的枪击而受伤的吗?左拉尽管受到赦免并退出战斗,但是还是受仇恨包围。

住在该区的居民现在认为,他们悄悄地说,最近有人爬到邻居的房顶上。这些人可以很容易地爬到布鲁塞尔街甲 21 号的房顶上。但是,如果他们想堵塞烟囱通道,他们要了解在 12 根管道中,哪一根是通向左拉房间的。谁向他们指明这个情况?他们收买了哪一个不诚实的佣人?为什么不可能呢?最后一个可能性应该认真加以考虑。猛烈攻击左拉的人有"教训"他的可能,左拉用他的书在许多读者中"传播瘟疫",为什么不在左拉房间也"传播瘟疫"。这种庸俗的玩笑会变成凶杀。我提出这种解释是很谨慎的,在我看来却是在所有可能性中最合乎情理的。但是直到今日还没有确切的有力的证据。进行的调查、询问、证词,对豚鼠、鸟类进行

---

① 参见阿尔芒·拉努文章。

现场窒息实验,最终都没有弄清左拉神秘的死的真相。当时的政府对事故的正式解释都是排除犯罪行为的解释。政府担心的是对已认定的案子,避免再挑起沸沸扬扬的纷争。

在停放遗体的灵堂里,心情沉重的朋友们列队悼念。遗体直挺挺地、静静地、冷冰冰地躺在灵台上。喃喃低语的瞻仰者缓步前进。人们将遗体进行解剖,接着司法调查,但没有对头部进行解剖。阿尔弗莱德·布吕诺写道:"死者的面容没有变。他的身体也和他的作品永恒存在。我是尝到了这个短暂的想法。"德尼丝·勒勃龙-左拉写道:"他很美,神色安宁,给人一种伟大的印象,就像是完成了浩瀚的劳动后那样安静。"[1]让娜得到朋友们的通知后,带着孩子也来到灵堂。她号啕大哭。德尼丝和雅克看见这个直挺挺躺着的腊人似的他们的父亲。昨天还满怀激情地给他们讲故事直到他们熟睡,笑容十分可掬。德雷福斯也来向遗体致敬,为了给他辩护,左拉曾不遗余力。在街上,穿着便衣的警察监视着来来往往的死者的亲属。政府各部对这件事激动不安。对这个颇为棘手的死者该用什么方法表示尊敬? 在赦免后,左拉已收到荣誉军团的玫瑰花形勋章。然而,由于骄傲与怨恨,他拒绝佩戴。是否应忘掉他对军队的攻讦,给以军队荣誉奖? 最后,巴黎省长决定宽恕他的冒犯,指定步兵 28 连为他送葬。

右派报纸对左拉这种可怜的下场公开表示欣喜若狂。《法国人

---

① 引自《女儿叙述埃米尔·左拉》。

民报》认为,大天使圣米歇尔惩罚了左拉,而左拉过去得罪了龙。《自由言论报》挖苦说:"自然主义的轶闻,左拉憋死了。"

　　亚历山德里娜在诊疗所住了 4 天,现在她明白了悲剧的细节,并回到了家里。根据她的朋友的叙述,她头发蓬乱,脸色灰白,心神恍惚。尽管她悲痛绝望,但还要接受警察的询问。德雷福斯告诉她,他想参加左拉的葬礼,她求他什么都别干。她怕上尉的出现会成为敌对分子掀起新的抗议的借口。约瑟夫·雷纳克也讲了类似的意见。德雷福斯惊呼:"你们要我当懦夫!"雷纳克回答说:"我要求您做出牺牲!"德雷福斯恳求他能与死者的亲人一起为死者守灵。亚历山德里娜对这点不能拒绝。但是,她希望在丧葬期间不要发生意外事情,为此,她要求负责在墓地发表演说的阿纳托尔·法朗士只讲作为小说家的左拉,别讲在德雷福斯事件中所采取的立场。阿纳托尔·法朗士感到奇怪,辩解说,他尊敬《我控诉》的作者,对此不能一声不吭。于是,亚历山德里娜给他发了快信:"您自己决定,由您掌握分寸,我信得过您!"这"分寸"两字使他反感,他的解释就像一份表白自己的真实感情的说贴。他回答说:"在这样的条件下,我无法在墓地讲话了。"亚历山德里娜不知该怎么决定,征求德雷福斯的意见。德雷福斯鼓励她让阿纳托尔·法朗士根据自己的心愿行事。尽管冒着这样的风险,她还是告诉《企鹅岛》的作者,他可以按照他的想法来纪念她的丈夫,向她丈夫致意。同时,她还同意德雷福斯与他们一起为左拉守灵。

　　人们将左拉的遗体用防腐材料处理以便很好保存到入土的日

子,入土要推迟几天。左拉现在躺在他的办公室,门一直开着。由于警察的调查在按部就班地进行,屋子里没有生火。天气很冷,朋友们在隔壁一间屋子里冻得发抖,身上披着呢衣,脚烤在开水壶上。他们轮着在死者的身旁守灵。阿尔弗莱德·布吕诺注意到小狗兵兵二世和方方,它们在左拉生前相互敌对,此时却已经和好,倚靠着躺在主人遗体不远的地方,似乎很伤感,那只小猫在棺木旁转了很久,突然一下跳了上去。阿尔弗莱德·布吕诺描写道:"这只猫安静地坐在左拉胸前,一动不动,屏声静气,用闪着绿色和发磷光的眼睛盯着左拉,若有所思,默默哀悼。"①

1902 年 10 月 5 日是出殡的日子。让娜和孩子们匆匆来到挤满人群的布鲁塞尔街。他们看着殡仪工抬起棺木。由于考虑到礼仪,他们没有加入出殡行列。亚历山德里娜尊重丈夫的意愿,选择世俗的葬礼。但是,她已精疲力竭,觉得没法参加埋葬仪式。她头靠着玻璃窗,和几个朋友待在家里。

"准备,放!"步兵 28 连的士兵,在奥列维上尉的指挥下,向死者致哀。引棺索由卢多维克·阿莱维、阿贝尔·埃尔曼、乔治·夏庞蒂埃、欧仁·法斯凯勒、奥克塔夫·米尔博、泰奥多尔·迪雷、阿尔弗莱德·布吕诺,以及劳工联合会秘书布雷亚牵着。从布鲁塞尔街到蒙马特尔公墓,沿途人山人海。每个窗户里都有好奇的人在探头观看。有的人还趴在房顶上。到处有人在编小曲挖苦讽刺,有人在

---

① 引自《女儿叙述埃米尔·左拉》。

唱：

> 著名小说家左拉，
> 爱写色情淫书的左拉，
> 由于煤气中毒，
> 窒息憋气，一命呜呼。

有人阻止这些人乱嚷嚷。棺木放入墓地的临时墓穴里。在挂着黑纱和白纱的临时供讲话者用的简易讲台上，公共教育部长肖米耶光着脑袋发表了一篇彬彬有礼、冠冕堂皇的悼词，向刚去世的伟大作家致敬。文艺家协会主席阿贝尔·埃尔曼接着致辞："他从不哗众取宠，有时甚至顶风而上。他毫不畏惧地与他们较量，不仅在他写的书里是如此，即使有人狂怒叫嚣、威胁指责也不畏惧。"左拉的朋友害怕这种政治影射会引起听众的争论。但是，尽管有嘘声和埋怨，但没有人提出抗议。这回轮到阿纳托尔·法朗士讲话了。对《卢贡-马卡尔家族》系列小说，他对左拉才能的评价并不高。但是，自从德雷福斯事件后，他已修正了自己的看法。他说：

> 左拉的文学作品篇幅浩瀚，今天，人们可以发现，他的作品
> 不仅形式上庞大，思想上也很充沛。这是善良的精神，左拉是
> 个善良的人。他有颗崇高的心，单纯和简朴。他有高尚情操。

他描写罪恶,既有艰辛,也有正直良心……作为民主派人士,他从不讨好老百姓,竭力表现无知的可怕,酗酒的危险……左拉为正义和真理进行不懈斗争,在这种精神面前,我对那些使无辜者陷于毁灭的人,怎么能保持沉默?……

在提到德雷福斯事件时,听众有点提心吊胆。法朗士并不考虑到群众不时表现出来的保留意见,继续说:"你们一定已经听到,在法庭漫长的诉讼中,愚昧无知,假证迭出,还闪动着刀光剑影……但他在被起诉时,振臂狂呼,声嘶力竭地辩护……你们不必埋怨他忍受和经受了一切。在愚昧、愚蠢和不怀好意的凌辱中,他荣耀无比,无人可及,人们要为之羡慕。他浩瀚的巨著,伟大的行为,使祖国和世界都增添光彩,这也是人们要羡慕的。他的命运和他的心,使他成为最伟大的人物,他是人类的良心。"这最后一句话,就像是留给后代的口号,使逝者流芳千古。

送葬的队伍开始向前移动了,葬礼一直延续到太阳落山。陌生人的人流缓慢地走到打开的墓穴前。有人向棺木上扔红色的蔷薇花。母亲们把孩子举过头顶,让他们能回忆起与左拉告别的时刻。北方省的矿工代表大喊:"萌芽! 萌芽!"好像他们在呼唤村民们起来造反。然而并没有发生过激行动。德雷福斯没有挨揍,平安地回到家里。警察松了一口气。

当天晚上,指挥队伍参加葬礼,向左拉致敬的奥利维上尉回到军营。他作为守纪律的、服从命令的军人完成任务。但他的一个同事损他并打了他一个耳光。于是两人决斗,奥利维上尉胳臂受伤。

但是,与表面上表现的情况相反,德雷福斯事件并未画上句号。

第二十八章　先贤祠

左拉的办公桌上放着他的未完成的最后一本小说《正义》的几页手稿。主人走了,屋子显得更空旷、寒冷,人们讲话时声音更显得洪亮。亚历山德里娜开始学习过寂寞的生活:这一回她丈夫不是为找让娜而离开她。埃米尔去的新居是一去不复返。在外界,除了教会和民族主义分子外,其他的报纸都说法兰西文化界遭受不可弥补的损失。10 月 2 日,保罗·布吕拉在《震旦报》撰文,要求将左拉埋葬在先贤祠。伟大的化学家玛塞兰·贝特洛在《世纪报》上透露,他曾两次向瑞典诺贝尔奖委员会建议给《小酒店》作者授奖,但未获通过。曾经 24 次拒绝接受左拉的法兰西学院的大多数院士扪心自问,他们过去投票时是否判断错误。在国外,人们把左拉的死当成有世界性意义的重要事件。没有一个国家,不把左拉当成一流的唤醒人类良知的天才。现在,饶勒斯接替左拉,要求重审德雷福斯案件。他在新闻报刊上进行斗争,也在议员中间做工作。1903 年

11月25日,德雷福斯对雷恩军事法庭的再审判决提出申诉。申诉是饶勒斯在议会"透露"的。经过几小时的犹豫,内阁会议决定将雷恩判决提交最高法院。1904年3月3日公开开庭。1906年7月12日,雷恩军事法庭判决"被宣布是错误"(原文如此),予以撤销。德雷福斯所有被指控的罪名都平反后,重新回到军队并获得少校军衔,几天以后,在那个曾贬黜他的军事学校大院里,在全校将士面前被授予荣誉团勋章。勇敢的皮卡尔被任命为少将。这是左拉思想的胜利。但是,他是看不到这个胜利了。他已于4年前逝世。这个欢乐和自豪,只好留给他的朋友,留给他的妻子和让娜。

亚历山德里娜出于支持慈善机构的考虑,将梅当的房子捐赠给公共救济局,用来建立幼儿园。① 这么一来,好像是她个人的哀悼就成为大家的哀思了。她与让娜和孩子们接近起来,在他们身上找到丈夫往日的身影。她在谈到两个孤儿时,称他们为"我的孩子"。她为遵从故人的遗愿,德尼丝和雅克都冠以左拉的姓。同样,经过孩子们妈妈的同意,她正式成立"朋友之家",并在治安法官的主持下,在市政府召开会议。会议结束后,阿尔弗莱德·布吕诺在街上远远地看见,左拉生活中的两个女人肩并肩亲热地散步。

这回是乔治·克列蒙梭当了议长。他立刻选用了过去受排斥的皮卡尔为国防部长,后来,在饶勒斯、布雷东和普雷桑塞建议下,

---

① 1905年,在腾空家具后,公共救济局接收了左拉的房子,并在这里建立儿童医疗中心。1967年,普瓦西市镇为派用途,在这里建立护士干部学校。这个学校后来关门。1985年,左拉之友协会经过不断努力,在该处建立一个纪念馆以献给《卢贡-马卡尔家族》的作者。

他向议会提交了一个法案，要求将左拉的遗骨迁往先贤祠。尽管极右派议员巴雷斯声嘶力竭，扯着嗓子反对，但表决结果是大多数人赞成。

亚历山德里娜在得知这个消息后，既感到安慰又有点难受。她已经让人在蒙马特尔公墓建了一个有两个位子的坟墓，一个是给她已长眠在那里的丈夫的，另一个是给她自己的，当她大限到来，她也将到那里与丈夫会合。她想到与亲爱的埃米尔不能在一起，就像夺走了她最珍贵的财富。拉博里律师在考虑，为了不使左拉夫人伤心，最好推迟执行这个法令，阿尔弗莱德·布吕诺很痛快地回答："这不合适。不该这么提。目前的情况是不应个人意气用事，这个法令的性质是向左拉的英雄主义和文学天才致以全民的敬意！"

亚历山德里娜的建议没有得到恩准，只好退让。阿尔弗莱德·布吕诺和德莫兰为准备迁墓事宜，到先贤祠选择墓址，紧靠着雨果的墓地。建筑家内诺负责装修。在举行正式仪式的前一个晚上5点，阿尔弗莱德·布吕诺和德莫兰来到蒙马特尔公墓，站在已被掘墓人挖开的石板的坟墓前。在掘墓时，人们发现装有铅棺的橡木棺材已经被弄坏，必须换一个新的。阿尔弗莱德·布吕诺很不耐烦，因为他的妻子、女儿和几个朋友在先贤祠等着他，而他收到几封匿名信，向他宣布当灵车经过塞纳河桥时，"爱国者"将把灵车推入河中。但在警察的监护下，灵车顺利通过，担心是多余的。但是灵车到达先贤祠前时，有一伙人在大叫大吼。辱骂和侮辱不断，闹得不可开交。

除了亚历山德里娜、让娜、两个孩子和德雷福斯夫妇外,被邀的来宾很少。他们缓慢地走上有 32 根圆柱的建筑物的台阶。里面有很大的灵柩台安放遗骸,经过几分钟默哀后,家属们退下,让几个守过灵堂的朋友最后一次在这个代表光荣的祠内守护。

第二天,即 1908 年 6 月 5 日,天气晴朗。阿尔弗莱德去先贤祠时,看见士兵聚集在那里作最后的敬礼。上午 9 点半,鼓声四起,号角齐鸣。国家最高级领导陆续到来。其中有共和国总统法利埃、议长克列蒙梭,所有部长,以及所有法定社团。加斯东·杜梅格发表讲话,赞扬左拉为人正直:"他首先想的是祖国,祖国的荣誉,祖国的威信。在世界民族之林中,他希望祖国能自立于其中。"然后是克列蒙梭讲话:"人们可以找到一些敢于顶撞国王的人,但敢于顶撞群众的人却很少……当人们要求说'赞成'时,他却抬起头说'不'。"

在讲话和奏军乐(马赛曲、出征歌、英雄交响乐的葬礼进行曲、梅西多尔序曲)后,来宾们离开先贤祠广场去看军队检阅。在那里,受巴雷斯和莱昂·都德怂恿的爱国阵线的"爱国者"们大声叫骂、手拿木棍,手舞足蹈。突然,响起两声巨响,德雷福斯摇晃了几下,人们在拥挤的人群中逮住了捣乱者,一个名叫格里高里的面色苍白的极右翼新闻记者。幸好,德雷福斯只是胳臂轻伤。将军们扬剑出鞘。国旗降下了,好像是代表官方的法兰西无时无刻在爱戴和庆贺左拉。

现在只剩下将遗体放到地下室。只有亚历山德里娜、让娜、左拉的孩子和十余个好友跟在棺木后面。人们将棺材放在南面左边第三个墓穴,雨果已在那里长眠。当墓石封上,盖满鲜花后,这批信徒在阴暗的灯光下登上曲折的楼梯。亚历山德里娜戴着黑面纱,喘着气。她并不因为丈夫被列入圣品而骄傲,她感到第二次失去了丈夫。过去,他虽死了,但还是她的人。今后,他是属于大众的人了。她的丈夫名气愈大,他的妻子觉得这个享有共和国庄严的名声的人和那个她守了38年的、普通的、善良的、天真的,既温柔又固执的普通人之间有何共同之处。她发誓要将余年贡献给已亡人的纪念活动中,组建左拉之友协会,到梅当瞻仰左拉,举行讨论会,竖立纪念碑,这一切都由她来办理。她要尽遗孀的责任,使寂寞的余年增添光彩。

她走到室外,巴黎灼热的阳光使她睁不开眼。她和让娜、德尼丝、雅克在一起,这是他们新的家庭。① 当她回头看先贤祠黑压压的群众时,非常遗憾地感到,这个属于群众、代表光明和爱运动的"意大利佬",已长眠在为优秀的法兰西儿子们准备的冷屋子里。然而她充满希望。她感到作家的崇拜者不会到这个安放遗骸的不朽的灵堂里找寻他,而是到永远活在人们心中的书籍中寻找他的荣光。

---

① 1908年,德尼丝与左拉的青年朋友、作家莫里斯·勒勃龙结婚,并写了一本关于父亲的书。雅克后来成为著名医生。让娜·罗泽罗在一次外科手术后死于1914年,享年49岁;亚历山德里娜于1925年去世,享年86岁。